立志 · 治学 · 明理

（早读读本　上篇）

主　编　管安全

副主编　张世贤　刘俊超　王军民

西安电子科技大学出版社

内 容 简 介

本套读本依据《中等职业学校德育大纲》、《国家"十二五"时期文化改革发展规划纲要》和《中等职业学校语文教学大纲》中"引导学生重视语言的积累和感悟，接受优秀文化的熏陶，提高思想品德修养和审美情趣，形成良好的个性、健全的人格，促进职业生涯的发展"的精神编写。从中职学校培养目标和教学的实际出发，本书选编了部分优秀古诗文及许多现代诗歌和做人做事的美文，旨在为学生早读提供素材，拓宽学生的课外阅读面，启发学生争做优秀的准职业人，为学生素质的提升和终身发展奠基。

本套读本共分为两篇：上篇围绕"立志、治学、明理"的主题，由"生命篇"、"立志篇"、"劝学篇"、"哲理篇"四部分内容和"附录"（包括《新增广贤文》、《百贵精言·醒世恒言·感悟人生》和《朱子家训》节选）构成；下篇围绕"修德、做人、做事"的主题，由"道德篇"、"赞美篇"、"感恩篇"、"职场篇"四部分内容和"附录"（绕口令）构成。每部分内容又分为思贤读吧、风雅诗斋、名句赏读、大家文坊四个板块，每个板块都选编了数量不等的材料，学生可根据自己的兴趣、爱好进行通读或选读。在风雅诗斋收录的每首诗后边，设立了"鉴赏指引"，在大家文坊收录的每篇文章后，都附有"伴读引思"，给阅读者以引导提示，方便学生阅读与理解。每部分内容最后，设置了"灵感存档"板块，学生可以将学习该板块内容的所感、所思、所悟记录下来，方便学习提高。

本套书适合作为中职学校学生的选修教材，也可作为中职学校的德育读本。

图书在版编目(CIP)数据

立志·治学·明理：早读读本. 上篇/管安全主编. —西安：西安电子科技大学出版社，2017.9(2020.12 重印)

ISBN 978 - 5606 - 4670 - 1

Ⅰ. ① 立…　Ⅱ. ① 管…　Ⅲ. ① 德育—中等专业学校—教材　Ⅳ. ① G711

中国版本图书馆 CIP 数据核字(2017)第 215482 号

策　　划　马晓娟
责任编辑　陈　婷　马晓娟
出版发行　西安电子科技大学出版社(西安市太白南路 2 号)
电　　话　(029)88242885　88201467　　邮　编　710071
网　　址　www. xduph. com　　　　　电子邮箱 xdupfxb001@163.com
经　　销　新华书店
印刷单位　咸阳华盛印务有限责任公司
版　　次　2017 年 9 月第 1 版　2020 年 12 月第 2 次印刷
开　　本　880 毫米×1230 毫米　1/16　印张　15
字　　数　304 千字
印　　数　2001～3000 册
定　　价　39.00 元

ISBN 978 - 7 - 5606 - 4670 - 1/G

XDUP 4962001 - 2

＊＊＊如有印装问题可调换＊＊＊

序　言

——阅读成就书香人生

　　古诗有云："窗竹影摇书案上，野泉声入砚池中。少年辛苦终身事，莫向光阴惰寸功"、"不愁风雨妒，春在读书家"。高尔基也说过："热爱书籍吧！书籍是人类的朋友，书籍是人类进步的阶梯，书籍是知识的源泉，只有知识才能使我们变成精神上坚强的、真正的、有理性的人。"人们都知道读书的重要性，但不是每个同学都能够认真读书并理解读书的意义和价值，享受读书的快乐和幸福。因此学校在引导学生阅读方面就要狠下功夫。

　　"一年之计在于春，一日之计在于晨"，为了倡导读书活动，充分发挥早读课的作用，学校组织编写了这套读本。经过一年多的努力，这套以"立志、治学、明理，修德、做人、做事"为主线的读本终于和大家见面了。这套读本从古今中外名家名作中选择了一定篇目的人物传记、精美诗文、名言警句和优秀散文，具有一定的故事性、可读性、可悟性和代表性，为学生早读课提供素材，也可作为学校的德育教育读本，启迪教育学生珍爱生命、修德励志、明理做人、专术立业，为学生健康成长、顺利步入社会和职场，成为合格的公民、优秀的职业人奠定基础。

　　我相信这套书定能成为学校早读课的优秀读本，被师生所推崇，为校园带来琅琅书声；我希望全校师生积极开展读书活动，诵读经典、传承美德、砥砺人生；我期待读书活动成为师生的自觉行动，让大家在读书活动中真正享受到读书的快乐和幸福，获得历久弥新的生活感受，成就自己的书香人生。

　　生命是活着的一段历程，读书是这一历程中充满芳香的花朵。让我们一起从书中品味生命的美好与灿烂吧！

郭　勇

二〇一七年五月

编写委员会

主　任：肖海坤

委　员：李忠民　　刘权华　　管安全
　　　　余添雅　　吴　涛　　陈远意
　　　　杨青山　　王　萍　　王军民
　　　　刘新涛　　汪高丽　　肖　洁

编　者：管安全　　张世贤　　刘俊超
　　　　管朝莉　　徐江涛　　王军民

主　审：曾光茂

目 录

立志·治学·明理

生 命 篇

人生天地之间，若白驹之过隙，忽然而已。

——庄 子

【思贤读吧】

司马迁忍辱著《史记》

司马迁，字子长，左冯翊夏阳（今陕西韩城西南靠近龙门）人，我国西汉伟大的史学家、文学家、思想家。司马迁生于史官世家，祖先自周代起就任王室太史，掌管文史星卜。父亲司马谈在武帝即位后，任太史令达三十年之久。司马谈博学，精通天文、《易》学和黄老之学。

司马迁幼年时就很刻苦，十岁开始学习当时的古文，后来跟着董仲舒、孔安国学过《公羊春秋》、《古文尚书》。汉武帝元朔三年，司马迁二十岁，满怀求知的欲望，游遍了祖国的名山大川，到处考察古迹，采集传说。通过对历史遗迹和西汉建国前后的史实的实地调查，司马迁开阔了胸襟，增长了知识，为后来编写《史记》作了很好的准备。

司马迁漫游回来后，当了一名小官。不久他父亲病危，临去世前，拉着司马迁的手说："我家世世代代都当史官，你将来也会接替这个职务。我早就想写一部通史，但这个愿望实现不了啦！你一定要继承我的事业，千万不要忘记啊！"司马迁答应帮父亲实现愿望。后来，司马迁当了史官，他如饥似渴地阅读皇家图书馆里的藏书、档案，整理和考证历史资料。那时的文字都刻在木简上或写在丝绢上，有时一部书就要堆满一间屋子，读书是很不容易的。到41岁那年，他开始写《史记》。

天汉二年（公元前99年），司马迁为出征匈奴被围在弹尽粮绝的情况下投降匈奴的李陵辩护，触犯了盛怒中的汉武帝，被送进监狱，判为死刑。据汉朝的刑法，死刑有两种减免办法：一是拿五十万钱赎罪，二是受"腐刑"。司马迁官小家贫，当然拿不出这么多钱赎罪。腐刑既残酷地摧残人体和精神，也极大地侮辱人格。司马迁当然不愿意忍受这样的刑罚，悲痛欲绝的他甚至想到了自杀。可后来他想到，"人固有一死，或重于泰山，或轻于鸿毛"，死的轻重意义是不同的。他觉得自己如果就这样"伏法而死"，就像牛身上少了一根毛，是毫无价值的。他想到了孔子、屈原、左丘明和孙膑等人，想到了他们所受的屈辱以及所取得的骄人成果，司马迁顿时觉得自己浑身充满了力气，他毅然选择了腐刑。面对最残酷的刑罚，司马迁痛苦到了极点，但他此时没有怨恨，也没有害怕。他只有一个信念，那就是一定要活下去，一定要把史记写完！

征和元年（公元前93年）司马迁出狱，后任中书令，继续发愤著书，历时14年，终于完成了《史记》的撰写，人称其书为《太史公书》。司马迁还撰有《报任安书》，记述了他下狱受刑的经过和著书的抱负，为历代传颂。鲁迅先生曾说：《史记》是"史家之绝唱，无韵之《离骚》"。也就是说，作为一部规模宏大、体制完备的中国通史的史记，同时语言生动，形象鲜明，也是一部非常优秀的文学作品。

司马迁为朋友不惜搭上自己的身家性命，为了理想而放弃尊严的品德值得我们学习。

海伦·凯勒是个"了不起的人物"

海伦·亚当斯·凯勒，又译为海伦·凯勒，美国女作家，盲聋教育家，1880年6月27日出生于亚拉巴马州北部一个小城镇——塔斯喀姆比亚，1968年6月1日去世。海伦·凯勒毕业于哈佛大学拉德克利夫女子学院，学识渊博，掌握英语、法语、德语、拉丁语、希腊语五种语言，一生一共写了14部巨作，主要作品有《我的宗教》（My Religion）、《中流》（Midstream）、《我生命的故事》、《我的生活》等，最著名的是《我的生活》、《走出黑暗》、《老师》三本书以及发表在美国《大西洋月刊》上的著名散文《假如给我三天光明》。

海伦·凯勒好像注定要为人类创造奇迹，或者说，上帝让她来到人间，是向常人昭示着残疾人的尊严和伟大。她一岁半时突患急性脑充血病，连日的高烧使她昏迷不醒。当她苏醒过来，眼睛烧瞎了，耳朵烧聋了，那一张灵巧的小嘴也不会说话了。从此，她坠入了一个黑暗而沉寂的世界，陷入了痛苦的深渊。

1887年3月3日，对海伦来说这是个极重要的日子。这一天，家里为她请来了一位家庭教师——安妮·莎莉文小姐。安妮教会她写字、手语。当波金斯盲人学校的亚纳格诺先生以惊讶的神情读到一封海伦完整地道的法文信后，这样写道："谁也难以想象我是多么的惊奇和喜悦。对于她的能力我素来深信不疑，可也难以相信，她3个月的学习就取得了这么好的成绩，在美国别的人要达到这个程度，就得花一年工夫。"这时，海伦才9岁。

然而，一个人在无声、无光的世界里，要想与他人进行有声语言的交流几乎不可能，因为每一条出口都已向她紧紧关闭。但是，海伦是个奇迹。她竟然一步步从地狱走上天堂，不过，这段历程的艰难程度超出任何人的想象。她学发声，要用触觉来领会发音时喉咙的颤动和嘴的运动，而这往往是不准确的。为此，海伦不得不反复练习发音，有时为发一个音一练就是几个小时。失败和疲劳使她心力交瘁，一个坚强的人竟为此流下过绝望的泪水。可是她始终没有退缩，夜以继日地刻苦努力，终于可以流利地说出"爸爸"、"妈妈"、"妹妹"了，全家人惊喜地拥抱了她，连她喜爱的那只小狗也似乎听懂了她的呼唤，跑到跟前直舔她的手。

1894年夏天，海伦出席了美国聋人语言教学促进会，并被安排到纽约赫马森聋人学校上学，学习数学、自然、法语、德语。没过几个月，她便可以自如地用德语交谈；不到一年，她便读完了德文文学作品《威廉·泰尔》。教法语的教师不懂手语字母，不得不进行口授；尽管这样，海伦还是很快掌握了法语，并把小说《被强迫的医生》读了两遍。在纽约期间，海伦结识了文学界的许多朋友。马克·吐温为她朗读自己的精彩短篇小说，他们建立了真挚友谊。霍姆斯博士在梅里迈克河边幽静的家里为她读《劳斯·豆》诗集，当读到最后两页时，霍姆斯把一个奴隶塑像放在她手中。这个蹲着的奴隶身上的锁链正好掉落下来，霍姆斯对海伦说："她是你思想的解放者。"博士指的是安妮小姐。海伦的心中一阵激动，人世间美好的思想情操，隽永深沉的爱心，以及踏踏实实的追求，都像春天的种子深深植入心田。海伦从小便自信地说："有朝一日，我要上大学读书！我要去哈佛大学！"这一天终于来了。哈佛大学拉德克利夫女子学院以特殊方式安排她入学考试。只见她用手在凸起的盲文上熟练地摸来摸去，然后用打字机回答问题。前后9个小时，各科全部通过，英文和德文还得了优等成绩，海伦怀着热切的心情开始了大学生活。

1904年6月，海伦以优异的成绩从拉德克里夫学院毕业。两年后，她被任命为麻萨诸塞州盲人委员会主席，开始了为盲人服务的社会工作。她每天都接待来访的盲人，还要回复雪片一样飞来的信件。后来，她又在全美巡回演讲，为促进实施聋盲人教育计划和治疗计划而奔波。到了1921年，终于成立了美国盲人基金会民间组织。海伦是这个组织的领导人之一，她一直为加强基金会的工作而努力。在繁忙的工作中，她始终没有放下手中的笔，先后完成了14部著作。《我生活的故事》、《石墙之歌》、《走出黑暗》、《乐观》等，都产生了世界范围的影响。海伦的最后一部作品是《老师》，她曾为这本书搜集了20年的笔记和信件，而这一切和四分之三的文稿却都在一场火灾中烧毁，连同它们一起烧掉的还有布莱叶文图书室、各国赠送的精巧工艺礼品。如果换一个人也许会心灰意冷，可海伦痛定思痛，更加坚定了完成它的决心，她不声不响地坐到了打字机前，开始了又一次艰难的跋涉。10年之后，海伦完成了书稿。她很欣慰，这本书是献给安妮老师的一份厚礼，老师安妮也为此而感到无比骄傲。

1956年11月15日，竖立在美国波金斯盲童学校入口处的一块匾额上的幕布，由海伦用颤抖的手揭开了，上面写着：纪念海伦·凯勒和安妮·莎莉文·麦西。这不是一块普通的匾额，而是为那些在人类文明史上写下了突出篇章的人们所设立的。的确，海伦把一生献给了盲人福利和教育事业，赢得了全世界人民的尊敬，联合国还曾发起"海伦·凯勒"世界运动。1968年6月1日，海伦·凯勒——这位谱写出人类文明史上辉煌生命赞歌的聋哑盲学者、作家、教育家，在鲜花包围中告别了人世。然而，她那不屈不挠的奋斗精神，她那带有传奇色彩的一生，却永远载入了史册，正如著名作家马克·吐温所言：19世纪出现了两个了不起的人物，一个是拿破仑，一个就是海伦·凯勒。

张海迪的故事

张海迪，中国著名残疾人作家，哲学硕士，英国约克大学荣誉博士。1955年9月16日出生于山东，1960年因患脊髓血管瘤导致高位截瘫，自学完成了小学、中学和大学的知识，并学习针灸，在当地行医。1982年7月23日同王佐良结婚。2008年11月，张海迪当选中国残联第五届主席团主席，2013年9月19日连任中国残联第六届主席团主席，2014年10月6日当选康复国际主席。

人物简介

张海迪，5岁因患脊髓血管瘤导致高位截瘫。从那时起，张海迪开始了她独特的人生。她无法上学，便在家中自学完成中学课程。15岁时，张海迪跟随父母，下放(山东)聊城农村，给孩子当起了老师。她还自学针灸医术，为乡亲们无偿治疗。后来，张海迪还当过无线电修理工。她虽然没有机会走进校园，却发奋学习，学完了小学、中学的全部课程，自学了大学英语、日语和德语以及世界语，并攻读了大学和硕士研究生的课程。1983年张海迪开始从事文学创作，先后翻译了数十万字的英语小说，编著了《生命的追问》、《轮椅上的梦》等书籍。在日本和韩国出版，而《生命的追问》出版不到半年，已重印4次，获得了全国"五个一工程"图书奖。2002年，一部长达30万字的长篇小说《绝顶》问世。《绝顶》被中宣部和国家新闻出版署列为向"十六大"献礼重点图书，并连获"全国第三届奋发文明进步图书奖""首届中国出版集团图书奖""第八届中国青年优秀读物奖""第二届中国女性文学奖""中宣部'五个一工程'图书奖"。从 1983 年开始，张海迪创作和翻译的作品超过 100 万字。为了对社会做出更大的贡献，她先后自学了十几种医学专著，同时向有经验的医生请教，学会了针灸等医术，为群众无偿治疗达 1 万多人次。1983 年，《中国青年报》发表《是颗流星，就要把光留给人间》，张海迪名噪中华，获得两个美誉，其一是"八十年代新雷锋"，其二是"当代保尔"。张海迪怀着"活着就要做个对社会有益的人"的信念，以保尔为榜样，勇于把自己的光和热献给人民。她以自己的言行，回答了亿万青年非常关心的人生观、价值观问题。邓小平亲笔题词："学习张海迪，做有理想、有道德、有文化、守纪律的共产主义新人！"随后，全国范围内掀起了学习张海迪的热潮。张海迪现为全国政协委员，供职在山东作家协会，从事文学创作和翻译。

2008 年 11 月 13 日，中国残联第五次全国代表大会选举张海迪为中国残联第五届主席团主席。

2010 年 3 月 31 日，人民网消息称中国残联主席张海迪已报名学车，有望成为国内首批拿到驾照的双下肢残疾人。

人物经历

1970 年，她 15 岁的时候，跟着父母到农村生活。在农村，她处处为别人着想，为人民做事。她发现学校没有音乐教师，就主动到学校教唱歌。课余还帮助学生组织自学小组，给学生理发，缝扣子，补衣服。她发现村里缺医少药，就决心学习医疗常识和技术，用零花钱买医学书、体温表、听诊器和常用药物。她先后读完了《针灸学》《人体解剖学》《内科学》《实用儿科学》等医学书籍。学针灸时，为了体验针感，她在自己身上反复练习扎针。

短短的几年，她居然成了当地一个年轻的"名医"，为群众无偿治疗达 1 万多人次。只要有人求医，她就热情接待。重病号不能行动，她就坐着轮椅，登门给病人扎针、送药。有一位姓耿的老大爷，因患脑血栓后遗症，6 年不能说话，并瘫痪了 3 年，一直没治好。张海迪一面在精神上鼓励耿大爷增强战胜疾病的信心，一面翻阅大量书籍，精心为耿大爷治疗。后来，耿大爷终于能说话了，也能走路了。

张海迪身患高位截瘫，而她在病床上，用镜子反射来看书，最后张海迪以惊人的毅力学会了 4 国语言，并成功地翻译了 16 本海外著作。

1991 年张海迪在做过癌症手术后，继续以不屈的精神与命运抗争。她开始学习哲学专业研究生课程，经过不懈的努力她写出了论文《文化哲学视野里的残疾人问题》。1993 年，她在吉林大学哲学系通过了研究生课程考试，并通过了论文答辩，被授予硕士学位。张海迪以自身的勇气证实着生命的力量，正像她所说的"像所有矢志不渝的人一样，把艰苦的探询本身当做真正的幸福。"她以克服自身障碍的精神为残疾人进入知识的海洋开拓了一条道路。

张海迪多年来还做了大量的社会工作。她以自己的演讲和歌声鼓舞着无数青少年奋发向上，她也经常去福利院、特教学校、残疾人家庭，看望孤寡老人和残疾儿童，给他们送去礼物和温暖。她为下乡的村里建了一所小学，帮助贫困和残疾儿童治病读书，还为灾区和孩子们捐款，捐献自己的稿酬六万余元。她还积极参加残疾人事业的各项工作和活动，呼吁全社会都来支持残疾人事业，关心帮助残疾人，激励他们自强自立，为残疾人事业的发展做出了突出的贡献。

张海迪曾三次应邀出访过日本、韩国，举办演讲音乐会。她的自强不息的奋斗历程也鼓舞着不同民族的人民。1995 年，她曾作为中国政府代表团成员参加了第四次世界妇女大会。1997 年被日本 NHK 电视台评为世界五大杰出残疾人。

张海迪曾当选共青团第十一届中央委员，并长期担任中国残疾人福利基金会理事，中国残疾人联合会主席团委员，山东省残疾人联合会副主席，山东省青年联合会副主席等职务。张海迪在本职岗位和社会工作中自强不息，以满腔的热忱和高尚的品格服务社会，奉献人民，在广大人民群众中有很高的声誉和威望，是一个经得起时间考验的好典型。她是中国一代青年的骄傲，也是中国残疾人的杰出代表。

2008 年 11 月 13 日，张海迪当选第五届中国残联主席。

2014 年 10 月 6 日，中国残联主席张海迪在激烈的竞争中，以其社会影响力和个人魅力当选新一届康复国际主席。

感情生活

平静地举行婚礼

"他就是我少女梦想中的那个人。"张海迪和王佐良是经朋友介绍认识的，然后两人一直保持通信联系。1982 年，两人在张海迪被家喻户晓前结了婚。他们没有举行婚礼，一切都在平静中度过。

"当时我的公公、婆婆在上海，他们也有过一点障碍，但很快就消除了。我先生回家说明我的情况，小心地问：'行吗？'他们只是淡淡地说：要做好心理准备，要面对很多困难。后来的实践证明，我的公公、婆婆都是那么好的上海老工人，他们信任儿子，他们也信任了我。"

1991 年 1 月，张海迪被诊断出患了基底细胞癌，王佐良陪着张海迪赴上海中山医院做无麻醉手术。手术前，张海迪对王佐良深情地说："如果我活下来，当然非常幸运，我希望还能和你在一起生活，但如果我死去，也是时候了。这么多年拖累你，我跟朋友们讲了，如果我死了，让他们给你找一个健康的、比我更好的女人。"王佐良握着张海迪的手，眼睛湿润了。

有次张海迪问王佐良："你对我厌倦过吗？"王佐良俯下身子，在张海迪的额头上轻吻了一下，握着她的手说："我永远都不会的。"

"为什么？"

"因为你每天都给我新的热情和活力。"

少女时代就喜爱画画的张海迪在写作之余还创作了许多油画。为了张海迪的那些油画，王佐良又变成了一个木匠。张海迪的油画有时需要配旧船板那种颜色的画框，王佐良就用棕色、黑色鞋油混在一起涂染，效果极佳。有几幅油画在韩国展出时，被一位大商人看中，愿意出高价求购，但被张海迪婉言谢绝了，因为它包含着佐良对自己的深深感情。

共同浇灌爱情之花

1998年上半年，张海迪和王佐良合作，共同翻译了美国当代作品《莫多克——一头大象的真实故事》，这本书获得了第四届全国优秀外国文学图书奖。"读《莫多克》的时候，我一次次地流下了眼泪。我觉得，遇到那些哀伤的段落我会译不下去的，我感到力不从心。于是我请爱人王佐良与我一同翻译，这是我们十几年来第一次合作。只有一本原文书，我每天下午翻译我的章节，他就在夜晚进行工作，我把那些伤感的章节'让'给了他。"

两个相爱的人，每天都想着为对方做点什么。张海迪虽然只能靠轮椅移动，但她还是尽可能地做一些家务活，比如扫地、擦桌子什么的。她还喜欢做饭，但家里厨房太小，轮椅进不去，她就让王佐良代替她"操作"，做她配制的菜。

对自己的丈夫，张海迪饱含着深情说道："他是一位非常沉静的人。回顾自己20多年的婚姻生活，我感觉很欣慰。我们在各自的工作岗位上都取得了成绩，我们坦然地面对生活，从不理会各种猜测，我想时间会证明一切。而且我自己也很奇怪，结婚这么多年了，当他前往加拿大学习的时候，远隔重洋，我们的书信还会和当年一样。我从来不相信没有爱情的婚姻能生存下去，如果没有不断更新的爱情，婚姻的花朵就会枯萎。"

"我先生是一个非常非常优秀的男性，我对社会做些什么事情，没有任何一点点障碍，他会大力地支持我，很多汇款都是他帮我寄出去的，包括寄东西。现在很多朋友，他们收到我的书，都是我先生寄的。"

"我当然渴望有一个孩子，女孩，非常漂亮，我甚至在清晨的阳光中见过她。在我非常痛苦的时候，我曾跟我爱人说，如果我们有孩子，现在也该上大学了。想到这些我的确有一丝伤感。"

老了一起上敬老院

让对方更长久地爱自己，把自己当做终身的伴侣，张海迪说这其实也需要智慧和努力。"美好的家庭生活需要创建和创新，才能够让生活中没有厌倦。"

张海迪是个聪明而善解人意的女子，深知生活需要激情，需要乐趣。她总是把家中总是收拾得特别干净，还变着法子增加小摆设。他们曾经收养了一只小狗，取名"板凳"。夫妻俩对它疼爱备至，让人觉得它就是他们的孩子。

一次，张海迪问王佐良："我们没有孩子，等我们老了，该怎么办呢?"王佐良把张海迪的手放在自己的手心里，平静地说："到那时，我们一起上敬老院。"

对自己的晚年，张海迪有着很美丽的憧憬："在一棵树下我坐着，我穿着红毛衣，要穿鲜红的毛衣。我头发已经白了，我的腿上要盖上一条非常漂亮的毯子。在我的头顶是石榴树，在我的身边是绿湖。"

张海迪对自己的婚姻生活相当满意，她说："要是能打分的话，我的婚姻生活至少应该是八九十分。"

人物报道

关于快乐

快乐是很难的，人们常常为了短暂的快乐，愁苦经年，张海迪更难。张海迪看上去很快乐，哪怕是在最痛的时候，她也能做出一副灿烂的笑脸。但张海迪说：从来没有一件让她真正快乐的事。

张海迪现在的身份是作家，但写作是痛苦的，她得了大面积的褥疮，骨头都露出来了，但她还在写。她又做过几次手术，手术是痛苦的，她的鼻癌是在没有麻醉的情况下实施手术的，她清晰地感觉到刀把自己的鼻腔打开，针从自己皮肤穿过。第一次听说自己得了癌症，她甚至感到欣喜——终于可以解脱了。张海迪说：我最大的快乐是死亡。但是，她却活了下来。

她写小说，画油画，跳芭蕾，拍电视，唱歌，读硕士……甚至，她很喜欢香水，她活得有滋有味。主持人朱军问她，你这样坐着是不是很难受，她说，是的，非常难受，可她已经这样坐了40年了。作为政协委员，她的提案是在高校推行无障碍设施。"我很痛苦，但我一样可以让别人快乐"，张海迪说这话的时候，诗意从她身边弥漫开来。

"20年过去了，现在回想起来，面对媒体我始终非常平静，当你突然面对那么多的闪光灯、笑声、掌声时，调整自己最重要，该做什么还是做什么，我的心始终像一泓碧水，那么蓝，那么深。"

"还有一个脆弱的海迪。像我这样一个残疾女性，身上被弄脏后又无能为力的那种懊恼是你们根本无法想象的。有时我甚至想，没有我多好。有时出差住在高楼，我就去那里往下看一看，我常想，假如我真的这么掉下去了，就什么都结束了，再也不用承受什么痛苦了，我甚至盼望可以安乐死。"

"回过头来想，我的确是个非常顽强的海迪，残疾对于人类来说是个大痛苦，但总是需要有人来咀嚼，我感谢生活给了我一支能说话的笔，它让我去倾诉，去抗争，我不仅活着，而且在写作中放飞了心灵。"

"坐在这面窗前，看着眼前这一大片青草地，我希望能够像你们一样，用双脚一步一步地感受大地的温馨、亲切，找回我以前曾经拥有过的走路的感觉……"

关于名声

张海迪拥有了显赫的名声。这样的名声对于一个演员，一个明星来讲，是求之不得的。可惜张海迪不是，张海迪拥有坚强的意志和脆弱的灵魂。

张海迪她现在是作家，可是她说："这些年我非常清楚，我文学之外的名声要大于文学创作的本身……"她说，"我从来不去在意那些事情，我只在意文学创作的本身。我怎么样能够把我的作品写得更好……"但是，谁都看得出，她在意的。她总觉得自己的作品不够好，总觉得自己的书畅销，是因为自己的名声而不是因为自己的作品，所以，她一直在不停地压榨自己。但是，作为一名残疾人，她能够接触到的社会实在是太有限了，于是，她只好拼命地向自己内心去挖掘，去幻想，在这样的压榨和无奈中，张海迪越发痛苦。身体上的痛苦别人看得见，她也说得出来，而这种内心的痛苦，张海迪是说不出的，就算说出来，也没有人会去关心。

回想起那段日子，她心存感激，15万封来信，虽然不能一一回复，但它始终在她的心里，她要感谢所有爱自己的、关心自己的人。她越来越明白，人们为什么爱海迪，那是因为在她身上有面对疾病和困难的勇气，这一点也是她今生的自豪，也许别的方面她还做得不够，但是她相信自己是一个坚强、勇敢的女性，不管什么时候都不放弃自己的梦想和追求，不放弃每一分的努力，回想过去，她没有白白度过生命的每一程。

她没有声音的时候，正是她在事业的长河中艰难跋涉的时候。她周围也有很多朋友对她说，海迪你为什么总是拒绝各种采访，这样会让人猜疑的。她想，她应该没有声音，首先她是千千万万普通的老百姓中的一员，其次她是个作家。这个职业不需要在前台表演，而是要在幕后，在书桌前思考、学习、研究和写作，作家的生活不是五光十色，何况她还属于那种写作很困难的那一类作家。

关于散步

散步其实很简单，只需要三样道具：闲散的心情，怡人的景色以及健康的双腿。这三样，张海迪都没有，但她照样可以散步，她有丈夫王佐良。

她们的散步是这样的：王佐良推着张海迪，这样，腿就有了。为避开围观的人群，散步的地点就选在自己家里，这样，闲散的心情也有了。至于怡人的景色，在张海迪的嘴里。靠在丈夫背上，张海迪不断的描述自己想到的风景，一棵树，是柳树，柳叶是绿的，一片湖，湖水是蓝的，一根电线杆，一阵狂风，一场疾雨……景色在张海迪的描述中历历在目。

夫妻俩就是这样，一个背，一个说，相濡以沫。10多年，王佐良没有外出理过发，他的发型全是张海迪亲自做的。20年，张海迪活在诗意里，活在自己单纯的世界里，王佐良是那个读诗的人。

经典语录

1. 我像颗流星，要把光留在人间。

2. 活着就要做个对社会有益的人。

3. 即使翅膀断了，心也要飞翔。

4. 我是一个有理想的人，不愿意一生无所作为，做一个无聊的人。不多学些东西，我就不舒服。我愿把我的一生献给我喜爱的事业。我的腿虽然不好，可是多年我一直是那样的乐观，对美好的生活充满激情。

5. 每个人的生命都是一只小船，理想是小船的风帆。

6. 在人生的道路上，谁都会遇到困难和挫折，就看你能不能战胜它。战胜了，你就是英雄，就是生活的强者。

7. 像所有矢志奋斗的人一样，我把艰苦的探寻本身当做真正的幸福。

8. 一个人要奋斗，内在的力量才是永恒的，总是依靠别人鼓劲是不会长久的。

9. 在困境里，要树立信心，相信一切都会过去，还要自我鼓励，以乐观的心态战胜困难。

10. 天才都是在痛苦中诞生的。

11. 今天我们的生活依然需要澎湃的激情，一个人有了激情才会热爱生活，才有生活的动力。

12. 如果没有不断更新的爱情，婚姻的花朵就会枯萎。

13. 假如真的有假如的话，我是一个健康的人的话，我想我会做得比今天还要好。

14. 如果我能站起来的话，我想试试跳舞，真的，这是我内心深处的一种最大的愿望。虽然我这么多年没有跳过舞，但是我一直没有停止生命的舞蹈，我想生命的舞蹈可能比现实的舞蹈更美丽。

15. 作为女性，应该宠辱不惊，或者说荣辱不惊，这是一种人生境界。

16. 当你突然面对那么多的闪光灯、笑声、掌声，调整自己最重要，该做什么还是做什么，必始终像一泓碧水，那么蓝，那么深。

17. 我感谢生活给了我一支能说话的笔，它让我去倾诉，去抗争，我不仅活着，而且在写作中放飞了心灵。

18. 我们活着，就要为人民做事。

19. 只要心还在跳，就要努力学习。

20. 我不能碌碌无为地活着，活着就要学习，就要多为群众做些事情。既然是颗流星，就要把光留给人们，把一切奉献给人民。

21. 即使跌倒一百次，也要一百零一次地站起来。

【风雅诗斋】

照镜见白发

（唐）　张九龄

宿昔青云志，蹉跎白发年。
谁知明镜里，形影自相怜。

『鉴赏指引』

张九龄从政之初，仕途通达，志气高昂，他胸怀壮志，唯恐虚度光阴而一事无成。他曾因中书侍郎张挺之事而被认为结党营私，罢免了宰相职务，后又被贬为荆州长史。这首《照镜见白发》是他为自己青春年华流逝、匡扶社稷的壮志未酬大发感叹而作的。"宿昔青云志，蹉跎白发年。"一是说在一些重大问题上自己没有说服唐玄宗，没有阻止住唐玄宗用人不当感到遗憾；二是说自己被贬撵出京城，做了一个无所作为的闲官而虚度年华。"谁知明镜里，形影自相怜"意思是说好心没有得到好报，自己被打击、排挤到孤立的境地。

此诗感怀身世，既抒发了作者自己的凌云壮志，又感慨了自己一事无成，时光飞逝，透露出他为美好时光空空流逝而深感惋惜之情。全诗语言朴素，文字简练，寓意颇深。

长 歌 行

（两汉）　乐府诗

青青园中葵，朝露待日晞。
阳春布德泽，万物生光辉。
常恐秋节至，焜黄华叶衰。
百川东到海，何时复西归？
少壮不努力，老大徒伤悲！

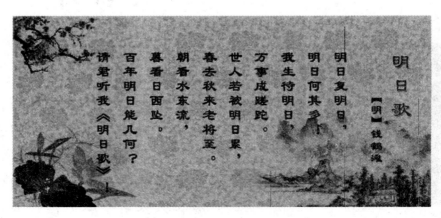

立志·治学·明理

『鉴赏指引』

　　此诗从"园中葵"说起，再用水流到海不复回打比方，说明光阴如流水，一去不复返。最后劝导人们，要珍惜青春年华，发愤努力，不要等老了再后悔。这首诗借物言理，首先以园中的葵菜作比喻，"青青"喻其生长茂盛。其实在整个春天的阳光雨露之下，万物都在争相努力地生长。因为它们都害怕秋天很快到来，深知秋风凋零百草的道理。大自然的生命节奏如此，人生也是这样。一个人如果不趁着大好时光而努力奋斗，让青春白白地浪费，等到年老时后悔也来不及了。这首诗由眼前青春美景想到人生易逝，鼓励青年人要珍惜时光，出言警策，催人奋起。

今 日 歌

（明）　文嘉

今日复今日，今日何其少！
今日又不为，此事何时了？
人生百年几今日，今日不为真可惜！
若言姑待明朝至，明朝又有明朝事。
为君聊赋今日诗，努力请从今日始！

『鉴赏指引』

　　《今日歌》说明了今日之重要。李大钊指出："你能够把握的就是今天。"昨天已成历史，明天尚不确定，只有今日，才是属于自己的；昨日若有不足，今日尚可弥补；明日有何目标，今日也可谋划。"古云此日足可惜，吾辈更应惜秒阴"，这是董必武同志的告诫。这首诗以通俗流畅的语言，明白如话的句子劝勉人们要珍惜时间，勿虚度年华，莫荒废光阴。

明 日 歌

（明） 文嘉

明日复明日，明日何其多！
日日待明日，万世成蹉跎。
世人皆被明日累，明日无穷老将至。
朝昏滚滚水东流，今古悠悠日西坠。
百年明日能几何？请君听我《明日歌》。

『鉴赏指引』

《明日歌》自问世至今，数百年来广为世人传颂，经久不衰。诗人在作品中告诫和劝勉人们要牢牢地抓住稍纵即逝的今天，今天能做的事一定要在今天做，不要把任何计划和希望寄托在未知的明天。今天才是最宝贵的，只有紧紧抓住今天，才能有充实的明天，才能有所作为，有所成就。否则，"明日复明日"，到头来只会落得个"万事成蹉跎"，一事无成，悔恨莫及。因此，无论做什么事都应该牢牢铭记：一切从今天开始，一切从现在开始。

杂 诗

（魏晋） 陶渊明

人生无根蒂，飘如陌上尘。
分散逐风转，此已非常身。
落地为兄弟，何必骨肉亲！
得欢当作乐，斗酒聚比邻。
盛年不重来，一日难再晨。
及时当勉励，岁月不待人。

『鉴赏指引』

"盛年不重来"四句常被人们引用来勉励年轻人要抓紧时机，珍惜光阴，努力学习，奋发上进。在今天，一般读者若对此四句诗作此理解，也未尝不可。但陶渊明的本意却与此大相径庭，是鼓励人们要及时行乐。既然生命是这么短促，人生是这么不可把握，社会是这么黑暗，欢乐是这么不易寻得，那么，对生活中偶尔还能寻得的一点点欢乐，不要错过，要及时抓住它，尽情享受。这种及时行乐的思想，必须放在当时特定的历史条件下加以考察，"它实质上标志着一种人的觉醒，即在怀疑和否定旧有传统标准和信仰价值的条件下，人对自己生命、意义、命运的重新发现、思索、把握和追求。陶渊明在自然中发现了纯净的美，在村居生活中找到了质朴的人际关系，在田园劳动中得到了自我价值的实现。

　　这首诗起笔对命运之不可把握发出慨叹，读来使人感到迷惘、沉痛。继而稍稍振起，诗人执著地在生活中寻找着友爱，寻找着欢乐，给人一线希望。终篇慷慨激越，使人为之感奋。全诗用语朴实无华，取譬平常，质如璞玉，然而内蕴却极丰富，波澜跌宕，发人深省。

春江花月夜

（唐）张若虚

春江潮水连海平，海上明月共潮生。
滟滟随波千万里，何处春江无月明。
江流宛转绕芳甸，月照花林皆似霰。
空里流霜不觉飞，汀上白沙看不见。
江天一色无纤尘，皎皎空中孤月轮。
江畔何人初见月？江月何年初照人？
人生代代无穷已，江月年年只相似。
不知江月待何人，但见长江送流水。
白云一片去悠悠，青枫浦上不胜愁。
谁家今夜扁舟子？何处相思明月楼？
可怜楼上月徘徊，应照离人妆镜台。
玉户帘中卷不去，捣衣砧上拂还来。
此时相望不相闻，愿逐月华流照君。
鸿雁长飞光不度，鱼龙潜跃水成文。
昨夜闲潭梦落花，可怜春半不还家。
江水流春去欲尽，江潭落月复西斜。
斜月沉沉藏海雾，碣石潇湘无限路。
不知乘月几人归，落月摇情满江树。

立志 · 治学 · 明理

『鉴赏指引』

被闻一多先生誉为"诗中的诗，顶峰上的顶峰"（《宫体诗的自赎》）的《春江花月夜》，一千多年来使无数读者为之倾倒。一生仅留下两首诗的张若虚，也因这一首诗，"孤篇横绝，竟为大家"。

诗篇题目就令人心驰神往。春、江、花、月、夜，这五种事物集中体现了人生最动人的良辰美景，构成了诱人探寻的奇妙的艺术境界。

诗人入手擒题，一开篇便就题生发，勾勒出一幅春江月夜的壮丽画面：江潮连海，月共潮生。这里的"海"是虚指。江潮浩瀚无垠，仿佛和大海连在一起，气势宏伟。这时一轮明月随潮涌生，景象壮观。一个"生"字，就赋予了明月与潮水以活泼泼的生命。月光闪耀千万里之遥，哪一处春江不在明月朗照之中！江水曲曲弯弯地绕过花草遍生的春之原野，月色泻在花树上，像撒上了一层洁白的雪。诗人真可谓是丹青妙手，轻轻挥洒一笔，便点染出春江月夜中的奇异之"花"。同时，又巧妙地缴足了"春江花月夜"的题面。诗人对月光的观察极其精微：月光荡涤了世间万物的五光十色，将大千世界浸染成梦幻一样的银辉色。因而"流霜不觉飞"，"白沙看不见"，浑然只有皎洁明亮的月光存在。细腻的笔触，创造了一个神话般美妙的境界，使春江花月夜显得格外幽美恬静。这八句，由大到小，由远及近，笔墨逐渐凝聚在一轮孤月上了。

清明澄彻的天地宇宙，仿佛使人进入了一个纯净的世界，这就自然地引起了诗人的遐思冥想："江畔何人初见月？江月何年初照人？"诗人神思飞跃，但又紧紧联系着人生，探索着人生的哲理与宇宙的奥秘。这种探索，古人也已有之，如曹植《送应氏》："天地无终极，人命若朝霜"，阮籍《咏怀》："人生若尘露，天道邈悠悠"等等，但诗的主题多半是感慨宇宙永恒，人生短暂。张若虚在此处却别开生面，他的思想没有陷入前人窠臼，而是翻出了新意："人生代代无穷已，江月年年只相似。"个人的生命是短暂即逝的，而人类的存在则是绵延久长的，因之"代代无穷已"的人生就和"年年只相似"的明月得以共存。这是诗人从大自然的美景中感受到的一种欣慰。诗人虽有对人生短暂的感伤，但并不是颓废与绝望，而是缘于对人生的追求与热爱。全诗的基调是"哀而不伤"，使我们得以聆听到初盛唐时代之音的回响。

"不知江月待何人，但见长江送流水"，这是紧承上一句的"只相似"而来的。人生代代相继，江月年年如此。一轮孤月徘徊中天，像是等待着什么人似的，却又永远不能如愿。月光下，只有大江急流，奔腾远去。随着江水的流动，诗篇遂生波澜，将诗情推向更深远的境界。江月有恨，流水无情，诗人自然地把笔触由上半篇的大自然景色转到了人生图像，引出下半篇男女相思的离愁别恨。

"白云"四句总写在春江花月夜中思妇与游子的两地思念之情。"白云"、"青枫浦"托物寓情。白云飘忽，象征"扁舟子"的行踪不定。"青枫浦"为地名，但"枫""浦"在诗中又常用为感别的景物、处所。"谁家""何处"二句互文见义，正因不止一家、

立志·治学·明理

一处有离愁别恨，诗人才提出这样的设问，一种相思，牵出两地离愁，一往一复，诗情荡漾，曲折有致。

以下"可怜"八句承"何处"句，写思妇对离人的怀念。然而诗人不直说思妇的悲和泪，而是用"月"来烘托她的怀念之情，悲泪自出。诗篇把"月"拟人化，"徘徊"二字极其传神：一是浮云游动，故光影明灭不定；二是月光怀着对思妇的怜悯之情，在楼上徘徊不忍去。它要和思妇作伴，为她解愁，因而把柔和的清辉洒在妆镜台上、玉户帘上、捣衣砧上。岂料思妇触景生情，反而思念尤甚。她想赶走这恼人的月色，可是月色"卷不去"，"拂还来"，真诚地依恋着她。这里"卷"和"拂"两个痴情的动作，生动地表现出思妇内心的惆怅和迷惘。月光引起的情思在深深地搅扰着她，此时此刻，月色不也照着远方的爱人吗？共望月光而无法相知，只好依托明月遥寄相思之情。望长空：鸿雁远飞，飞不出月的光影，飞也徒劳；看江面，鱼儿在深水里跃动，只是激起阵阵波纹，跃也无用。"尺素在鱼肠，寸心凭雁足"。向以传信为任的鱼雁，如今也无法传递音讯，该又平添几重愁苦！

蒙胧夜色罩水乡　　月光山水两茫茫
欲问人家均何在　　月知百姓入梦乡

最后八句写游子，诗人用落花、流水、残月来烘托他的思归之情。"扁舟子"连做梦也念念归家——花落幽潭，春光将老，人还远隔天涯，情何以堪！江水流春，流去的不仅是自然的春天，也是游子的青春、幸福和憧憬。江潭落月，更衬托出他凄苦的寂寞之情。沉沉的海雾隐遮了落月；碣石、潇湘，天各一方，道路是多么遥远。"沉沉"二字加重地渲染了他的孤寂；"无限路"也就无限地加深了他的乡思。他思忖：在这美好的春江花月之夜，不知有几人能乘月归回自己的家乡！他那无着无落的离情，伴着残月之光，洒满在江边的树林之上……

"落月摇情满江树"，这结句的"摇情"——不绝如缕的思念之情，将月光之情，游子之情，诗人之情交织成一片，洒落在江树上，也洒落在读者心上，情韵袅袅，摇曳生姿，令人心醉神迷。

《春江花月夜》在思想与艺术上都超越了以前那些单纯模山范水的景物诗，"羡宇宙之无穷，哀吾生之须臾"的哲理诗，抒儿女别情离绪的爱情诗。诗人将这些屡见不鲜的传统题材，注入了新的含义，融诗情、画意、哲理为一体，凭借对春江花月夜的描绘，尽情赞叹大自然的奇丽景色，讴歌人间纯洁的爱情，把对游子思妇的同情心扩大开来，与对人生哲理的追求、对宇宙奥秘的探索结合起来，从而汇成一种情、景、理水乳交融的幽美而邈远的意境。诗人将深邃美丽的艺术世界特意隐藏在惝恍迷离的艺术氛围之中，整首诗篇仿佛笼罩在一片空灵而迷茫的月色里，吸引着读者去探寻其中美的真谛。

全诗紧扣春、江、花、月、夜的背景来写，而又以月为主体。"月"是诗中情景兼容之物，它跳动着诗人的脉搏，在全诗中犹如一条生命纽带，通贯上下，触处生神，诗情随着月轮的生落而起伏曲折。月在一夜之间经历了升起——高悬——西斜——落下的过程。在月的照耀下，江水、沙滩、天空、原野、枫树、花林、飞霜、白云、扁舟、高楼、镜台、砧石、长飞的鸿雁、潜跃的鱼龙，不眠的思妇以及漂泊的游子，组成了完整的诗歌形象，展现出一幅充满人生哲理与生活情趣的画卷。这幅画卷在色调上是以淡寓浓，虽用水墨勾勒点染，但"墨分五彩"，从黑白相辅、虚实相生中显出绚烂多彩的艺术效果，宛如一幅淡雅的中国水墨画，体现出春江花月夜清幽的意境美。

自　嘲

鲁　迅

运交华盖欲何求？未敢翻身已碰头。
破帽遮颜过闹市，漏船载酒泛中流。
横眉冷对千夫指，俯首甘为孺子牛。
躲进小楼成一统，管他冬夏与春秋。

鲁迅（1881—1936），原名周樟寿，后改名周树人；字豫山，后改豫才，浙江绍兴会稽县人，中国现代伟大的无产阶级文学家、思想家和革命家。鲁迅的作品主要以小说、杂文为主，代表作有：小说集《呐喊》、《彷徨》、《故事新编》等；散文集《朝花夕拾》；散文诗集《野草》；杂文集《坟》、《热风》、《华盖集》、《华盖集续编》、《南腔北调集》、《三闲集》、《二心集》、《而已集》、《且介亭杂文》等。他的作品有数十篇被选入中、小学语文课本，并有多部小说被先后改编成电影。其作品对于五四运动以后的中国文学产生了深刻的影响。鲁迅以笔代戈，奋笔疾书，战斗一生，被誉为"民族魂"。"横眉冷对千夫指，俯首甘为孺子牛"是鲁迅一生的写照。

立志·治学·明理

『作品注释』

(1) 华盖：鲁迅《华盖集·题记》，"我平生没有学过算命，不过听老年人说，人是有时要交'华盖运'的。这运，在和尚是好运：顶有华盖，自然是成佛作祖之兆。但俗人可不行，华盖在上，就要给罩住了，只好碰钉子。"华盖，像花那样盖在头上的云气。

(2) 漏船句：《吴子·治兵》，"如坐漏船之中。"《晋书·毕卓传》中毕卓说："得酒满数百斛船，……拍浮酒船中，便足了一生矣。"

(3) "横眉"两字成为传诵的名言。这两句不仅意义深长而且形象鲜明。郭沫若同志在《鲁迅诗稿序》里赞美这一联道："虽寥寥十四字，对方生与垂死之力量，爱憎分明；将团结与斗争之精神，表现具足。此真可谓前无古人，后启来者。"这个"千夫"不指群众，指敌人，指各式各样的敌人。

(4) 成一统 意思是说：有个一统的小天下。

(5) "管他冬夏与春秋"意思是指不管外界的干扰，不顾外界的风云变幻，坚持自己的立场。写出了鲁迅的决不妥协的坚强的战斗态度

『作品译文』

交了倒霉运，还能有什么顺心的希求；躺在床上连身都不敢翻，却还是碰了头。上街时低低压下破帽遮住脸，唯恐被人看见，招来不测横祸；好像坐在装酒的漏船上，在江心打转，时有没顶之险，逃不脱的晦气啊！

面对敌人的指斥，詈骂，诅咒，我偏偏横眉冷对，我行我素；面对群众，我却宁愿像头老牛，任他牵着跑，我都心甘情愿。不过躲进小楼，就成了自己的一统天下，爱写什么，谁管得了，外面的世态炎凉且由它去，雨雪风霜也由它去，全与我不相干！

『鉴赏指引』

这是一首人们熟知并传诵的名诗。毛泽东同志在《在延安文艺座谈会上的讲话》中说："鲁迅的两句诗：'横眉冷对千夫指，俯首甘为孺子牛'，应该成为我们的座右铭。'千夫'在这里就是说敌人，对于无论什么凶恶的敌人我们决不屈服。'孺子'，在这里就是说无产阶级人民大众。一切共产党员，一切革命家，一切革命文艺工作者，都应该学习鲁迅，做无产阶级和人民大众的'牛'，鞠躬尽瘁，死而后已。"极其精当地阐述了诗中这一联的正面意蕴，也画龙点睛地揭示了全诗的主题。这对于我们正确深刻地理解鲁迅诗中表达的思想无疑很重要。毛主席对这种精神给予极高的评价。鲁迅处在反动派的迫害下，经常在躲避，所以"躲进小楼"是写实，但又不限于写实。当时反动派丢掉东北大片土地，在 1932 年一二八事变时，国民政府躲避敌人威胁。迁都洛阳，一直到这年 12 月才迁回南京。作者写这诗时还没迁回，所以讽刺它只知躲避，不管祖国已经陷在怎样危亡的境地里。

这首诗，"横眉"两句成为传诵的名言，"横眉"、"俯首"形象地写出了革命战士对待敌人和对待人民两种决然不同的态度。这两句不仅意义深长而且形象鲜明。郭

沫若在《鲁迅诗稿序》里赞美这一联道："虽寥寥十四字，对方生与垂死之力量，爱憎分明；将团结与斗争之精神，表现具足。此真可谓前无古人，后启来者。"

论 生 命

特丽莎修女

生命是一次机会，我们要知道珍惜它；
生命是一种美，我们要懂得欣赏它；
生命是一种幸福，我们要学会享受它；
生命是一个梦，我们要努力实现它；
生命是一次挑战，我们要勇敢地面对它；
生命是一种义务，我们要尽力完成它；
生命是一场比赛，我们要积极参与其中；
生命是昂贵的，我们要照看好它；
生命是丰富的，我们不能挥霍它；
生命是爱，我们要尽情享受它；
生命是一个秘密，我们要解开它；
生命是一个承诺，我们要履行它；
生命是一出悲伤，我们要克服它；
生命是一种挣扎，我们要接受它；
生命是一出悲剧，我们要拥抱它；
生命是一次冒险，我们要敢于挑战它；
生命就是生命，我们要珍惜它；
生命就是幸运，我们要利用它；
生命太宝贵了，我们不能糟蹋它！

『作者简介』

在 1979 年诺贝尔和平奖的颁奖仪式上，一个特别瘦小的女性，正以很轻的声音发表演说，可是这轻柔的声音，却使全世界为之动容！她就是特丽莎修女。她是仅有的三位全票通过的获奖者，她的事迹首先打动了所有评委的心。

特丽莎修女 1910 年出生于南斯拉夫，1928 年参加爱尔兰洛雷托修院，同年被派往印度，在一所教会学校任教近 20 年。她的居住地有高高的围墙，与周围印度混乱

贫穷的生活隔开，里边有花园和舒适的楼房，那差不多是一种贵族式的和平安宁的生活。本来可以过着平静富足的生活，可特丽莎修女选择了另一种人生。1946年，她说，我听到召唤，要放下一切，深入到贫民区去服侍那些贫穷中最贫穷的人。她离开了修道院，先是在贫民区办了一所学校，后来她又创办了仁爱修会。

1952年，特丽莎修女在街头偶遇一个奄奄一息被遗弃的老妇人，老鼠和蚂蚁正肆无忌惮地咬嚼着老妇人的身体。她带老妇人去医院，可医院却不肯收容。特丽莎修女只好把这个老妇人带到政府官员办事处，要求他们为那位老妇人和那些被遗弃街头的垂死者提供一个安身之处。一个医务官员说，只有一个废弃的破庙可用。从这一天起，特丽莎修女创办了一个专门安置穷人和垂死者的组织。

她在加尔各答遍寻病弱垂死者，把他们带回，给他们衣食，为他们治疗，握着临终者的手，安慰他们，按照他们自己的信仰与习俗办理丧事。有一次她路过一个明渠，发现里面有东西在动，她上前一看，是一个垂死的人，她把那人带回"善终会"，让他在爱和平静中死去。那人临终时说："我在街上活得像头畜牲，如今我却像天使般死去。"这句话一直在我的心头震颤，脑海里闪现出的是一个垂死之人死前平和而满足的微笑，真的像是个天使。

年复一年，特丽莎修女救助了4万多名被遗弃街头的人。她的事业在壮大，她创建的组织已经有4亿多资产。

她说，为了为贫穷者服务，首先要把自己变成穷人。

她说，假若我不扶起这个人，我就不会帮助近四万二千个人。我只会看到个别的人，我只会在一个时间去爱一个人。

她说："除了贫穷与饥饿，世界上最大的问题是孤独和冷漠……孤独也是一种饥饿，是期待温暖爱心的饥饿。""人活着除了需要口粮以外，也渴求人的爱、仁慈和体恤。今天就是因为缺乏爱、仁慈和体恤，所以人们的内心极度痛苦。"

于是她竭尽全力给予别人具体的爱，残病者腐烂发臭的伤口不会让她退缩，她也更在意那些日常小事：一句温言，一个微笑，握着垂死者的手，直至他们平静地安息。

就在颁奖仪式上，她表示把所获得的奖金，全部用于救助穷人。颁奖后，按惯例会举行一个宴会。特丽莎修女提出，这顿宴席可以让很多穷人过上一个月。组委会破例同意取消宴会，把宴会的钱交给她，带回去帮助穷人。

获得和平奖以后，她仍同以前一样，过着特别清贫的生活。在她逝世的时候，她的全部财产就是两三件布的丽纱（修女服）、一本圣经和胸前的十字架上耶稣的挂件。

人生的七个阶段

莎士比亚

全世界是一个舞台，所有的男男女女不过是一些演员；

他们都有下场的时候，也都有上场的时候。

一个人的一生中扮演着好几个角色，

他的表演可以分为七个时期。最初是婴孩，

在保姆的怀中啼哭呕吐。

然后是背着书包、满脸红光的学童，

像蜗牛一样慢腾腾地拖着脚步，不情愿地呜咽着上学堂。

然后是情人，像炉灶一样叹着气，写了一首悲哀的诗歌咏着

他恋人的眉毛。

然后是一个军人，满口发着古怪的誓，胡须长得像豹子一样，爱惜着名誉，动不动就要打架，在炮口上寻求着泡沫一样的荣名。

然后是法官，胖胖圆圆的肚子塞满了阉鸡，凛然的眼光，整洁的胡须，满嘴都是格言和老生常谈；

他这样扮了他的一个角色。

第六个时期变成了精瘦的趿着拖鞋的龙钟老叟，鼻子上架着眼镜，腰边悬着钱袋；

他那年轻时候节省下来的长袜子套在他皱瘪的小腿上显得宽大异常；

他那朗朗的男子的口音又变成了孩子似的尖声，像是吹着风笛和哨子。

终结着这段古怪的多事的历史的最后一场，是孩提时代的再现，全然的遗忘，没有牙齿，没有眼睛，没有口味，没有一切。

『鉴赏指引』

这是林语堂对这首诗的理解，希望对大家欣赏此诗有所帮助：我想没有人会说一个有童年、壮年、老年的人生不是一个美满的人生。一天有上午，中午，日落之分，一年有四季之分。可是我现在想想人生真没有所谓好坏之分。有钱没钱的到最

立志·治学·明理

后都一样。我想只有"你人生之中的哪段经历或者是哪些东西在你人生中的哪一个季节是最好的"的问题。如果我们抱着这种生物学的人生观,而循着季节去生活,那么,除了夜郎自大的呆子和无可救药的理想主义者之外,没有人会否认人生可以像一首诗那样地度过去。莎士比亚曾经在他的人生七阶段那段文章里,把这个观念更明了地表现出来,许多中国的作家也曾经说过同样地话。我尊敬莎士比亚先生,因为他把人生当做人生看,正如他不打扰他的戏剧中的人物一样,他也不打扰一切事物的一般配置和组织。他就活得和大自然本身一样。他仅仅是活在世界上,观察人生,最终根据生命活动的最后规则离开了世界。

行路难·其一

(唐)李白

金樽清酒斗十千,玉盘珍羞直万钱。
停杯投箸不能食,拔剑四顾心茫然。
欲渡黄河冰塞川,将登太行雪满山。
闲来垂钓碧溪上,忽复乘舟梦日边。
行路难!行路难!多歧路,今安在?
长风破浪会有时,直挂云帆济沧海。

『作品注释』

(1)行路难:选自《李白集校注》,乐府旧题。金樽(zūn):古代盛酒的器具,以金为饰。清酒:清醇的美酒。斗十千:一斗值十千钱(即万钱),形容酒美价高。

(2)玉盘:精美的食具。珍羞:珍贵的菜肴。羞:同"馐",美味的食物。直:通"值",价值。

(3)投箸:丢下筷子。箸(zhù):筷子。不能食:咽不下。茫然:无所适从。

(4)太行:太行山。

(5)闲来垂钓碧溪上,忽复乘舟梦日边:这两句暗用典故:姜太公吕尚曾在渭水的磻溪上钓鱼,得遇周文王,助周灭商;伊尹曾梦见自己乘船从日月旁边经过,后被商汤聘请,助商灭夏。这两句表示诗人自己对从政仍有所期待。碧:一作"坐"。忽复:忽然又。

(6)多歧路,今安在:岔道这么多,如今身在何处?歧:一作"歧",岔路。安:哪里。

(7)长风破浪:比喻实现政治理想。据《宋书·宗悫传》载:宗悫少年时,叔父宗炳问他的志向，他说："愿乘长风破万里浪。"会：当。

（8）云帆：高高的船帆。船在海里航行，因天水相连，船帆好像出没在云雾之中。济：渡。

『作品译文』

金杯里装的名酒，每斗要价十千；玉盘中盛的精美菜肴，收费万钱。

胸中郁闷啊，我停杯投箸吃不下；拔剑环顾四周，我心里委实茫然。

想渡黄河，冰雪堵塞了这条大川；要登太行，莽莽的风雪早已封山。

像吕尚垂钓溪，闲待东山再起；又像伊尹做梦，他乘船经过日边。

世上行路呵多么艰难，多么艰难；眼前歧路这么多，我该向北向南？

相信总有一天，能乘长风破万里浪；高高挂起云帆，在沧海中勇往直前！

『鉴赏指引』

诗的前两句用"斗十千"的清酒和"直万钱"的珍羞的盛宴，写出了朋友对诗人的离去的恋恋不舍，表达了诗人和朋友之间的深厚情谊。美酒佳肴，深情厚谊，这些对于一个天性豪迈的诗人来说，本来该是个尽兴、浪漫的时刻。

可现在诗人却只能"停杯投箸"、"拔剑四顾"，诗人停止了倒酒，扔掉了筷子，拔出了长剑，四处不停地环顾。这些反常的行为贴切地写出了诗人在京城受挫后苦闷抑郁的内心状况。本来，有着远大政治抱负、雄才大略的诗人能够幸运地亲近皇上，舒展自己才略是件快意人生的事。但现在，诗人却不幸地遭到皇上无情的"变相驱逐"，连京华之地都不能逗留了，没有人能体会得到诗人此时的惆怅和失落的情绪。停、投、拔、顾四动作传神地写出了这种心理状态下的真实情况。

冥冥中，诗人深感到前途的难测，道路的艰险。想横渡黄河，却又不可避免地遭遇"冰塞川"的险阻；想登上太行山，却又要面临"雪满山"的考验和危险。在人生的道路上，诗人进退不得。层层的考验，重重的险阻，让诗人心感无奈而又彷徨无据。诗人在愁苦着脸。

但我们的诗人，向来豪迈成性。他习惯用积极的眼光，坚定的信念，宏伟的抱负，去寻找他希望的所在。他坚信终有一天，他的横溢的才华定能得到尽情地舒展。他看到姜尚在湖边钓鱼时得到了文王的赏识；他看到了伊尹在做梦乘舟绕日月穿行后便得到汤的重用。诗人也坚信有朝一日，自己也能像姜尚和伊尹一样，受到明君的聘用。他坚信自己也一定能逢上赏识自己的伯乐、知己。那一天的到来就是自己舒展才华和抱负的开始。诗人心里揣着一个坚定的信念和一份炽热的希望。

但眼前，面对着千头万绪的人生道路，又该去选择怎样的一条道路呢？一回到现实，我们的诗人又感到难堪和迷惘起来了。眼前纵横交错的人生道路，曲折复杂、凶险难卜，真不知该走哪一条才恰当？面对摆在眼前的那么多的歧路，诗人感到了前所未有的茫然。唉！哪一条人生道路才能顺利地到达自己的辉煌前景呢？谁能指点下我们苦闷的诗人？

在重重的困难和险阻面前，我们的诗人并不显得沮丧，更不沉沦。相反，我们的诗人又显出了他的高瞻远瞩的眼光和豪情满怀的气概来。诗人决定要乘长风去破万里浪，挂起高高的云帆在沧海中勇往直前。如此的气概，看来，诗人宏伟的抱负得以舒展的时日也不远矣。

《行路难》全诗一共十四句，八十二个字，是诗人在离开长安时的心情写怀照。这首诗突出的一个特点就是诗人的情感波澜起伏、跌宕变化。诗人的情怀时而失落苦闷，迷惘不知所措；时而充满希望，信心倍增；继而又彷徨无据感时伤逝；最后又能豪情万丈，豁达自信。

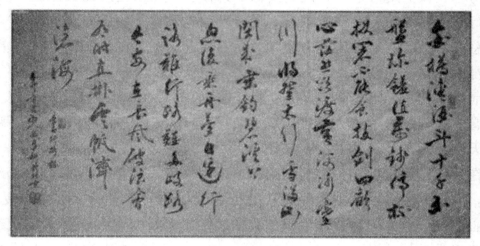

【名句赏读】

1. 芸芸众生，孰不爱生？爱生之极，进而爱群。——秋瑾

2. 我们的生命是三月的天气，可以在一小时内又狂暴又平静。——爱默生

3. 人的生命似洪水奔流，不遇着岛屿和暗礁，难以激起美丽的浪花。
——奥斯特洛夫斯基

4. 人的生命恰似一部小说，其价值在于贡献而不在于短长。——佚名

5. 人的一生，应当像这美丽的花，自己无所求，而却给人间以美。——杨沫

6. 生命是一张弓，那弓弦是梦想。——罗曼·罗兰

7. 人生是一所学校，在那里比起幸福，不幸是更好的老师。——弗里奇

8. 人生如一本书，愚蠢者草草翻过，聪明人细细阅读。为何如此？因为他们只能读它一次。——保罗

9. 一个人的价值，应当看他贡献什么，而不应当看他取得什么。——爱因斯坦

10. 君子之行，静以修身，俭以养德，非淡泊无以明志，非宁静无以致远。
——诸葛亮

11. 世界上只有一种英雄主义，那就是了解生命而且热爱生命的人。
——罗曼·罗兰

12. 内容充实的生命就是长久的生命。我们要以行为而不是以时间来衡量生命。
——小塞涅卡

13. 生命在闪耀中现出绚烂，在平凡中现出真实。——伯克

14. 寿命的缩短与思想的虚耗成正比。——达尔文

15. 珍惜生命就要珍惜今天。——谚语

16. 谁能以深刻的内容充实每个瞬间，谁就是在无限地延长自己的生命。——库尔茨

17. 人生有一道难题，那就是如何使一寸光阴等于一寸生命。——佚名

18. 把每一个黎明看做是生命的开始，把每一个黄昏看作是你生命的小结。
——谚语

19. 三万六千日，夜夜当秉烛；白日何短短，百年若易海。——李白

20. 少年易老学难成，一寸光阴不可轻。未觉池塘春草绿，阶前梧叶已秋声。——朱熹

21. 生，我所欲也；义，亦我所欲也。二者不可得兼，舍生而取义者也。
——孟子

22. 使一个人有限的生命更加有效，也即等于延长了人的生命。——鲁迅

23. 本来，生命只有一次，对于谁都是宝贵的。——瞿秋白

立志·治学·明理

24、人生不是一支短短的蜡烛，而是一支由我们暂时拿着的火炬，我们一定要把它燃得十分光明灿烂，然后交给下一代的人们。——（美国）萧伯纳

25．热爱生命是幸福之源；同情生命是道德之本；敬畏生命是信仰之端。

——周国平

26．生命中不是永远快乐，也不是永远痛苦，快乐和痛苦是相生相成的。等于水道要经过不同的两岸，树木要经过常变的四时。在快乐中我们要感谢生命，在痛苦中我们也要感谢生命。快乐固然兴奋，苦痛又何尝不美丽！——冰心

27．人生应该如蜡烛一样，从顶燃到底，一直都是光明的。——萧楚女

28．人生的价值，即以其人对于当代所做的工作为尺度。——徐玮

29．路是脚踏出来的，历史是人写出来的。人的每一步行动都在书写自己的历史。

——吉鸿昌

30．春蚕到死丝方尽，人至期颐亦不休。一息尚存须努力，留作青年好范畴。

——吴玉章

31．人的一生可能燃烧也可能腐朽，我不能腐朽，我愿意燃烧起来！

——奥斯特洛夫斯基

32．你若要喜爱你自己的价值，你就得给世界创造价值。——歌德

33．人只有献身于社会，才能找出那短暂而有风险的生命的意义。——爱因斯坦

34．生当作人杰，死亦为鬼雄。——李清照

35．人的一生就是进行尝试，尝试的越多，生活就越美好。——爱默生

36．谁要游戏人生，他就一事无成；谁不能主宰自己，永远是一个奴隶。

——歌德

37．我们既到世上走了一道，就得珍惜生命的价值。在某种意义上说，生要比死更难。死，只需要一时的勇气，生，却需要一世的胆识。——佚名

38．人生的最高理想是为人民谋利益。——德莱塞

39．人生就像奕棋，一步失误，全盘皆输。

40．人生如逆水行舟，不进则退。——陈独秀

41．假如生活欺骗了你，不要忧郁，也不要愤慨！不顺心的时候暂且容忍：相信吧，快乐的日子就会到来。——普希金

42．生命是有限的，但为人民服务是无限的，我要把有限的生命投入到无限的为人民服务之中去。——雷锋

43．做人也要像蜡烛一样，在有限的一生中发一分热，发一分光，给人以温暖，给人以光明。——萧楚女

44．人生的路上，有洁白芬芳的花，也有尖利的刺，但是自爱爱人的人儿会忘记了有刺只想着有花。

45．人有悲欢离合，月有阴晴圆缺，此事古难全。——苏轼

【大家文坊】

敬 畏 生 命

（法国）阿尔贝特·史怀泽

善是保存和促进生命，恶是阻碍和毁灭生命。如果我们摆脱自己的偏见，抛弃我们对其他生命的疏远性，与我们周围的生命休戚与共，那么我们就是道德的。只有这样，我们才是真正的人；只有这样，我们才会有一种特殊的、不会失去的、不断发展的和方向明确的德性。

敬畏生命、生命的休戚与共是世界中的大事。自然不懂得敬畏生命。它以最有意义的方式产生着无数生命，又以毫无意义的方式毁灭着它们。包括人类在内的一切生命等级，都对生命有着可怕的无知。他们只有生命意志，但不能体验发生在其他生命中的一切；他们痛苦，但不能共同痛苦。自然抚育的生命意志陷于难以理解的自我分裂之中。生命以其他生命为代价才得以生存下来。自然让生命去干最可怕的残忍事情。自然通过本能引导昆虫，让它们用毒刺在其他昆虫身上扎洞，然后产卵于其中；那些由卵发育而成的昆虫靠毛虫过活，这些毛虫则应被折磨至死。为了杀死可怜的小生命，自然引导蚂蚁成群结队地去攻击它们。看一看蜘蛛吧！自然教给它的手艺多么残酷。

从外部看，自然是美好和壮丽的，但认识它则是可怕的。它的残忍毫无意义！

立志·治学·明理

最宝贵的生命成为最低级生命的牺牲品。例如，一个儿童感染了结核病菌。接着这种最低级生物就在儿童的最高贵机体内繁殖起来，结果导致这个儿童的痛苦和夭亡。在非洲，每当我检验昏睡病人的血液时，我总是感到吃惊。为什么这些人的脸痛苦得变了形并不断呻吟：我的头，我的头！为什么他们必须彻夜哭泣并痛苦地死去？这是因为，在显微镜下人们可以看见 10‰～40‰毫米的白色细菌；即使它们数量很少，以至于为了找到一个，有时得花上几个小时。

由于生命意志神秘的自我分裂，生命就这样相互争斗，给其他生命带来痛苦或死亡。这一切尽管无罪，却是有过的。自然教导的是这种残忍的利己主义。当然，自然也教导生物，在它需要时给自己的后代以爱和帮助。只是在这短暂的时间内，残忍的利己主义才得以中断。但是，更令人惊讶的是，动物能与自己的后代共同感受，能以直至死亡的自我牺牲精神爱它的后代，但拒绝与非其属类的生命休戚与共。

受制于盲目的利己主义的世界，就像一条漆黑的峡谷，光明仅仅停留在山峰之上。所有生命都必然生存于黑暗之中，只有一种生命能摆脱黑暗，看到光明。这种生命是最高的生命，人。只有人能够认识到敬畏生命，能够认识到休戚与共，能够摆脱其余生物苦陷其中的无知。

这一认识是存在发展中的大事。真理和善由此出现于世。光明驱散了黑暗，人们获得了最深刻的生命概念。共同体验的生命，由此在其存在中感受到整个世界的波浪冲击，达到自我意识，结束作为个别的存在，使我们之外的生存涌入我们的生存。

我们生存在世界之中，世界也生存于我们之中。这个认识包含着许多奥秘。为什么自然律和道德律如此冲突？为什么我们的理性不赞同自然中的生命现象，而必然形成与其所见尖锐对立的认识？为什么在它发挥善的概念的地方，它就必须与世界作斗争？为什么我们须经历这种冲突，而没有有朝一日调和它的力量？为什么不是和谐而是分裂等等。上帝是产生一切的力量。为什么显示在自然中的上帝否定一切我们认为是道德的东西，即自然同时有意义地促进生命和无意义地毁灭生命的力量？如果我们已能深刻地理解生命，敬畏生命，与其他生命休戚与共；那么，我们怎样使作为自然力的上帝，与我们所必然想象的作为道德意志的上帝、爱的上帝统一起来？

我们不能在一种完整的世界观和统一的上帝概念中坚定我们的德性，我们必须始终使德性免受世界观矛盾的损害，这种矛盾像毁灭性的巨浪一样冲击着它。我们必须建造一条大堤，它能保存下来吗？

危及我们休戚与共的能力和意志的是日益强加于人的这种考虑：这无济于事！你为防止或减缓痛苦、保存生命所做的和能做的一切，和那些发生在世界上和你周围，你又对之无能为力的一切比较起来，是无足轻重的。确实，在许多方面，我们是多么的软弱无力，我们本身也给其他生物带来了多少伤害，而不能停止。想到这一点，真是令人害怕。

你踏上林中小路，阳光透过树梢照进了路面，鸟儿在歌唱，许多昆虫欢乐地嗡嗡叫。但是，你对此无能为力的是：你的路意味着死亡。被你踩着的蚂蚁在那里挣扎，甲虫在艰难地爬行，而蠕虫则蜷缩起来。由于你无意的罪过，美好的生命之歌中也出现了痛苦和死亡的旋律。当你想行善时，你感受到的则是可怕的无能为力，不能如你所愿地帮助生命。接着你就听到诱惑者的声音：你为什么自寻烦恼？这无济于事。不要再这么做，像其他人一样，麻木不仁，无思想、无情感吧。

还有一种诱惑：同情就是痛苦。谁亲身体验了世界的痛苦，他就不可能在人所意愿的意义上是幸福的。在满足和愉快的时刻，他不能无拘无束地享受快乐，因为那里有他共同体验的痛苦。他清楚地记着他所看见的一切。他想到他所遇见的穷人，看见的病人，认识到这些人的命运残酷性，阴影出现在他的快乐的光明之中，并越来越大。在快乐的团体中，他会突然心不在焉。那个诱惑者又会对他说：人不能这样生活。人必须能够无视发生在他周围的事情，不要这么敏感。如果你想理性地生活，就应当有铁石心肠。穿上厚甲，变得像其他人一样没有思想。最后，我们竟然会为我们还懂得伟大的休戚与共而惭愧。当人们开始成为这种理性化的人时，我们彼此隐瞒，并装着好像人们抛弃的都是些蠢东西。

这是对我们的三大诱惑，它不知不觉地毁坏着产生善的前提。提防它们。首先，你对自己说，互助和休戚与共是你的内在必然性。你能做的一切，从应该被做的角度来看，始终只是沧海一粟。但对你来说，这是能赋予你生命以意义的唯一途径。无论你在哪里，你都应尽你所能从事救助活动，即解救由自我分裂的生命意志给世界带来的痛苦；显然，只有自觉的人才会从事这种救助活动。如果你在任何地方减缓了人或其他生物的痛苦和畏惧，那么你能做的即使较少，也是很多。保存生命，这是唯一的幸福。

另一个诱惑，共同体验发生在你周围的不幸，对你来说是痛苦，你应这样认识：同甘与共苦的能力是同时出现的。随着对其他生命痛苦的麻木不仁，你也失去了同享其他生命幸福的能力。尽管我们在世间见到的幸福是如此之少；但是，以我们本身所能行的善，共同体验我们周围的幸福，是生命给予我们的唯一幸福。最后，你根本没有权利这么说：我要这么生存。因为你认为，你比其他生命幸福。你必须如你必然所是地做一个真正自觉的人，与世界共同生存的人，在自身中体验世界的人。你是否因此按流行的看法比较幸福，这是无所谓的。我们内心神秘的声音并不需要幸福的生存——听从它的命令，才是唯一能使人满足的事情。

我这样和你们说，是为了不让你们麻木不仁，保持清醒的头脑！这与你们的灵魂有关。如果这些表达了我内心思想的话语，能使在座的诸位撕碎世上迷惑你们的假象，能使你们不再无思想地生存，不再害怕由于敬畏生命和必然认识到共同体验的重要而失去自己，那么，我就感到满足，而我的行为也将被人赞赏……

立志·治学·明理

『伴读引思』

　　阿尔贝特·史怀泽(1875～1965，又译施韦泽)是当代具有广泛影响的思想家，他创立的以"敬畏生命"为核心的生命伦理学是当今世界和平运动、环保运动的重要思想资源。

　　敬畏一切生命是史怀泽生命伦理学的基石。史怀泽把伦理的范围扩展到一切动物和植物，认为不仅对人的生命，而且对一切生物和动物的生命，都必须保持敬畏的态度。"善是保持生命、促进生命，使可发展的生命实现其最高的价值，恶则是毁灭生命、伤害生命，压制生命的发展。这是必然的、普遍的、绝对的伦理原则。"只涉及人对人关系的伦理学是不完整的，从而也不可能具有充分的伦理动能。只有当人类认为所有生命，包括人的生命和一切生物的生命都是神圣的时候，他才是伦理的。

　　为什么要敬畏一切生命？史怀泽认为这就是生命之间存在的普遍联系。人的存在不是孤立的，它有赖于其他生命和整个世界的和谐。人类应该意识到，任何生命都有价值，我们和它不可分割。"原始的伦理产生于人类与其前辈和后裔的天然关系。然而，只要人成为有思想的生命，他的'亲属'范围就扩大了。"有思想的人体验到必须像敬畏自己的生命意志一样敬畏所有的生命意志，他在自己的生命中体验到其他生命。

　　史怀泽指出，对一切生命负责的根本理由是对自己负责，如果没有对所有生命的尊重，人对自己的尊重也是没有保障的。任何生命都有自己的价值和存在的权力，谁习惯于把随便哪种生命看做没有价值的，他就会陷于认为人的生命也是没有价值的危险之中。对非人的生命的蔑视最终会导致对人自身的蔑视，世界大战的接连出现就是明证。

　　敬畏一切生命是美好的理念，但人的存在是现实的，人不可能对一切生命都同等对待，为了生存，人常常要消灭一些生命。是否应区分生命的价值序列呢？史怀泽的回答是否定的，他说："敬畏生命的伦理否认高级和低级的、富有价值和缺少价值的生命之间的区分。"

　　然而在非洲，面对铺天盖地的蚂蚁和蚊子，人类出于生存需要必须要消灭一些生命。史怀泽认为，尽管这不可避免，但人必须有"自责"的意识。如果人类认为自己有权力毁灭别的生命，他总有一天会走到毁灭与自己类似的生命或自我毁灭的地步。这种"自责"是对"敬畏一切生命"原则的妥协，同时是一种自觉。对生命尊重的根本目的，是培养人的道德本性，这是人类完善的出发点。

　　生物的多样性和环境的和谐是人类存在的条件。在20世纪两次世界大战和地球环境恶化的背景下，史怀泽从生命的相互联系中，看到人不能再妄自尊大，提出了敬畏一切生命的理念，契合了时机，这是他获得崇高声誉的社会背景。正如史怀泽所言，把爱的原则扩展到动物，这对伦理学是一种革命，这是一次新的、比我们走出中世纪更加伟大的文艺复兴，它将为人类的可持续发展与世界和平提供新的思想基础。

史怀泽所面临的问题在今天不仅没有消失，相反在某些方面还在不断加深，进入 21 世纪，史怀泽的思想愈益受到人们的重视，举凡环保、和平、爱护小动物、素食等各类组织，无不将史怀泽的思想奉为经典，其生命伦理学显示出强大的生命力。

生 命 如 歌

风鼓着腮轻轻地吹过，四季踏着轻轻的脚步陆续离开，时光踩着轻轻的节奏无声走来，在这匆匆的岁月里，生命不需要任何的等待。花扬着笑脸静静的绽开，树一年一年地静静成材，在这难忘的季节里，我们绿色的青春一去便不再回来。

看那细细的雨丝坠下，悄悄地撒下一片银花，朦胧的视线前，就像一层层薄纱慢慢落下。就如我们的青春年华，美丽而浪漫。

春天的风，散发着泥土复苏的清新味道，也掺杂着植物苏醒的清香。仿佛春雨落在脸上那清凉的感觉，变得温馨、芬芳。空气中弥漫的味道不止是花苞香、不止是柳芽香、更多加了人们欣喜的味道。

夏季的日，光晕一圈圈地散开，透过茂密的树叶，漏下一滴滴的阳光，点在树下乘凉人酣睡的脸上。夏季的月，清澈的如水一般，像真诚的人明亮的眼睛，像乐律优美的精魂，像轻纱罩住了夜空，缥缈又神秘。月影像位少女，淡淡的，轻轻的，羞涩的露出一抹盈盈的回眸。

春去夏来，夏去秋来。听，"簌簌，簌簌"，那橘色的落叶如玲珑的芭蕾舞者踩着优雅的舞点旋转落下，又如翩翩的蝴蝶扇着翅膀随风飞舞，更像那顽童们相互追赶，相互嬉戏。落叶们谢绝了树枝的善意挽留，飘然而下，寻觅那出生的故土。就这样它们结束了自己的旅途，但它们的生命却孕育了来年的花团锦簇，那花开的声音就是落叶们最美的生命之歌。

冬天姗姗地来到，雪花悄然落下，犹豫了许久，落在了离家人忧郁的眉上，散开，融化，无影无踪。岁月匆匆，故土上依旧残留着花季的声音，站在雪景里，静静地看着、想着、听着、念着。那家乡母亲亲自点的暖炉烧的正旺，暖到千里之外孩儿的心里。嘱咐着，不要去留恋那失去的一切，因为新一年的生活又会如歌绽放。

生命就像一条无边的河，一条不知是深是浅的河，前途渺茫，不知是险是夷，但只要有信念，就可以勇敢的淌过。

立志·治学·明理

生命就像一杯无色的酒，一杯不知是苦是甜的酒，梦想踟蹰，不知是真是假，但只要有动力，就可以不惧的喝下。

生命就像一条无名的路，一条不知是风是雨的路，思念渺渺，不知是实是虚，但只要有希望，就可以无悔的前进。

生命是一首无声的歌，一首无畏的歌，一首不知是难是易的歌，前路漫漫不知是对是错，但只要有爱，就可以无怨无悔的怀抱着希望去呼唤，去高歌。

四季总是轻轻地来，默默地去。生命中响起心底的旋律，无时不在，无处不在，拥抱着孤独，爱抚着叹息的泪珠，亲吻着嘴角上扬的弧度。只要希望和爱还在，生命的歌就在。

在这年轻的岁月里，天空也充满着温柔的笑容，还有什么能带走这快乐的歌。请为这生命的歌干杯，请为这生命的歌赞美，我们要让生命和爱同在，同唱一首生命如歌。

『伴读引思』

《生命如歌》这篇散文，通过春、夏、秋、冬四季景色的变化来写生命的美好与顽强；通过排比句，生命如"河""酒""路""歌"，写出了生命因"信念""动力""希望"和"爱"而存在。道出了生命存在的真谛。文章语言淳朴甜美，富有动感、诗意，给人以轻松和愉悦。

给人生算账

人的一生有多长？

有支"莲花落"的歌词写道："人生七十年古来稀，我今七十不为奇，前十年幼小，后十年衰老，中间只有五十年，一半又在睡中过，算来仅有二十五年……"民国时期，此歌颇为流行。它把短暂的人生"计算"得一清二楚了。人生，有效的作为时间，只有区区二十五年！

以上数字是我们中国人得出来的，远不精确，美国人就算得精细多了。据美国《读者文摘》载：一生以 60 年为标准，共计 21900 天。其中睡眠占用 20 年，吃饭占用 5 年，行路旅游堵车占用 5 年、生病占用 3 年，打电话占用 1 年、上卫生间占用 1 年、闲谈占用 70 天、擦鼻涕 10 天、剪脚手指甲 10 天……

最后的时间为剩余 10 年！天哪！这数

只要永不放弃，就能创造奇迹。

字足以惊呆成千上万"宽宏大度"的豪爽汉子！

德国人也来凑热闹，同样算了一笔账。人生也以60年为标准，睡觉同样去掉20年，看电视、上网去掉13年，购物娱乐等活动、排队浪费1年半，交通堵塞耽搁2年又4个月，打电话聊天浪费1年，因对方无人接电话又浪费6个月，赌博去了1年又8个月，参加竞选投票、游行，年轻时打架斗殴、成家后家庭吵架、有小孩后骂骂孩子等又去掉4年又3个月，找东西1年，看乱七八糟广告用掉2年，打官司浪费3年，上厕所1年……最后结果，真正用于工作学习的时间为9年8个月左右。德国人的细致认真劲在此真是得到充分的运用，他们的精确数字更让人大出冷汗。

英国人也不示弱，跑出来猛按计算器。英国人说，上帝对我们说——英国人最狡猾，什么事都喜欢借着上帝的口气来发言——人的一生的正确计算方法应该是这样的，人的一生暂且定为100年，但处于战争时期的岁月忽略不计，处于睡眠状态的时间忽略不计，当政客骂娘喊口号或开会的时间忽略不计，偷情的时间忽略不计，向上帝祈祷时打瞌睡的时间忽略不计……最后，上帝认为，哪怕你是活到了七老八十的老太婆老头子，对不起，你的人生除去忽略不计的荒废年月，你还嫩得很哪，还仅仅是无知的少年时代！也就是说，你的人生岁月其实只有十来年！

日本人……

不算了，越算越伤心！

人生啊，原来是这样短暂，光阴，竟然就是这样的虚度浪费一空！

有一点需要补充的是，任何一个国家的人们将人生计算完毕之后，写道：如果你努力压缩你荒废、浪费的时间，你的人生将相应延长，你，也一定会踏上成功之路！

『伴读引思』

《给人生算账》这篇文章，叙写了古老的中国人、美国人、德国人和英国人如何给人生算时间账。不算不知道，一算吓一跳。漫漫人生几十年用于学习和做事的时间，仅仅只占了人生的六分之一。人生在每个时间段，都有每个时间段的任务，年轻时是学习的季节，我们不能浪费，蹉跎了岁月，将无法挽回。

假如给我三天光明

（美）海伦·凯特

啊，如果我有三天视力的话，我该看些什么东西呢？

第一天，我要看到那些好心的、温和的、友好的、使我的生活变得有价值的人们。首先，我想长时间地凝视着我亲爱的老师安妮·莎莉文·麦西夫人的脸，当我还在孩稚时，她就来到我家，是她给我打开了外部世界。我不仅要看她的脸部的轮廓，为了将她牢牢地放进我的记忆，还要仔细研究那张脸，并从中找出同情的温柔和耐心的生动的形迹，她就是靠温柔与耐心来完成教育我的困难任务。我要从她的眼睛里看出那使她能坚定地面对困难的坚强毅力和她那经常向我显示出的对于人类的同情心。

第一天将是一个紧张的日子。我要将我的所有亲爱的朋友们都叫来，好好端详他们的面孔，将体现他们内在美的外貌深深地印在我的心上。我还要看一个婴儿的面孔，这样我就能看到一种有生气的、天真无邪的美，它是一种没有经历过生活斗争的美。

我还要看看我那群忠诚的、令人信赖的狗的眼睛——那沉着而机警的小斯科第、达基和那高大健壮而懂事的大戴恩、海尔加，它们的热情、温柔而淘气的友谊使我感到温暖。

在那紧张的第一天里，我还要仔细观察我家里那些简朴小巧的东西。我要看看脚下地毯的艳丽色彩，墙壁上的图画和那些把一所房屋改变成家的熟悉的小东西。我要用虔敬的目光凝视我所读过的那些凸字书，不过这眼光将更加急于看到那些供有视力的人读的印刷书。因为在我生活的漫长黑夜里，我读过的书以及别人读给我听的书，已经变成一座伟大光明的灯塔，向我揭示出人类生活和人类精神的最深泉源。

在能看见东西的第一天下午，我将在森林里作一次长时间的漫步，让自己的眼睛陶醉在自然界的美色里，在这有限的几小时内我要如醉如痴地欣赏那永远向有视力的人敞开的壮丽奇景。结束短暂的森林之旅，回来的路上可能经过一个农场，这样我便能看到耐心的马匹犁田的情景（或许我只能看到拖拉机了！）和那些以土地为生的人的宁静满足的生活。我还要为绚丽夺目而又辉煌壮观的落日祈祷。

当夜幕降临，我能看到人造光明，而体验到双重的喜悦。这是人类的天才在大自然规定为黑夜的时候，为扩大自己的视力而发明创造的。

在能看见东西的第一天夜里，我会无法入睡，脑海里尽翻腾着对白天的回忆。

翌日——也就是我能看见东西的第二天，我将伴着曙色起床，去看下天空从黑夜变成白天的激动人心的奇观。我将怀着敬畏的心情去观赏那光色的变幻莫测，正是在这变幻中太阳唤醒了沉睡的大地。

我要把这一天用来对整个世界，从古到今，作匆匆的一瞥。我想看看人类所走过的艰难曲折的道路，看看历代的兴衰和沧桑之变。这么多的东西怎能压缩在一天之内看完呢？当然，这只能参观博物馆了。我经常到纽约自然历史博物馆去，无数次地用手抚摸过那里展出的物品，我多么渴望能用自己的眼睛看一看这经过缩写的地球的历史，以及陈列在那里的地球上的居民的——各种动物和被天然环境描绘成不同肤色的人种；看看恐龙的巨大骨架和早在人类出现以前就漫游在地球上的柱牙象，当时的人类靠自己矮小的身躯和发达的大脑去征服动物的王国；看看那表现动物和人类进化过程的逼真画面，和人类用来为自己在这个星球上建造安全居处的那些工具——还有许许多多自然历史的其他方面的东西。

我不知道本文读者中究竟有多少人曾仔细观察过在那个激动人心的博物馆里展出的那些栩栩如生的展品的全貌。当然不是人人都有这样的机会。不过我敢断言，许多人有这种机会却没有很好地利用。那里实在是一个使用眼睛的地方。你们有视力的人可以在那里度过无数个大有所获的日子，而我，在想象中能看东西的短短的三天里，对此只能作匆匆的一瞥便得离去。

我的下一站将是大都会艺术博物馆。正像自然历史博物馆揭示了世界的物质方面那样，大都会艺术博物馆将展现出人类精神的无数个侧面。贯穿人类历史的那种对于艺术表现形式的强烈要求几乎和人类对于食物、住房、生育的要求同样强烈。在这里，在大都会博物馆的巨型大厅里，当我们观看埃及、希腊、罗马的艺术时就看到了这些国家的精神面貌。通过我的双手，我熟悉古埃及男女诸神的雕像，感觉得出复制的帕特农神庙的正中门振，辨别得出进攻中的雅典武士的优美动作。阿波罗、维纳斯以及萨莫特雷斯岛的胜利女神雕像都是我指尖的朋友。荷马那多瘤而又留着长须的相貌对我来说尤为亲切，因为他了解盲人。

我的手在罗马以及晚期那些栩栩如生的大理石雕塑上停留过，在米开朗基罗那激动人心的英雄摩西石膏像上抚摸过，我了解罗丹的才能，对哥特人木刻的虔诚精神感到敬畏。我能理解这些用手触摸过的艺术品的意义，然而那些只能看不能摸的东西，我只能猜测那一直躲避着我的美。我能欣赏希腊花瓶简朴的线条，然而对它那带有图案的装饰我却毫无所知。

就这么着，在我看见东西的第二天，我要设法通过艺术去探索人类的灵魂。我从手的触摸里了解的东西，现在可以用眼睛来看了。整个宏伟的绘画世界将向我敞开，从带有宁静的宗教虔诚的意大利原始艺术一直到具有狂热想象的现代派艺术。我要细细观察拉斐尔、列奥纳多·达·芬奇、提香、伦勃朗的油画，也想让眼睛享受一下委罗涅塞艳丽的色彩，研究一下艾尔·格里柯的奥秘，并从柯罗的风景画里捕捉到新的想象。啊，这么多世纪以来的艺术为你们有视力的人提供了如此绚丽的美和如此深广的意义！

凭着对这艺术圣殿的短暂访问，我将无法把那向你们敞开的伟大艺术世界每个细部都看清楚，我只能得到一个表面的印象。艺术家们告诉我，任何人如果想正确地和深刻地评价艺术，就必须训练自己的眼睛，他得从品评线条、构图、形式和色彩的经验中去学习。如果我的眼睛管用的话，我将会多么愉快地去着手这件令人心醉的研究工作！然而有人告诉我，对于你们许多有视力的人来说，艺术的世界是一个沉沉的黑夜，是一个无法探索和难以找到光明的世界。

　　我怀着无可奈何的心情，勉强离开大都会博物馆，离开那藏着发掘美的钥匙的所在——那是一种被忽略了的美啊。然而有视力的人并不需要从大都会博物馆里去找到发掘美的钥匙。它在较小的博物馆里，甚至在那些小图书馆书架上的书本里也能找到。而我，在想象中能看见东西的有限时间里，将选择这样一个地方，在那里，发掘美的钥匙能在最短的时间内打开最伟大的宝库。

　　我将在戏院或电影院度过这能看见东西的第二天的夜晚。我目前也经常出席各种类型的表演，可剧情却得让一位陪同者在我手上拼写。我多么想用自己的眼睛看一看哈姆雷特那迷人的形象和在穿五光十色的伊丽莎白式服装的人物中间来来去去的福斯泰夫。我多么想模仿优雅的哈姆雷特的每一个动作和健壮的福斯泰夫高视阔步的一举一动。由于我只能看一场戏，这将使我处于进退两难的境地，因为我想看的戏实在太多了。你们有视力的人想看什么都行，不过我怀疑你们之中究竟有多少人在全神贯注于一场戏、一幕电影或别的景象的时候，会意识到并感激那让你们享受其色彩、优美和动作的视力的奇迹呢？

　　除了用手触摸的有限范围内，我无法享受有节奏感的动作的美。尽管我知道节奏欢快的奥妙，因为我经常从地板的颤动中去辨别音乐的拍节，然而我也只能朦胧地想象巴甫洛娃的魅力。我想象得出那富于节奏感的姿势，肯定是世间最赏心悦目的奇景。从用手指循着大理石雕像线条的触摸里我能推测出这一点。如果静止的美已是那么可爱的话，那么看到运动中的美肯定更令人振奋和激动。

　　我最深切的回忆之一是当约瑟夫·杰斐逊在排练可爱的瑞普·凡·温克尔，做着动作、讲着台词的时候，让我摸了他的脸和手。对戏剧的天地我就只有这么一点贫乏的接触，也将永远不会忘记那一时刻的欢乐。啊，我肯定还遗漏了许多东西。我多么羡慕你们有视力的人，能通过戏剧表演看动作和听台词而获得更多的享受。如果我能看戏，哪怕只看一场也行，我将弄明白我读过或通过手语字母的表达而进入我的脑海的一百场戏的情节。

　　这样，通过我想象中能看见东西的第二天的夜晚，戏剧文学中的许多高大形象将争先恐后地出现在我的眼前。

　　下一天的早晨，怀着发现新的欢乐的渴望，我将再次去迎接那初升的旭日，因为我深信，那些有眼睛能真正看到东西的人肯定会发现，每个黎明都会展现出千姿万态、变幻无穷的美。

　　根据我想象中的奇迹的期限，这是我能看见东西的第三天，也是最后一天。我没有时间去悔恨或渴望，要看的东西实在太多了。我把第一天给了我的朋友，给了那些有生命和没有生命的东西，第二天我看到人类和自然的历史面目。今天我要在现实世界里，在从事日常生活的人们中间度过平凡的一天。除了纽约你还能在别的什么地方发现人们这么多的活动和这样纷繁的情景呢？于是这城市成了我选择的目标。

我从长岛森林山，我的恬静的乡间小屋出发。这里，在绿草坪、树木、鲜花的包围中，是一片整洁、小巧的房屋，到处充满妇女儿童谈笑奔走的欢乐，真是城市劳动者的安静的休息之所。当我乘车穿过横跨东河的钢带式桥梁时，我又开了眼界，看到人类的巧夺天工和力大无穷。河上千帆竞发、百舸争流。如果我从前曾有过一段未盲的岁月，我将用许多时间来观赏河上的热闹风光。

举目前望，面前耸立着奇异的纽约塔，这城市仿佛是从神话故事的书页中跳出来似的。这是多么令人敬畏的奇景啊！那些灿烂夺目的尖塔，那些用钢铁和石块筑起的巨大堤岸，就像神为自己修造的一样。这幅富有生气的画卷是千百万人每日生活的一部分，我不知道究竟有多少人愿意对它多看一眼，恐怕是很少、很少。人们的眼睛之所以看不见这壮美的奇观，是因为这景象对他们来说太熟悉了。

我匆匆忙忙登上那些大型建筑之一——帝国大厦的顶层，不久之前我在这里通过秘书的眼睛"看到"了脚下的城市。我急于要把想象力和真实感作一次比较。我相信在我面前展开的这幅画卷决不会使我感到失望，因为对我来说它将是另一个世界的景象。

现在我开始周游这个城市。首先我站在热闹的一角，仅仅看看来往的人群，想从观察中去了解他们生活中的一些东西。看到微笑，我感到欣慰；看到果断，我感到骄傲；看到疾苦，我产生怜悯。我漫游到第五大街，让视野从聚精会神的注视里解放出来，以便不去留意特殊的事物而只看一看那瞬息万变的色彩。我相信那穿梭在人群中的妇女装束的色彩，肯定是我永看不厌的灿烂奇观。不过，假如我的眼睛管用的话，或许我也会像大多数妇女一样，过多地注重个别的服装的风格和剪裁式样而忽略成群的色彩的壮美。我还确信我会变成一个在橱窗前溜达的常客，看着那多姿多彩、五光十色的陈列品，一定感到赏心悦目。

我从第五大街开始游览整个城市——我要到花园大街去，到贫民区去，到工厂去，到孩子们玩耍的公园去。通过对外国居民的访问，我作了一次不离本土的异国旅行。对于欢乐和悲哀，我总是睁大眼睛去关心，以便能深刻探索和进一步了解人们是如何工作和生活的。我的心里充满了对人和物的憧憬，我不会轻易放过任何一个细小的东西，力求捕捉和把握所目击的每一件事物。有些场面是令你畅快的，让你内心喜悦，可有些情景却使你感到悲哀和忧郁。对后者我也不会闭上眼睛，因为它们毕竟也是生活的一部分，对它们闭上眼睛就等于紧锁心灵，禁锢思想。

我能看见东西的第三天就要结束了，或许我应该把这剩下的几小时用在许多重要的探索和追求上，可是我怕在这最后一天夜晚，我还会再次跑到剧院去看一出狂喜的滑稽戏，以便能欣赏人类精神世界里喜剧的泛音。

到午夜，我从盲人痛苦中得到的暂时解脱就要终结了，永久的黑夜将重新笼罩我周围。当然我在那短暂的三天时间里，不可能看完我要看的全部事物，只有当黑暗重新降临时，我才会感到我没有看到的东西实在太多了。不过我脑海中会塞满那美妙的回忆，以至根本没时间去懊悔。今后无论摸到任何东西，它都会给我带来那原物是什么形状的鲜明回忆。

『伴读引思』

19 世纪有两个奇人，一个是拿破仑，一个是海伦·凯勒。这是马克·吐温所说的。让我们怀着对生活的美好祝愿，来看看海伦·凯勒的这篇《假如给我三天光明》。

《假如给我三天光明》是海伦·凯勒的散文代表作，她以一个身残志坚的柔弱女子的视角，告诫身体健全的人们应珍惜生命，珍惜造物主赐予的一切。

20 世纪，一个独特的生命个体以其勇敢的方式震撼了世界，她——海伦·凯勒，一个生活在黑暗中却又给人类带来光明的女性。然而，这么一个幽闭在盲聋哑世界里的人，竟然毕业于哈佛大学德克利夫学院，并用生命的全部力量处处奔走，建起了一家家慈善机构，为残疾人造福，被美国《时代周刊》评选为 20 世纪美国十大英雄偶像。

海伦·凯勒为我们构造了一个坚忍不拔、毅力惊人、富有爱心的英雄形象。她克服了病痛的折磨，顽强地与自己的缺陷作斗争。她的这种精神，值得我们赞扬，值得我们学习。我们多数都是身体健全的人，应该好好地珍惜现在的生活与自己的身体，我们应该庆幸。我们要学会使用我们的眼睛去观察身边的一草一木。珍惜所听见的每一样声音，不论是滴滴答答的雨声，还是轰隆的雷声都应该仔细地去聆听。不应该身在福中不知福。海伦·凯勒靠一颗不屈不挠的心在黑暗中寻找到了光明，并把慈爱的双手伸向了全世界。她用行动证明了人类能够战胜生命，命运并不是不可抗拒的。

罗斯福夫人也曾说过："人类精神的美一旦被认识，我们就永远不会忘记。在她的生活乐趣中，凯勒小姐给我们这些没有那么多困难需要克服的人们都上了永远不能遗忘的一课……"海伦·凯勒把爱与希望的种子撒向了全世界，给所有人都上了深刻的一课。

青 年

（日本）池田大作

我坚信，青春并不仅仅意味着年龄或身体的年轻。只有终生恪守青年时代的信念，矢志不移，孜孜以求，才是真正的青春的光彩。

不要幻想人生一帆风顺，首先要培养敏锐地洞察人世、社会百态的能力。知识

是一种力量。切不可轻易妥协、苟且偷生，而应该用勇气和智慧与社会搏斗，在艰难困苦的磨砺中成长。人间、社会确实矛盾重重，必须解决的问题堆积如山。但是，倘若把一切都归咎于人世，就没有真正意义上的自我成长。使自己具有力量，不在世俗的恶流中随波逐流，而且成为一个推动社会进步、改变环境的人。人必须革命。

过去的价值在现在中流淌。未来的图景也主要孕育在现在之中。老人不要用过去批判现在，而应该把比过去更加美好的东西投射到现在，青年人则必须正确把握现在，设计未来。现在的壮年人应该珍惜过去，正视现在，心怀未来。任何人都应该为更加美好的现在和未来贡献智慧。我以为消除彼此的隔绝，不如抛弃各自的偏见，达到和谐的目的才是一切的根本所在。在这个共识的基础上，商谈才会有成效。

对青年来说，信誉是无价之宝。

一个向新的、尚未开发的领域挑战的青年，必须具有向理想进军的雄心壮志，同时也必须具有正确认识时代和社会的智慧。不要做一个只有勇气，而看不清为政者的意图和时代潮流的愚蠢的青年。如果一意孤行，不也将失去青年的特权和快乐吗？

青年的特点就是具有纯真的激情和雄心壮志，以及为了实现理想而赴汤蹈火的精神。

所谓青年应该像青年一样生活，就是要为自己的志向而献身，竭尽全力而无悔。

青年要在各自严峻的境遇中努力学习、工作尽量充实自己。说到底，人生是一种胜负。在严肃的生活中，才能得到磨练，强化人格，增长见识和才干。有一个思想家曾说过：浅薄的知识的外衣，与全身挂满垃圾想站立起来的猿猴没有什么区别。不要用那些廉价的、从外面买来的"教养"装饰自己，而应该培育那种发自生命内部的、在肌肤下闪耀发光的真正的教养。

谨小慎微是青年致命的弱点。青年哟，应该在任何人生的剧场中都当演出者。

总而言之，在青年时代，为了自己光辉的未来，就要敢于在泥泞、汗水中摔打，养成不屈的精神，不弯的脊骨。只要有这种精神，随着年龄的增长，再加上社会风浪的考验，就一定会在不知不觉中出现具体的成果。

青年是时代的浪潮。人逐渐走向老年是自然规律。从社会整体来看，这种现象就是世代交替。少年会变成青年，青年会变成壮年，宛若大海的巨涛，任何力量也无法阻挡，又似地球的自转，永远不可能停止。青年们必将以势如破竹之势进入下一个时代。这里有革命，有真正的革新，有跃动的生命力。

立志·治学·明理

说一个国家的兴旺盛衰，取决于肩负未来的青年，绝不是危言耸听。这些青年由什么样的领袖培养，怎样成长？树立了什么样的人生观、世界观？以怎样的作风前进？这些才是一个国家明天的路标。

不管什么时代，不管在世界的什么地方，革命的先驱总是青年，尤其是学生，或者是年龄与现在在校学习的学生相仿的年轻人。这到底说明了什么呢？它说明学生有走在时代前面的传统和气概。他们有毫不妥协的批判力，有理想以及向着理想勇往直前的激情，有摧毁既成权威、既成体制的莫大力量。当他们信仰某种思想时，就会以宁死不屈的精神，为主义和理想而献身。这就是青年，尤其是学生的特点。当这些青年和学生的意志为了一个共同的目标统一起来时，就会变成大海的怒涛，可以改变社会，改变历史。一旦这怒涛形成排山倒海之势，谁也无法阻挡，谁也不能改变，而且当着怒涛愈发汹涌澎湃的时候，所有的人都将不约而同地汇入这股激流，向着一个方向前进。

青年就是不断建设和革新的象征，就是顽强、纯洁，而且包含着无限可能的年轻生命的跃动。

无论在什么时候，在什么地方，像灿烂的太阳一样明丽，像天空翱翔的年轻的鹰一样豁达，像大海一样包罗万象，而在一旦需要的时候，会毅然奋起，如疾风怒涛般与邪恶战斗——这就是青年。

青年是打基础的时代。在基础打好之前，见异思迁，或流于懒散，就会永远建不起房屋。在这一时期，总觉得接受别人的指导，不如自己随心所欲痛快。然而，倘若以为青春时代只是自由和轻松，那么就会像断了线的风筝，最终是自己受害。对于青年自身的成长来说，激情和上进心是至关重要的。

一位政治家曾说过："要征服世界，首先要征服自己的悲哀。"佛法就是终生与自我魔鬼决斗的。德国有这样一句格言：平静的水和不叫的狗是最可怕的。青年要向静寂的、深不可测的水一样深沉。要向与野狗迥异的、轻易不叫的狗一样沉静。虽然稳健持重，但一旦奋起，将爆发出无法估量的巨大力量。

从青年的特点来说，年轻人也应该志存高远。没有理想，青春则没有意义。但是只有理想还不够，还应该有充分的准备和孜孜不倦的努力。这一原则不管是在就业时，还是在工作之后，在人生的任何时候都适用。

失败就是失败，青年人应该有坦率地承认自己失败的勇气。这是光明磊落。如果不承认自己的失败，而且把责任推给别人，这是卑劣的行为。不仅要勇于承认自己的失败，还要冷静认真地分析失败的原因，这样才能为今后的成功奠定基础。

自然、世界、宇宙一刻也不停息。在你停下脚步的瞬间，就开始了人生的退步。不断地开拓人生，不断地创造、前进，才是真正生存的标记，而这是青年的特权。

青年们对于充斥社会的虚伪、臆想极为反感。很多东西只有抽象的概念，而没有实际的内容。所谓的思想也失去光彩，所以从那里到底能汲取多少生活的力量，令人生疑。青年们追求的不是虚像，而是实像，不是空洞的概念，而是真实的感觉。我们尤其要体谅青年们失去追求的目标，失去充实感，失去心中燃烧的激情，被气馁所困扰。

我爱青年，以前曾与许多青年交谈。结果我发现，根本的问题是没有源于青年共同生活、一起前进的领袖。我认为，要使青年们具有的多方面的可能性得以进一步发展，必须改革社会体制。现有的社会体制，与其说是为了青年的，不如说是为了成年人的、保护既成体制利益的东西。甚至说成年人强迫青年走他们为青年设计的生活道路也不为过。对此青年是无法忍受的。我们有责任建立一个尊重青年，充分发挥青年所蕴藏的可能性的社会。即使不能马上建立这样的社会，这一意愿也肯定会被后来者继承。

人生有几个季节。有必须忍耐的冬天，也有在明丽的阳光下，像小树一样茁壮成长的春天。特别是二十几岁前后的青年，全身充满了知识的养分，转眼间就会崭露头角。

青春是人生的鲜花，是年轻生命的闪耀，是纯真的结晶。激流般的热情、幻梦般的憧憬、绝不妥协的坚贞——青春充满了魅力，充满了光辉，包含着无限的未来。青春开放的花朵，将铺就你人生的道路。青春是宝贵的。诸君要珍惜这宝贵的时光，不可虚度，更不要误入歧途。

必须给予他们与青春相称的希望与梦想。领袖必须倾注全部的智慧，以便他们为自己未来的建设竭尽全力。在年轻人已经完全掌握主导权的领域，要毫不迟疑地把火炬递交给他们。

向着未来前进吧，那里肯定会有希望。无限的可能性在你的身上隐藏。愉快地生活吧，为了自己的青春，也为了周围年轻的朋友。那里肯定充满了欢乐。鼓起勇气，顽强生活。在那里，道路自然会展现在你的面前。

我们在虚荣中生活，但不要被虚荣蒙住眼睛。诚实地度过实实在在的人生是最可贵、最坚强的。在这一认识的基础上迈开坚实的青春脚步。

青春，是人生打基础的时代。如果基础不牢，上面不管建什么都要倒坍。意识到这是为了将来开放出绚丽的花朵而打基础的时代，那么学习、工作，一切都是非常有意义的。

害怕失败的人将一事无成。过去所有名人都经受了一个又一个的失败。但是，他们在失败的时候不是沮丧气馁，而是不屈的拼搏，最后取得了胜利。青春时代的真正失败，毋宁说是逃避艰苦的斗争，没有目标，懦弱潦倒。艰苦奋斗后的失败，是人生的宝贵财富。希望你们不要害怕失败，勇敢地度过青春。

『伴读引思』

池田大作是日本创学会名誉会长，著名教育家、社会活动家、作家。拜读他的

《青年》，能让人感受到一种热血沸腾的"力量"。

"青年是包含着无数可能性的生命，无论在什么时候，在什么地方，青年都该像灿烂的太阳一样明丽，像天空翱翔的年轻的鹰一样豁达，像大海一样包罗万象……"是啊，作为青年，我们就当有自己的想法，自己的主张，自己的追求，不苟且偷生，不随波逐流。然而当看到周围的人在为名誉、金钱而奔波忙碌的时候，我们是否还在坚守自己的信念？当周围的人在为工作、生活怨天尤人的时候，我们是否还在坚守着起初的目标？当周围的人决定放弃某些有意义的事情时，我们是否还在追求着自己感兴趣而有意义的梦想……

青年要有激情，有雄心，要不怕失败，若失败了也不推卸责任，而是认真分析原因，为今后的成功奠定基础。而事实上，当参加工作一段时间以后，你对工作的激情是否还在，是不是为了工作而工作，敷衍了事呢？不！我们始终要带着激情与梦想前进，我们要在分析改进后再接再厉。

青年是"打基础"的时代。如何"打基础"？应该像平静的水——静水深流、蓄势待发。为了把基础打牢，让我们一起读书，一起"充电"，一起分享，一起进步，一起夯实青年时代的根基，并且通过读书与学习来改变一些可以改变的事情。读书能改变什么呢？让我们一起分享读书感言吧：改变不了人生的长度，但可以改变人生的宽度；改变不了人的物相，但可以改变人的气相！

假如今天是我生命中的最后一天

（美）奥格·曼狄诺

假如今天是我生命中的最后一天。

我要如何利用这最后、最宝贵的一天呢？首先，我要把一天的时间珍藏好，不让一分一秒的时间滴漏。我不为昨日的不幸叹息，过去的已够不幸，不要再赔上今日的运道。

时光会倒流吗？太阳会西升东落吗？我可以纠正昨天的错误吗？我能抚平昨日的创伤吗？我能比昨天年轻吗？一句出口的恶言，一记挥出的拳头，一切造成的痛，能收回吗？

不能！过去的永远过去了，我不再去想它。

假如今天是我生命中的最后一天。

我该怎么办？忘记昨天，也不要痴想明天。明天是一个未知数，为什么要把今天的精力浪费在未知的事上？想着明天的种种，今天的时光也白白流失了。祈盼今早的太阳再次升起，太阳已经落山。走在今天的路上，能做明天的事吗？我能把明天的金币放进今天的钱袋吗？明日瓜熟，今日能蒂落吗？明天的死亡能将今天的欢乐蒙上阴影吗？我能杞人忧天吗？今天和明天一样被我埋葬。我不再想它。

今天是我生命中的最后一天。

这是我仅有的一天，是现实的永恒。我像被赦免死刑的囚犯，用喜悦的泪水拥抱新生的太阳。我举起双手，感谢这无与伦比的一天。当我想到昨天和我一起迎接日出的朋友，今天已不复存在时，我为自己的幸存，感激上苍。我是无比幸运的人，今天的时光是额外的奖赏。许多强者都先我而去，为什么我得到这额外的一天？是不是因为他们已大功告成，而我尚在旅途跋涉？如果这样，这是不是成就我的一次机会，让我功德圆满？造物主的安排是否别具匠心？

今天是不是我超越他人的机会？今天是我生命中的最后一天。

生命只有一次，而人生也不过是时间的累积。我若让今天的时光白白流失，就等于毁掉人生最后一页。因此，我珍惜今天的一分一秒，因为他们将一去不复返。我无法把今天存入银行，明天再来取用。时间像风一样不可捕捉。每一分一秒，我要用双手捧住，用爱心抚摸，因为它们如此宝贵。垂死的人用毕生的钱财都无法换得一口生气。我无法计算时间的价值，它们是无价之宝！

今天是我生命中的最后一天。

我憎恨那些浪费时间的行为。我要摧毁拖延的习性。我要以真诚埋葬怀疑，用信心驱赶恐惧。我不听闲话，不游手好闲，不与不务正业的人来往。我终于醒悟到，若是懒惰，无异于从我所爱之人手中窃取食物和衣裳。我不是贼，我有爱心，今天是我最后的机会，我要证明我的爱心和伟大。

今天是我生命中的最后一天。

今日事今日毕。今天我要趁孩子还小的时候，多加爱护，明天他们将离我而去，我也会离开。今天我要深情地拥抱我的妻子，给她甜蜜的热吻，明天她会离去，我也是。今天我要帮助落难的朋友，明天他不再求援，我也听不到他的哀求。我要乐于奉献，因为明天我无法给予，也没有人来领受了。

今天是我生命中的最后一天。

如果这是我的末日，那么它就是不朽的纪念日。我把它当成最美好的日子。我要把每分每秒化为甘露，一口一口，细细品尝，满怀感激。我要每一分钟都有价值。我要加倍努力，直到精疲力竭。即使这样，我还要继续努力。今天的每一分钟都胜过昨天的每一小时，最后的也是最好的。

假如今天是我生命中的最后一天……

如果不是的话，我要跪倒在上苍面前，深深致谢。

『伴读引思』

海伦·凯勒在《假如只有三天光明》中写道："只有失聪者才会珍惜听觉，只有失明者才会领悟到寓于光明中的种种幸福。也许人就是这样：有了的东西不知道欣赏，没有的东西却一味地追求。要是人把活着的每一天都看做是生命中的最后一天该有多好啊！那就更能显示出生命的价值……"无独有偶，奥德·曼狄诺在《假如今天是我生命中的最后一天》中，也有同样的感慨。人往往如此，得到的东西不懂得珍惜，更不懂得欣赏。倘若把活着的每一天都看做是生命中的最后一天，那一定是一个完美的生活准则，人们就不会在失去以后才知道可贵，就不会发出希望时光倒流的感慨。本文让我们明白了拥有时间应该珍惜的道理。

如果我们能把每一天都当做生命中的最后一天来过，珍惜生命，珍惜拥有，珍惜美好时光，把握人生的每一刻，生命会更精彩。那么就不会有列夫·托尔斯泰在《复活》中的提醒：虚度光阴是多么的可怕；也不会有"覆水难收，后悔莫及"的感叹……

一寸光阴一寸金，寸金难买寸光阴。生命对于每个人来说都是极其宝贵的财富，因为人的生命是有限的，所以我们只有好好珍惜，才不会愧对我们的拥有，才不会有"白了少年头，空悲切"的感慨。那样，生命的意义就不会因为风雨的侵袭而凋零，因为时光的流逝而淡漠！

我只看我所有的，不看我所没有的

有一位牧师的女儿，她天生就是一位脑性麻痹患者，全身布满不正常的高张力，且无法言语。但她却靠着无比的毅力与信仰的扶持，在美国拿到了艺术博士，并到处现身说法，帮助他人。

有一次，她应邀到一个场合演"写"（不能讲话的她必须以笔代口），会后发问时，一个学生当众小声地问："你从小就长成这个样子，请问你怎么看你自己？你都没有怨恨吗？"

这个无心但尖端的问题让在场人士无不捏一把冷汗，生怕会深深刺伤了她的心。

只见她回过头，用粉笔在黑板上吃力地写下了"我怎么看自己？"这几个大字。

她笑着再回头看了看大家后，又转过身去继续写着：

一、我好可爱！

二、我的腿很长很美！

三、爸爸妈妈这么爱我！

四、上帝这么爱我！

五、我会画画！我会写稿！

六、我有只可爱的猫！

七、还有……

八、……

忽然，教室内鸦雀无声，没有人敢讲话。她又回过头来静静地看着大家，再回过头去，在黑板上写下了她的结论：

"我只看我所有的，不看我所没有的。"

众人安静了几秒后，一下子，全场响起了如雷的掌声。那天，许多人因为她的乐观与见证而得到激励。

『伴读引思』

一个人要想使自己的人生变得有价值，就必须要经受住磨难的考验；要想使自己活得快乐，就必须要接受和肯定自己。其实，在这个世界上，每个人都有着不同的缺陷或不如意的事情，无需抱怨命运的不济，不要只看自己没有的，而要多看看自己所拥有的，这样我们就会感到：其实我们很富有！

在人生的旅途中，我们都读过很多让我们感动和令我们深思的小故事，这些小故事中蕴含的哲理和智慧，曾经给我们的人生以启迪，曾经给我们的心灵以慰藉，曾经让我们感动和震撼。类似的故事还有很多，你能讲出来和大家分享吗？和他们相比，我们还缺些什么？我们应该怎么做呢？

青　春

（德）塞缪尔·乌尔曼

青春不是年华，而是一种心态；不是玫瑰般的脸庞，红润的嘴唇和敏捷的双腿，而是坚韧的意志，丰富的想象力，以及无穷的激情；青春是生命深处的一股清泉。

立志·治学·明理

青春意味着勇气多于怯懦，青春意味着喜欢冒险而讨厌安逸。拥有此种品质的人之中，六十岁的老人往往多于二十岁的年轻人，没有人只因年龄的增长而年老，人们往往因放弃理想而年老。

岁月可使肌肤长满皱纹，但放弃激情可使心灵布满灰尘。焦虑疑惑猜疑恐惧和沮丧——都会挫伤心灵，磨损意志。

不管是白发老人还是青春年少，每个人的心里皆有其喜欢之新奇事物，对星星和类似星星的东西皆有好奇之心，敢于挑战，对未知事物的孩子般的渴求之心，乐于享受生活带来的乐趣。

我们因充满信心而变得年轻，因心存疑虑而变得年老；因自信而年轻，因心存恐惧而年老；因充满希望而年轻，因满怀沮丧而年老。

人人心里都有一座无线电台，只要接收到来自地球人类和宇宙的美好希望勇气庄严及力量，就会变得年轻。

当心灵的天线倒下，心如大雪般的悲观如冰块般的愤世嫉俗时，那时，唯有那时，我们将真正老去。

『伴读引思』

德国作家塞缪尔·乌尔曼的《青春》这篇格言式短文，以形象说理取胜，字里行间洋溢着蓬勃向上的朝气。它诠释了成功的必不可少的素质：创造性、想象、自信、面向未来。它向我们揭示了"青春"不仅是生理上的概念，更重要的是心境的不老，是奋发向上、积极进取、乐观有为的人生态度。

每个人的生命轨迹都是不尽相同的，但是，我们每个人每天却又都同样地不得不面对时光的流逝和随之而来的生理上的衰老。把握生命的每一分钟，让短暂的生命长久地焕发出青春的光彩，是每一个有生命力的人潜意识里共有的渴念。

"深沉的意志，恢弘的想象，炽热的恋情"，是青春赋予生命的活力；"勇锐盖过怯弱，进取压倒苟安"，是青春赋予生命的信念。人的一生肯定会经历许多挫折，重要的是怎样直面人生，从容应对。

"人人心中皆有一台天线，只要你从天上人间接受美好、希望、欢乐、勇气和力量，你就青春永驻、风华长存"。能够做到胜不骄、败不馁，能够不断地感知生命的美好、看到生活的希望，发现身边触手可掬的欢乐，能够从挫折中有勇气重新站起来，从失败中冷静总结教训，不断修正生命的航标，你的生命就一定会"孩童般天真久盛不衰"。命运给每个人的机会都是均等的，生命之树如不在风雨中经受洗礼，又怎么能够茁壮成长呢？不是每一棵树都能够长成参天，但每一棵树都必将会拥有一片绿荫，只要把根深深地扎进泥土，只要把枝努力地伸向蓝天，"竖起天线，捕捉乐观信号，不让锐气被冰雪覆盖"，生命就一定会多姿多彩，天空就一定会湛蓝无垠！

"无论年届花甲，抑或二八芳龄，心中皆有生命之欢乐，奇迹之诱惑"。每一个拥有青春、渴望青春的人，都希望自己的青春韶华不逝，都希望在生命的历程里有所追求、有所进步。无论是在学习还是在生活中，只有奋起直追，不断完善自我，在与人交流共享中提升自我，在与人交流沟通中，逐步矫正自己的思路，条理自己的工作方法，才会在成长的道路上一路飞奔。

工作、学习的过程，是一个困难重重、艰难痛苦的过程，但"痛并快乐着"，即使出现这样或那样的缺点和错误，"错误也是美丽的"。因为，在不断出现冲突，解决冲突的过程中，我们的创造性、想象力会得到不断地丰富和完善，我们的自信心会更加坚定，真我的重塑也终将实现。

"艰难困苦、玉汝于成"。夜与昼的轮回孕育了日出的辉煌，成与败的交错蕴藏着生命的真谛。一个看似充满了阳光和希望的早晨，你不去努力把握机会，也会被午后的乌云和暴风雨打去，而在一个阴霾满天、看不到阳光的早晨，就更需要努力，更不能放弃希望。一如欧·亨利《最后一片叶子》里的那片叶子，只要心中有希望，太阳早晚还会升起。

《青春》的作者早已作古，但是他的文章却因其精神的隽永而代代相传，这不也恰恰从另一个侧面彰显了青春的永恒吗？把握生命的每一分钟，拥有一份宁静的心态，用快乐的力量夯实自己的信仰，即使遇到挫折和困难，也要有信心，因为——太阳每天都是新的，人生每天都在启航。

热 爱 生 命

（法）米歇尔·埃康·蒙田

我对于某些词语赋予特殊的含义。拿"度日"来说吧，天色不佳，令人不快的时候，我将"度日"看做是"消磨光阴"，而风和日丽的时候，我却不愿意去"度"，这时我在慢慢赏玩、领略美好的时光。

坏日子，要飞快去"度"，好日子，要停下来细细品尝。"度日"，"消磨时光"的常用语令人想起那些"哲人"的习气。他们以为生命的利用不外乎将它打发，消磨，并且尽量回避它，无视它的存在，仿佛这是一件苦事、一件贱物似的。至于我，我却认为生命不是这个样的，我觉得它值得称颂，富有乐趣，即使我到了垂暮之年也还是如此。我们的生命来自自然的恩赐，它是优越无比的，如果我们觉得不堪生之重压或是白白虚度此生，那也只能怪我们自己。

"糊涂人的一生枯燥无味，躁动不安，却将全部希望寄托于来世。"

不过，我却随时准备告别人生，毫不惋惜。这倒不是生之艰苦或苦恼所致，而是由于生之本质在于死。因此只有乐于生的人才能真正不感到死之苦恼。享受生活要讲究方法。我比别人多享受到一倍的生活，因为生活乐趣的大小是随着我们对生活的关心程度而定的。尤其在此刻我眼看生命的时光无多，我就愈想增加生命的分量。我想靠迅速抓紧时间，去留住稍纵即逝的日子；我想凭时间的有效利用去弥补匆匆流逝的光阴。剩下的生命愈是短暂，我愈要使之过得丰盈饱满。

『伴读引思』

　　米歇尔·埃康·蒙田是法国重要的思想家和散文家，他 1533 年出生于佩里戈尔，从小进入教会学校学习，熟谙拉丁语和希腊语，还学习过法律和哲学。1554 年起，他先后在法院任职多年，然后归隐田园，潜心研究和思考。他曾在欧洲长时间旅行，成为"罗马公民"，受到教皇格列戈里十三世的接见，并且两次当选波尔多市市长。

　　《热爱生命》是蒙田的代表作之一。它篇幅短小，寥寥数语，却道出了生命的真谛。文章开头是："我对某些词语赋予特殊的含义。"这是一个简洁的、引人入胜的开头。紧接着道出了作者所关注的词语——"度日"。他赋予它以双重含义：天色不佳，令人不快的时候，"度日"无异于"消磨光阴"，打发时光。而"风和日丽"的时候，则要"慢慢赏玩、领略"这"美好的时光"。这一奇异的对比深深吸引了读者的注意。接下来，作者详细解说了这两种生活态度。一是所谓"哲人"的颓废习气，二是"我"的积极的人生观。"哲人"和"我"生活方式不同，根本原因在于对生命的看法不同。在"哲人"看来，生命是"苦事"，是"贱物"。"哲人"不尊重生命，所以活得毫无乐趣，百无聊赖，生命在无谓的损耗中悄然而去。相反，"我"认为生命"值得称颂，富有乐趣"，它"受到自然的厚赐"，"是优越无比的"。"我"对生命心怀感谢，热爱生命，所以"我"不会虚度时光，而是活得认真而洒脱，充分享受人生的乐趣。作者引用了古罗马哲学家塞涅卡的格言："糊涂人的一生枯燥无味，躁动不安，却将全部希望寄托于来世。"作者对这句话没有作任何评论，但是他的意图却一目了然。随便打发时光的人实际上并不是什么"哲人"，而是真正的"糊涂人"。真正的希望不在于来世，不在于任何虚无缥缈的东西，而在于生命本身。

　　蒙田在文章结尾写道："我眼看生命的时光无多，我就愈想增加生命的分量……"蒙田的《热爱生命》就像一首庄严的歌曲，歌颂生命的美与爱，引起人们深深的思考。

与妻书

林觉民

　　意映卿卿如晤：吾今以此书与汝永别矣！吾作此书时，尚为世中一人；汝看此书时，吾已成为阴间一鬼。吾作此书，泪珠和笔墨齐下，不能书竟，而欲搁笔。又恐汝不察吾衷，谓吾忍舍汝而死，谓吾不知汝之不欲吾死也，故遂忍悲为汝言之。

吾至爱汝！即此爱汝一念，使吾勇于就死也！吾自遇汝以来，常愿天下有情人都成眷属，然遍地腥云，满街狼犬，称心快意，几家能够？司马青衫，吾不能学太上之忘情也。语云，仁者"老吾老以及人之老，幼吾幼以及人之幼"。吾充吾爱汝之心，助天下人爱其所爱，所以敢先汝而死，不顾汝也。汝体吾此心，于悲啼之余，亦以天下人为念，当亦乐牺牲吾身与汝身之福利，为天下人谋永福也。汝其勿悲。

汝忆否四五年前某夕，吾尝语曰："与使吾先死也，无宁汝先吾而死。"汝初闻言而怒，后经吾婉解，虽不谓吾言为是，而亦无辞相答。吾之意盖谓以汝之弱，必不能禁失吾之悲，吾先死留苦与汝，吾心不忍，故宁请汝先死，吾担悲也。嗟夫，谁知吾卒先汝而死乎！

吾真不能忘汝也！回忆后街之屋，入门穿廊，过前后厅，又三四折有小厅，厅旁一室为吾与汝双栖之所。初婚三四个月，适冬之望日前后，窗外疏梅筛月影，依稀掩映，吾与汝并肩携手，低低切切，何事不语，何情不诉！及今思之，空余泪痕！又回忆六七年前，吾之逃家复归也，汝泣告我："望今后有远行，必以告妾，妾愿随君行。"吾亦既许汝矣。前十余日回家，即欲乘便以此行之事语汝，及与汝相对，又不能启口；且以汝之有身也，更恐不胜悲，故惟日日呼酒买醉。嗟夫！当时余心之悲，盖不能以寸管形容之。

吾诚愿与汝相守以死。第以今日事势观之，天灾可以死，盗贼可以死，瓜分之日可以死，奸官污吏虐民可以死，吾辈处今日之中国，国中无地无时不可以死！到那时使吾眼睁睁看汝死，或使汝眼睁睁看我死，吾能之乎！抑汝能之乎！即可不死，而离散不相见，徒使两地眼成穿而骨化石，试问古来几曾见破镜能重圆，则较死为苦也。将奈之何？今日吾与汝幸双健；天下人人不当死而死，与不愿离而离者，不可数计；钟情如我辈者，能忍之乎？此吾所以敢率性就死不顾汝也！吾今死无余憾，国事成不成，自有同志者在。依新已五岁，转眼成人，汝其善抚之，使之肖我。汝腹中之物，吾疑其女也，女必像汝，吾心甚慰；或又是男，则亦教其以父志为志，则我死后，尚有二意洞在也，甚幸甚幸！

吾家后日当甚贫，贫无所苦，清静过日而已。

吾今与汝无言矣！吾居九泉之下，遥闻汝哭声，当哭相和也。吾平日不信有鬼，今则又望其真有。今人又言心电感应有道，吾亦望其言是实，则吾之死，吾灵尚依依旁汝也，汝不必以无侣悲！

吾生平未尝以吾所志语汝，是吾不是处。然语之，又恐汝日日为吾担忧。吾牺牲百死而不辞，而使汝担忧，的的非吾所忍。吾爱汝至，所以为汝谋者惟恐未尽。汝幸而偶我，又何不幸而生今日之中国！吾幸而得汝，又何不幸而生今日之中国，卒不忍独善其身！嗟夫！巾短情长，所未尽者尚有万千，汝可摹拟得之。吾今不能。

见汝矣！汝不能舍吾，其时时于梦中寻我乎！一恸！

辛亥三月念六夜四鼓，意洞手书。

家中诸母皆通文，有不解处，望请其指教。当尽吾意为幸！

『伴读引思』

《与妻书》惟其感人，就在于它情真意切，字字泣血，到处都是浓得化不开的真情，缠绵悱恻而又充满激情，充满凛然正气，为国捐躯的激情与对爱妻的深情两相交融、相互辉映，叫人断肠落泪，而又撼人魂魄、令人感奋。虽然已时隔百年，但文章的魅力依然，作者对爱妻的那份真情、那种"以天下人为念"、舍生取义的革命者的气度风范，依然令人动容，而且将流芳百世、名垂千古。

同学们，读完了《生命篇》，你有何感悟？能否记下来欣赏欣赏？

【灵感存档】

立志篇

不惟有超世之才，亦必有坚忍不拔之志。

——苏 轼

立志·治学·明理

闻鸡起舞的故事

晋代的祖逖是个胸怀坦荡、具有远大抱负的人。可他小时候却是个不爱读书的淘气孩子。进入青年时代，他意识到自己知识的贫乏，深感不读书无以报效国家，于是就发奋读起书来。他广泛阅读书籍，认真学习历史，从中汲取了丰富的知识，学问大有长进。他曾几次进出京都洛阳，接触过他的人都说，祖逖是个能辅佐帝王治理国家的人才。祖逖 24 岁的时候，曾有人推荐他去做官，他没有答应，仍然不懈地努力读书。

后来，祖逖和幼时的好友刘琨一同出任司州主簿。他与刘琨感情深厚，不仅常常同床而卧，同被而眠，而且还有着共同的远大理想：建功立业，复兴晋国，成为国家的栋梁之才。

一次，半夜里祖逖在睡梦中听到公鸡的鸣叫声，他一脚把刘琨踢醒，对他说："别人都认为半夜听见鸡叫不吉利，我偏不这样想，咱们干脆以后听见鸡叫就起床练剑如何？"刘琨欣然同意。于是他们每天鸡叫后就起床练剑，剑光飞舞，剑声铿锵。春去冬来，寒来暑往，从不间断。功夫不负有心人，经过长期的刻苦学习和训练，他们终于成为能文能武的全才，既能写得一手好文章，又能带兵打胜仗。祖逖被封为镇西将军，实现了他报效国家的愿望；刘琨做了征北中郎将，兼管并、冀、幽三州的军事，也充分发挥了他的文才武略。

范仲淹断齑画粥

北宋大文学家、政治家范仲淹曾给后人留下了"先天下之忧而忧，后天下之乐而乐"的千古名句，千百年来受到了人们的赞誉。可是他幼年却很不幸，出身贫寒，无力上学，只好跑到寺院中的一间僧房中去读书。

在寺庙读书期间，他将自己关在屋内，足不出户，手不释卷，通宵达旦读书。

由于家贫，生活十分艰苦。每天晚上，他用糙米煮好一盆稀饭，等第二天早晨凝成冻后，用刀划成四块，早上吃两块，晚上再吃两块，没有菜，就切一些腌菜下饭。生活如此艰苦，但他毫无怨言，专心于自己的读书学习。

后来，范仲淹的一个同学看到范仲淹的生活如此艰苦仍好学不辍，就回家告诉了父亲。同学的父亲听说后，被范仲淹刻苦学习的精神所感动，也深深同情范仲淹的贫穷处境，于是吩咐家人做了一些鱼肉等好吃的东西，叫儿子带给了范仲淹。

那个同学将做好的鱼肉送给范仲淹，说："这是我父亲叫我送给你的，赶快趁热吃吧！"

范仲淹回答说："不！我怎么能够接受你的东西呢？还是带回去吧！"

那个同学以为范仲淹不好意思接受而推辞，连忙放下东西，就回家去了。

过了几天，那个同学又来到范仲淹的住所，发现上次给他送的好吃的东西丝毫未动，已经变坏了。就责备范仲淹说："看，叫你吃你不吃，东西都变坏了，你为什么不吃呢？"

范仲淹回答说："并不是我不想吃，只是我已经过惯了艰苦的生活，如果吃了这些美味佳肴，以后再过这种艰苦的生活就不习惯了，所以我就没有吃。感谢你父亲的一片好意。"

那个同学回家，将范仲淹的话如实告诉了他父亲。他父亲夸奖说："真是一个有志气的孩子，日后必定大有作为呀！"

范仲淹正是凭着"断齑画粥"这股苦读的劲头，最后终于成了我国历史上著名的文学家、政治家。

柳公权练字

柳公权是唐京兆华原（今陕西省耀县）柳家塬人。他小的时候，字写得很糟，常常因为字写得七扭八歪受先生和父亲的训斥。小公权很要强，他下决心一定要练好字。经过一年多的日夜苦练，他写的字大有起色，和柳家塬年龄相仿的小伙伴相比，公权的字已成为全村最拔尖的了。

他写的字得到同窗称赞、老师夸奖，连严厉的父亲的脸上也露出了微笑，小公权感到很得意。

一天，柳公权和几个小伙伴在村旁的老桑树下摆了一张方桌，举行"书会"，约定每人写一篇大楷，互相观摩比赛。公权很快就写了一篇。这时，一个卖豆腐脑儿的老头放下担子，来到桑树下歇凉。他很有兴致地看孩子们练字，柳公权递过自己写的说："老爷爷，你看我写得棒不棒？"老头接过去一看，只见写的是"会写飞凤家，敢在人前夸。"老头觉得这孩子太骄傲了，皱了皱眉头，沉吟了一会儿才说："我看这字写得并不好，值不得在人前夸。这字好像我担子里的豆腐脑儿一样，软塌塌的，没筋没骨，有形无体，还值得在人前夸吗？"几个小伙伴都停住笔仔细听老人的品评，小公权见老头把自己的字说得一塌糊涂，不服气地说："人家都说我的字写得好，你偏说不好，有本事你写几个字让我看看！"

老头爽朗地笑了笑，说："不敢当，不敢当！我老汉是一个粗人，写不好字。可是，人家有人用脚都写得比你好得多呢！不信，你到华京城里看看去吧！"

起初小公权很生气，以为老头在骂他。后来想到老头和蔼的面容，爽朗的笑声，又不大像骂他，就决定到华京城里去看看。华京城离柳家塬有40多里路。第二天，他起了个五更，悄悄给家里人留了纸条，背着馍布袋就独自往华京城去了。

柳公权一进华京城寿门，见北街一颗大槐树下挂着个白布幌子，上写"字画汤"三个大字，字体苍劲有力，笔法雄健潇洒。树下围了许多人，他挤进人群去看，不禁惊得目瞪口呆。只见一个黑瘦的畸形老头，没有双臂，赤着双脚坐在地上，左脚压住铺在地上的纸，右脚夹起一支大笔，挥洒自如地在写对联。他运笔如神，笔下的字迹似群马奔腾，龙飞凤舞，博得围观看客们阵阵喝彩。

小公权这才知道卖豆腐的老汉没有说假话，他惭愧极了，心想：和字画汤老爷爷比起来，我真是差得太远了。他"扑通"一声跪在字画汤面前，说："我愿拜你为师，我叫柳公权，请收下我，愿师傅告诉我写字的秘诀……"字画汤慌忙放下脚中的笔，用脚拉起小公权说："我是个孤苦的畸形人，生来没手，干不成活，只得靠脚巧混生活。虽能写几个歪字，怎配为人师表？"

小公权一再苦苦哀求，字画汤才在地上铺了一张纸，用右脚提起笔，写道：

"写尽八缸水，砚染涝池黑；

博取百家长，始得龙凤飞。"

老人向公权说："这就是我写字的秘诀。我自小用脚写字，风风雨雨已练了五十多个年头了。我家有个能盛八担水的大缸，我磨墨练字用尽了八缸水。我家墙外有个半亩地大的涝池，每天写完字就在池里洗砚，池水都乌黑了。可是，我的字练得还差得远呢！"

柳公权把老人的话牢牢地铭刻在心里，他深深地谢过字画汤，才依依不舍地回去了。

自此，柳公权发奋练字，手上磨起了厚厚的茧子，衣肘补了一层又一层。他学习颜体的清劲丰肥，也学欧体的开朗方润，学习字画汤的奔腾豪放，也学宫院体的娟秀妩媚。他经常看人家剥牛剔羊，研究骨架结构，从中得到启示。他还注意观察天上的大雁，水中的游鱼，奔跑的麋鹿，脱缰的骏马，把自然界各种优美的形态都熔铸到书法艺术里去。

柳公权终于成为我国唐代著名的书法家。他的字，结构严谨、刚柔相济、疏朗开阔，为书法界所珍视，素有"颜筋柳骨"美称。可是，柳公权一直到老，对自己的字还很不满意。他晚年隐居在华京城南的鹳鹊谷（现称柳沟），专门研习书法，勤奋练字，一直到他88岁去世为止。

贾岛写诗的故事

唐朝的贾岛是著名的苦吟派诗人。什么叫苦吟派呢？就是为了一句诗或是诗中的一个词，不惜耗费心血，花费工夫。贾岛曾用几年时间做了一首诗。诗成之后，他热泪横流，不仅仅是高兴，也是心疼自己。当然他并不是每做一首都这么费劲儿，如果那样，他就成不了诗人了。

有一次，贾岛骑着毛驴在长安朱雀大街上走。那时正是深秋时分，金风一吹，落叶飘飘，那景色十分迷人。贾岛一高兴，吟出一句"落叶满长安"来。但一琢磨，这是下一句，还得有个上句才行。他就苦思冥想起来了，一边骑驴往前走，一边念念叨叨。对面有个官员过来，不住地鸣锣开道。那锣敲得山响，贾岛愣是没听见。那官员不是别人，正是京兆尹，用今天的职务来说就是长安市市长。他叫刘栖楚，见贾岛闯了过来，非常生气。贾岛忽然来了灵感，大叫一声："秋风生渭水。"刘栖楚吓了一跳，以为他是个疯子，叫人把他抓了起来，关了一夜。贾岛虽然吃了不少苦头，却吟成了一首诗《忆江上吴处士》：

"闽国扬帆去，蟾蜍亏复圆。秋风生渭水，落叶满长安。此处聚会夕，当时雷雨寒。兰桡桡未返，消息海云端。"

贾岛吃了一回亏，还是不长记性。没过多久，他又一次骑驴闯了官道。他正琢磨着一句诗，"僧推月下门，"全诗如下：

闲居少邻并，草径入荒园。

鸟宿池边树，僧推月下门。

过桥分野色，移石动云根。

　　暂去还来此，幽期不负言。

　　可他又觉着"推"不太合适，不如"敲"好。嘴里就推敲推敲地念叨着。不知不觉地，就骑着驴闯进了大官韩愈的仪仗队里。

　　韩愈比刘栖楚有涵养，他问贾岛为什么乱闯。贾岛就把自己做了一首诗，但是其中一句拿不定主意是用"推"好，还是用"敲"好的事说了一遍。韩愈听了，哈哈大笑，对贾岛说："我看还是用'敲'好，万一门是关着的，推怎么能推开呢？再者去别人家，又是晚上，还是敲门有礼貌呀！而且一个'敲'字，使夜静更深之时，多了几分声响。静中有动，岂不活泼？"贾岛听了连连点头。他这回不但没受处罚，还与韩愈交上了朋友。

　　"推敲"从此也就成了脍炙人口的常用词，用来比喻做文章或做事时，反复琢磨，反复斟酌。

"神射手"纪昌

　　相传中国古代有个神箭手，叫纪昌，射箭百发百中。这是他苦练基本功的结果。

　　从少年时代起，纪昌就想成为一名神箭手。长大以后，他拜一位叫飞卫的人为师，要求老师立马把射箭的绝招教给他。飞卫对他说："学射箭先要练好基本功，你先得学会盯着目标不眨眼的本领……"纪昌回到家里，成天伏在母亲的织布机上，眼睛盯着一来一往的梭子，直盯得眼睛酸疼流泪。这样坚持不懈地苦练了两年，即使有人用锋利的锥子，在他眼前晃来晃去，他也可以做到双眼不眨一下。于是，纪昌觉得自己不眨眼的本领已练好了，就去见飞卫，要老师教他射箭的绝招。飞卫又告诉他，不眨眼的本领只是射箭基本功的第一步，接下去还要练目光的锐利，要练到把小目标都能看得清清楚楚才行。纪昌按照老师的指点继续刻苦练习。他设法捉了一只虱子，用一根头发缚住挂在明亮的窗口，作为目标，每天站在远远的地方练习瞄准，天天坚持，又练了整整三年，他的眼力终于练得非常锐利。站在远处，虱子在他眼里，本来是很小的目标却变大了，再看到别的细小物体，也是这样。这时候，老师要他用特制的小弓箭射那只挂着的虱子，纪昌拉弓搭箭一射，箭正好穿过虱子的正中，连那根细细的头发都没碰着。飞卫见了，对纪昌说："这就是射箭的绝招。由于你长期刻苦练习基本功，现在已能够做到百发百中了。"

　　纪昌从此便成了一名神射手。

苏东坡改联立志

"识遍天下字，读尽人间书。"

这是少年苏东坡在一片赞扬声中，乘兴写的一副对联。他把这副对联贴在自家门前，久久端详，不肯离去。

苏东坡（1037—1101）自幼天资聪颖，在饮誉文坛的父亲的悉心教育和耐心指导下，他逐渐养成了勤学好问的习惯，很有一股子"打破砂锅纹（问）到底"的劲头。经过几年的奋发努力，他的学业大有长进。小小年纪，就已经读了许多书，渐能出笔成章了。父亲的至亲好友看了，都赞不绝口，称他是个难得的"神童"，预言他必是文坛的奇才。

少年苏东坡在一片赞扬声中，不免有些飘飘然起来。他自以为知识渊博，才智过人，颇有点自傲。一天，他洋洋自得地取过笔墨和纸，挥毫写下了以上的这副对联。他刚把对联贴在门前，有位白发老翁路过他家门口，好奇地近前观看。这位老翁看过，深感这位苏公子也太自不量力，过于自信了。

过了两天，这位老翁手持一本书，来苏府面见小东坡，言讲自己才疏学浅，特来向小苏公子求教。苏东坡满不在乎地接过书本，翻开一看，那上面的字他竟一个都不认识，顿时红了脸。老翁见状，不露声色地向前挪了几步，恭恭敬敬地说道："请赐教。"一句话激得小东坡脸红一阵、白一阵，心里很不是滋味。无奈，他只得鼓足勇气，如实告诉老翁他并不认识这些字。这个老翁听了哈哈大笑，捋着白胡子又激他道："苏公子，你不是'识遍天下字，读尽人间书'了吗？怎么会不识此书之字？"言罢，拿过书本，扭头便走。

苏东坡望着老翁的背影，思前想后，甚是惭愧。他终于从老翁的话中悟出了真谛，立即提笔来到门前，在那副对联的上下联前各加了两个字，使对联变成为：

发奋识遍天下字
立志读尽人间书

这次，他依然端详了好久、好久，并发誓，要活到老，学到老，永不满足，永不自傲。从此，他手不释卷，朝夕攻读，虚心求教，文学造诣日深，终于成为北宋文学界和书画界的佼佼者，博得了唐宋八大家之一的盛誉。

冼星海苦学成才的故事

1931 年的一天，法国巴黎音乐学院正在举行入学考试。

坐在主考席上的几位教授，被一个中国青年的考卷深深吸引了：无论是和声、赋格还是作品分析，成绩都属优秀。而且，作曲成绩也是所有考生中最理想的一个。经过一番品评，主考教授当即宣布，正式录取这位中国考生进巴黎音乐学院作曲班。并且说，由于他考试成绩优异，校方决定给他颁发荣誉奖。按照学校的惯例，受奖者有权选择奖品，就看他最需要什么？

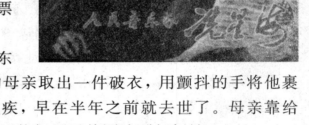

这位考生名叫冼星海，他一直神情紧张地站在主考席前，当听到他被录取的消息后，才如梦初醒。又听说让他自由选择奖品，一时竟不知所措起来，踌躇了半晌，才羞涩而惭愧地说："我需要饭票。"

是啊，此时此刻，对于冼星海来说，饭票是他最需要的……

1905 年 6 月 13 日深夜，星海诞生在广东省番禺县珠江边的一条小船上。脸色苍白的母亲取出一件破衣，用颤抖的手将他裹起来。他的父亲因终年在海上捕鱼，积劳成疾，早在半年之前就去世了。母亲靠给人家做苦工将小星海拉扯着长大。为求生计，他们母子曾漂泊到新加坡。

1918 年秋，星海被人推荐进了广州岭南大学的华侨学生特别班。一边学习，一边当校役，负责上下课摇铃、擦黑板等工作，以维持读书和日常生活。在这期间，星海利用业余时间自学音乐。他不分寒暑，坚持不懈地弹奏钢琴，练习提琴和其它乐器，阅读了大量的音乐理论书籍。由于他刻苦钻研，虚心求教，取得了很好的成绩，初步显示出了音乐才能，被师生们誉为"南国箫手"。

冼星海并不满足于已有的成绩。他迫切要求提高音乐理论和演奏技巧，后又到北京和上海半工半读学习音乐。可是在旧中国，一个穷苦孩子要学音乐，真比登天还难，他的幻想被现实击破了。但他并不甘沉沦，他立志要做一个音乐家，用音乐艺术为祖国服务。1929 年，他 25 岁的时候，为了求得深造，他不顾一切艰难险阻，毅然离开祖国，远涉重洋，到法国巴黎去学音乐。

美丽的巴黎，是《国际歌》的故乡，这里的巴黎音乐学院，是世界许多著名音乐家的摇篮，为各国有志于音乐的青年所向往。可是，巴黎，这世界音乐的首府，并没有张开双臂来欢迎冼星海。

冼星海踏上巴黎街头时，口袋里只剩下了五十个法郎，而在那样挥金如土的城市，就连最简朴的一顿饭，也得花十二个法郎。冼星海流落在凄风苦雨的巴黎街头，几经周折才在一家小饭馆找到工作。每天天不亮，他就得把牛奶、土豆和牛肉运回来，接着便擦刷店堂地板，然后又忙着挑菜，等候开门营业。开店之后就更忙了，跑来跑去，紧张地为顾客报菜送菜。他任劳任怨地廉价出卖自己的劳动力。

终于领到了六百法郎的月薪，他立即给在祖国的母亲寄了一半，用另一半买了一把小提琴。从此，每天深夜，冼星海送走了最后一批顾客，就赶紧收拾好锅盆碗盏，把厨房打扫干净，然后便如饥似渴地开始练习小提琴。拉到实在拉不动了，就在厨房里用桌凳临时搭个床铺睡一会儿。早晨天亮前，再在厨房里拉一阵琴，然后开始干活。中午饭店休息，他又抓紧时间读音乐理论书籍。甚至在报菜送菜时稍有空隙，他也要从碗柜里取出小提琴，争分夺秒地拉上一首练习曲，听到电铃一响，他立即收起琴，快步前去给顾客端送饭菜。

冼星海如痴如迷地练琴，引起饭店老板不满意，有些同事也产生了误解，常常投以冷眼或挖苦嘲讽。每当星海想练琴的时候，有的人就指手画脚地故意找些事让他做，或者说："快把这一堆碗盆洗出来。"或者说："再把厨房打扫一遍。"不能练琴，这使得冼星海十分痛苦。

后来，冼星海在一位同乡的帮助下，总算找到了一间住房，这是一幢七层高楼顶上的一间小阁楼。房间只有一人来高，仅能放下一张单人床和一张小方桌，房顶有个透气的叫做"牛眼"的天窗。每天凌晨，冼星海就起床，打开天窗，站在桌子上，将身子探出窗外，向着广阔的巴黎上空，尽情地练习小提琴。练过琴再赶到饭店上班，一直干到深夜再回来，每天十七、八个小时的工作，使得他精疲力竭，不幸的事情发生了。

有一天，冼星海照常不停地收拾菜盘，为顾客勾划菜单，然后又捧着一大摞碗盆赶回厨房抢时间洗刷。刚开始洗，上菜的铃又响了，他扔下手中的活，赶忙端上菜盘去送菜，刚迈几步，忽然觉得头晕目眩，眼前一黑，"哗啦"一声，连人带菜一起摔在楼梯口。老板暴跳如雷，将冼星海臭骂一顿之后，就把他开除了。冼星海从碗柜里拿出提琴，愤然离开了饭店，他又失业了。

夜巴黎的街道，灯红酒绿。饥肠辘辘的星海在茫然地徘徊着，最后，他像是下了大决心似的，挟着小提琴，鼓足勇气向一家大餐馆走去。馆子里除了法国顾客外，靠墙一角还坐着两个穿着特别时髦的中国官费留学生。他们正在喝着高级香槟酒，谈论着好莱坞女明星的容貌和巴黎的桃色新闻。

冼星海走进餐厅，神情尴尬地开始了第一次拉琴卖艺。他拉了一曲圣·桑的《天鹅》，又拉了一曲比才的《哈巴涅拉》舞曲，人们不理会他。他硬着头皮，拿着盘子走过两个中国官费生面前，这两个官费生拉住他，非要他拉当时巴黎流行的黄色歌曲，他坚决不拉，两个官费生不但不给钱，反把他谩骂、侮辱了一顿……

饥饿、羞辱天天折磨着星海，但他要用自己的音乐去唤醒沉睡的中华民族的崇高理想矢志不移。一天夜里，寒风呼号，星海没有棉被，和衣躺在床上，冻得直哆嗦，实在没法睡下去，只得爬起来点着煤油灯写作。忽然，风猛烈地从窗户吹进来，灯灭了，点着又灭了，一连点了好几次。寒风猛烈地嘶吼着，星海的心也跟着激烈地颤抖起来，他不禁挥笔疾书，借着风声的呼号，倾诉痛苦的人生和对多难祖国的深切思念。

一首非凡的乐曲《风》诞生了，并幸运地得到了音乐大师奥别多菲尔的肯定。由于奥别多菲尔的推荐，《风》在巴黎音乐学院新作品演奏会上演出，立即轰动了巴黎。巴黎音乐学院的杜卡斯等著名音乐家，都深深为星海的苦学精神所感动，他们欢迎星海报考巴黎音乐学院。

冼星海终于以优异的成绩考进巴黎音乐学院，院长亲自奖给了他一扎饭票，院方还破例地免费供应他的膳食。但那昂贵的学费书费仍然压得星海喘不过气来，他一面像"饿汉"一样地拼命吞食学校的每一堂课，一面还得在晚间出去做工，挣几个法郎交学费和房租。

1935 年春，冼星海又以优异的成绩毕业于巴黎音乐学院，学校再次给他颁发奖品。他毅然放弃了留在巴黎工作的机会，回到祖国，投身抗日救亡运动，成为我国杰出的人民音乐家。他创作了《黄河大合唱》、《九一八大合唱》等不朽的乐曲，是中国新音乐的一位奠基伟人。

发明大王爱迪生的故事

被人们称为"发明大王"的爱迪生，是美国著名的科学家和发明家。他的一生，留给人类的发明有 2000 多种，仅是在专利局登记过的发明就有 1328 种，在他的一生中，平均每 15 天就有一项新发明。大家一定很奇怪，爱迪生出身低微、生活贫困，总共只在学校读过 3 个月的书，怎么会有这么多发明创造呢？我想，如果你听我讲完有关他的几个小故事，就一定会明白，他的成功并不是出于偶然，而是源于他强烈的好奇心，源于他开阔的胸襟和身处逆境坚韧不拔的毅力，源于他超常的勤奋与努力！

爱迪生在小的时候，曾被人视为"低能儿"。他常常呆呆地坐在村口，看着周围发生的一切，思索着什么。

很小的时候，爱迪生就显露出了极强的好奇心，只要看到不明白的事情，他就抓住大人的衣角儿问个不停，非要问出个子丑寅卯来。爱迪生5岁的时候，有一天，他看见家里的母鸡，老待在窝里不出来，就哦嘘哦嘘地叫着去赶它，可是母鸡歪着脑袋，眨了眨眼睛，一动也不动。这是怎么回事呀？爱迪生把母鸡抱起来一看，哟，窝里一摊蛋，数一数，有十几个呢。奇怪，母鸡今天下了那么多蛋吗？他连蹦带跳，跑去问妈妈。"妈妈，妈妈，母鸡今天下了十几个蛋，这是怎么回事呀？""母鸡不是在下蛋，是怕蛋着惊。"妈妈把爱迪生搂在怀里说，"妈妈抱着你，你不是就暖和多了吗？"爱迪生更觉得奇怪了，瞪着眼睛问："妈妈，蛋也跟咱们人一样，会着凉吗？"妈妈笑起来了，告诉爱迪生，母鸡是在孵蛋哩。母鸡用自己的身子盖在蛋上，蛋就暖和了，蛋里面就会长出小鸡来，长出小嘴，长出小脚，长羽毛，后来，小鸡长大了，笃笃笃，啄破了蛋壳，叽叽叽，就从蛋壳里钻出来了。爱迪生听了妈妈的话，就跑开了。爱迪生上哪儿去了？过了一个钟头，又过了一个钟头，妈妈没看见爱迪生，心里多着急啊！东找西找，啊，原来爱迪生跑到邻居家里去了，他用柴草做了一个窝，里面放了许多蛋，他学着母鸡的样子，正蹲在鸡蛋上面孵蛋呢！他想：母鸡蹲在鸡蛋上面，会孵出小鸡来，我蹲蛋上面，也准能孵出小鸡来！

爱迪生7岁时被送进当地的小学去读书。3个月后，他被退了回来。因为他对老师的讲解不感兴趣，而喜欢在课堂上提些莫名其妙的问题。学校认为，这样的傻瓜是无法继续学习的。

8岁的爱迪生闯过一次祸。那天，他抬头看见飞鸟在天空中自由翱翔，不由浮现出一个念头：鸟能飞，人为什么不能飞？他又想到：如果人的身体里充满了气体，不也会像气球一样升上天去吗？对，试试看！他把家里一种能产成气体的药粉拿来，动员小伙伴吉米做一次实验。吉米把药粉喝了下去，可吉米不但没飞上天，反而倒地打起滚来了，爸爸赶紧请来医生，

才把吉米的生命抢救了回来。爱迪生挨了一顿打，心里却在想：吉米为什么飞不上去呢？

迫于生计，爱迪生从11岁起，就当童工为家里挣钱了。先是给人赶马车，后来又到火车上给人当报童，火车从他家所在的休伦开到底特律，再开回休伦，在底特律要停几个小时。他就利用这个机会到市里最大的图书馆去看书，无论刮风下雨，从不间断。这引起了一位老先生的注意，问他："你经常来这里看书，已读过多少书了？"

"我已经读了十五英尺书了。"爱迪生的回答使老先生笑了起来，又问他："你刚才读的哪本书，和你现在手里拿的这本书，内容完全不同，你读书的目的是什么呢？"

爱迪生的回答是："我是按照书架上的次序读的，我想把这图书馆里所有的书，

挨个儿都读完。"老先生大吃一惊，告诉他："你的志向真伟大。不过，读书如果没有目的，什么都看，效果却不会很大。你应该选定一个目标，然后向着这个目标去努力，才会有收获。"这次偶然的谈话，对爱迪生启发很大，对他的读书、学习和成长，都有着深刻的指导意义。

爱迪生喜欢读书，也喜欢做各种小实验。他曾三次被解雇。

第一次是在15岁那年，爱迪生经过老车长同意后，借用了行李车的一个角落来做实验。谁知有一次火车震动得很厉害，把一个装着白磷的玻璃瓶从架子上震下来，瓶子摔破了，白磷顿时着起火来，把车厢也烧着了。老车长一看气坏了，狠狠地打了爱迪生一记耳光。爱迪生被解雇了，右耳也被打聋了。

不久后，爱迪生得到了一个机会。就在这年8月，爱迪生从火车轮子底下救出了一个小男孩。这孩子的父亲便是当报务员出身的火车站站长麦肯基。麦肯基非常感谢爱迪生，便教给他收发电报的技术，并推荐他到火车上当报务员。这使爱迪生有了一个接触电学的机会，为他以后进行的伟大发明，奠定了良好的基础。可没过多久，他又被开除了，因为他白天做了一整天实验，在上夜班时熬不住打起瞌睡来了。

1868年初冬，21岁的爱迪生第三次被解雇。这次是因为，他在波士顿城的西方联合电报公司当服务员时，他又做起化学实验来，不料，硫酸从容器中漏出，流到隔壁的经理室里，把那里名贵的地毯烧坏了。

1869年的一天，爱迪生坐船来到纽约。不久后，他在一家电器公司找到工作，从此，开始了他的发明事业。

爱迪生每发明一样东西，都经历了艰苦的过程。就拿发明蓄电池来讲吧，他花费了10个年头，经过了五万次左右的试验，才取得了成功。有一次，一个朋友去找他时，他正在实验桌前，桌上摆满了试验用的小电池。当时试验已经失败了900次。朋友惋惜地说："你做了这么大量的工作，有什么结果呢？"爱迪生的回答是："朋友，我的结果就是知道有好几千样东西是不能用的。"

爱迪生一生能有那么多发明创造，这惊人的成绩，直到现在世界上还没有一个人能和他相比。

爱迪生的每一项发明都是和他的好奇心紧紧相连的。比如在他发明了电报之后，又开始搞电话实验。他发现传话器里的膜板能够随着说话声音引起相应震动，就仔细观察，并且在笔记本上做了详细记录。由此，一个"会说话的机器"做成了。人们听到这个消息，都纷纷前来观看，并称他为"最伟大的发明家"。所以，好奇心是一个人取得成功、展示智慧的先决条件！

爱迪生胸襟开阔、善处逆境。他的右耳在意外中落下了终生残疾，针对自己的耳聋不便，他说："走在百老汇的人群中，我可以像幽居森林深处的人那样平静。耳聋从来就是我的福气，它使我免去了许多干扰和精神痛苦。"1914年某天晚上，爱迪生的电影实验室突遭火灾，损失巨大。爱迪生安慰伤心之极的妻子说："不要紧，别看我已 67 岁了，可我并不老。从明天早晨起，一切都将重新开始，我相信没有一个人会老得不能重新开始工作的。"第二天，爱迪生不但开始动工建造新车间，而且又开始发明一种新的灯——一种帮助消防队员在黑暗中前进的便携式探照灯。

爱迪生勤奋异常，不畏艰辛。为寻找灯丝，他试验了数千种材料；为试制一种新的蓄电池，他失败了八千次。因此，爱迪生常常说："天才是百分之一的灵感加上百分之九十九的勤奋。"

他在 80 岁时，仍然保持着发明家的精神，紧张地进行着发明创造活动。81 岁高龄时，爱迪生成功地从野草中提炼出橡胶，受到人们极高的评价。

1931 年 10 月 18 日清晨 3 时 24 分，爱迪生带着宽慰的微笑，闭目辞世，享年 84 岁。临终时他坦然地说："我为人类的幸福，已经尽力了；没有什么可遗憾的了。"

举行葬礼的那天，全美国熄灭电灯一分钟，以示哀悼。这是人们表达对爱迪生无限怀念之情的最隆重的方式，也是人们献给这位伟大发明家的一曲无言的赞歌！

高尔基勤奋好学的故事

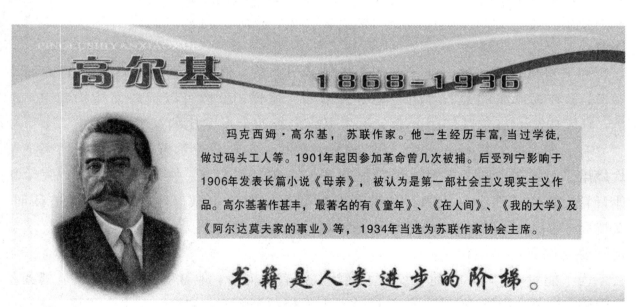

玛克西姆·高尔基，苏联作家。他一生经历丰富，当过学徒，做过码头工人等。1901 年起因参加革命曾几次被捕。后受列宁影响于 1906 年发表长篇小说《母亲》，被认为是第一部社会主义现实主义作品。高尔基著作甚丰，最著名的有《童年》、《在人间》、《我的大学》及《阿尔达莫夫家的事业》等，1934 年当选为苏联作家协会主席。

书籍是人类进步的阶梯。

"我扑在书籍上，像饥饿的人扑在面包上一样。"

这是苏联著名作家高尔基的一句名言，也是他酷爱书籍、勤奋学习的真实写照。

高尔基出生在沙皇时代的一个工人家庭，从小失去了父母，年仅 11 岁就被抛进黑暗的"人间"社会。他在善良号轮船上做洗碗工的时候，遇上了一位好心的穷苦厨师斯穆勒，斯穆勒像对待小弟弟一样地爱护他，而且还常常把自己收藏的一些旧书塞到他手里，说："你念书吧，书里面什么重要的知识都有。"

"一个人没有学问，就跟一头牛没有区别，不是带上轭架，便是给人宰了吃肉，它还尽摇着尾巴。"当斯穆勒和高尔基分别的时候，他的最后赠言还是那句话，"念书吧，这是最好的事情。"

厨师那纯朴而热情的话语，深深铭记在高尔基的心上，他渴望着读书。但是，他这样一个穷孩子要能读到书，谈何容易呀！他根本进不了学校的门槛，只能靠自学。没有钱买书就向裁缝太太借一点，再搜集一些破旧了的杂志和图片，甚至"像叫化子似地到处去要。"

当他好不容易弄到一些书籍之后，新的困难又来了：哪里有时间阅读？

他当时在一个绘图师家中做佣工，除了一身兼男仆、女仆和"跑街的"三重工作之外，还要贴设计图，抄工程设计书，复核包工头的细账，一天到晚忙得连插针的缝隙也没有，他只能拖着疲乏的身体在深夜读书。

即使这样，也还是读不成。绘图师家那愚昧、粗暴的老主妇竭力阻挠高尔基读书，她只要一发现高尔基读书，便毒打痛骂。要不她就在蜡烛上刻记号，以防止高尔基使用。她还到高尔基住的小阁楼上去搜查，找到了高尔基的藏书就拿来撕毁或烧掉。

为了对付这凶恶的老婆子，高尔基想了个办法，他故意去租一些五彩封面的小书来，放在易暴露的地方，让老婆子去糟蹋。这样，虽然可以把好书掩护起来，但是，身无分文的高尔基却因此而欠下了书店老板四十个戈比的一笔重债。

有一回，高尔基一边干活，一边偷偷地看书，不料看着看着就入了神，结果把茶炊烧熔了，那老主妇恶狠狠地用一根刺棒将高尔基毒打了一顿。在医院里，医生从他背脊上钳出了四十二枚刺。这种残忍的暴行把医生也激怒了，医生说这是私刑，支持高尔基去法院控告。可是高尔基却说，控告不控告倒无所谓，我唯一的要求就是只要允许我看书就行了。

为了能看书，高尔基简直绞尽了脑汁。没有地方看，他就躲到杂物间或是爬到屋顶阁楼上去看；没有油点灯，他就把烛台上的蜡油刮下来，装在旧罐头盒子里，再找一些棉线作灯芯，自制一盏简易灯，尽管光线昏暗而且烟雾腾腾，他却在灯下看书看得津津有味，双眼被熏得通红，差点都熬瞎了，他也不在意。

高尔基和书结下了不解之缘，他无论在什么情况下也不能和书分手。

后来，他到了一家面包房工作，每天要干十六个小时的重活，可他仍然坚持看书。他拣几块零碎的木柴搭成一个书架，将书摊开摆在上面，然后一面揉生面团，一面看书。有一天，厂主突然闯进来，一眼就看见高尔基正在看书，厂主一把将书

立志·治学·明理

抢过来要抛进炉火中去。高尔基肺都差点儿气炸了。要知道，这是托尔斯泰的一部名著，高尔基爱不释手，厂主竟然要烧掉，那不简直是要他的命？高尔基什么都顾不及了，他猛然抓住厂主的胳膊，愤怒地喊道："你敢烧掉那本书！"厂主被盛怒的高尔基震慑了，只好把书还给了他。

高尔基由于勤奋好学，刚满十五岁就已经博览群书了。大仲马、雨果、巴尔扎克、海涅、狄更斯、萧伯纳、普希金、莱蒙托夫、果戈理、屠格涅夫、托尔斯泰等艺术大师的名著，他都读过。他虽是穷苦的孤儿，却成了博学多识的少年。

高尔基说："我的一切知识，都是书籍给我的。"他在回忆幼年读书的情景时曾这样写道："我梦想享受大学生读书的幸福，甚至甘愿忍受任何拷打。假如有人向我提议说：'你去学习吧！不过每到星期天，为了你去学习，我们要在尼古拉也夫广场上用棍棒打你一顿。'我想，就是这种条件，我大概也可以接受的。"

勾践卧薪尝胆

勾践乃大禹后裔也。夏后帝少康之庶子封于会稽，以奉守禹之祀。后二十余世，至於允常。勾践是允常之子。周敬王二十三年（公元前497）允常去世，勾践继位越王。勾践元年，吴王阖闾兴师伐越。勾践统兵抗击射伤吴王，使吴王阖闾受伤而死，导致吴、越矛盾激化。

吴王阖闾临终告诫儿子夫差："必毋忘越"。夫差接位后，遵照遗训，日夜勤兵，矢以报越。公元前494年，勾践不听大夫范蠡劝阻，发兵攻吴。两军大战于夫椒。勾践率残兵五千，退守会稽山（今绍兴东南）。危急之际，勾践采纳范蠡委曲求全、以退为进之谋，派文种向吴求和。

勾践五年（公元前492）五月，勾践率妻和大臣范蠡亲去吴国臣事夫差。抵达吴都，夫差有意羞辱他，将他囚于石室。要他住在阖闾坟前的一个小石屋里守坟喂马，有时骑马出门还故意要他牵马在国人面前走过。勾践忍辱负重，自称贱臣，对吴王执礼极恭，吃粗粮、睡马房、服苦役，小心伺候夫差，做到百依百顺，其夫人给水、除粪、洒扫，三年不愠怒，无恨色，胜过夫差手下的仆役。夫差生病，勾践前去问候，还掀开马桶盖观察夫差刚拉的大便，体贴夫差的病情。"问疾尝粪"，博得吴王夫差之欢心，时间过去三年，由于勾践尽心服侍，再加伯嚭不时接受文种派人所送之礼而在夫差前为勾践说好话,使夫差认为勾践已真心臣服,决定放勾践夫妇和范蠡回国。

勾践归国后,为了激励自己不忘报仇雪耻,对天盟誓,对先人陈词,发愤自强,复兴越国。他睡觉时不铺褥子而铺上柴草,在房间里挂了一个苦胆,每顿饭前都要尝尝。这就是"卧薪尝胆"典故的由来。他和夫人始终过着清贫的生活,吃饭没有鱼肉,穿衣不加修饰。自己经常同百姓下田耕种,夫人也自己养蚕织布。

勾践采纳了范蠡、文种提出的"十年生聚,十年教训"之策,要范蠡负责练兵,文种管理国家政事,推行让人民休养生息的政策。勾践坚持卧薪尝胆,发奋图强。身自耕作,出不敢奢,入不敢侈;内修其德,外布其道;充实府库,垦其田畴;缓刑薄罚,省其赋敛;奖励生育,训练士兵。国家实力大大发展。

伍子胥早已察觉勾践所作所为意在复仇,多次劝谏,不仅未被夫差接受,反而引起夫差的反感和怀疑。公元前485年,夫差为争霸而北上伐齐,伍子胥不赞成,指出越国才是心腹大患。夫差不听,继续伐齐,在艾陵之战中大败齐军,获胜而归,夫差十分得意,不久又听信了伯嚭的谗言,赐剑令伍子胥自尽,伍子胥死前说:"必取吾眼置吴东门,以观越兵入也!"伍子胥死后,吴王将政事交给伯嚭管理。

周敬王四十二年(前478年,勾践十九年),范蠡、文种乘吴国多年灾荒又遇大旱,仓廪虚,百姓饥饿,多就食于东海之滨的机会,建议勾践乘隙攻吴。三战三胜,大败吴军于笠泽(今苏州南),从根本上改变了吴、越力量对比。

勾践二十一年再次伐吴,吴王夫差被越军长期围困,求和不成自杀而死,临死时说:"吾无面以见子胥也!"勾践葬吴王而诛太宰伯嚭。

勾践终于在勾践二十四年(公元前473)一举灭吴雪耻。随后又乘胜率兵北渡淮水,会中原齐、晋等诸侯于徐州(今山东滕县南),向周元王致贡。周元王命使臣赐勾践胙(送来祭肉),封勾践为"侯伯",晋伯位。自此,越军横行江淮一带,诸侯尽来朝贺,勾践的霸业完成。于是迁都琅琊,称霸中原,为春秋霸主之一。

司马迁 20 岁为历史而壮游

20岁的年纪,今天的年轻人大多还在学业的门径处徘徊,闲暇时打打电脑游戏,尽可以在虚拟世界中漫游。

而遥想当年,生于史官世家的司马迁,从10岁学习古文开始,就已身负书写历史的责任。20岁时,他迈出了自己漫游名山事业的第一步。司马迁在《太史公自序》中不无自豪地谈及年轻时的这次壮举:"二十而南游江、淮,上会稽,探禹穴,窥九疑,浮于沅、湘,北涉汶、泗,讲业齐、鲁之都,观孔子之遗风,乡射邹峄,厄困鄱、薛、彭城，过梁、楚以归。"

司马迁的这次漫游，首先是通过"上会稽"和"窥九疑"向虞舜、夏禹表示敬意。按照古籍的记载，会稽和九疑，分别是舜、禹墓葬的所在。司马迁的文化访古之举，来源于他对《尚书》和《春秋》等古史的熟习。身居史官世家，司马迁能够看到当时一般人无法看到的典籍。据今人统计，《史记》中司马迁利用或见过的典籍，包括汉朝的皇家档案，有 103 种。这在当时，已是相当了不起的数字。司马迁是实实在在的"读万卷书、行万里路"的身体力行者。在 52 万言的《史记》中，司马迁此次壮游的印记，不时出现在他对历史感慨的笔端。

司马迁为屈原作传，特别提到自己曾南游到长沙郡，看到屈原自沉之处，想到其悲剧人生，不禁为之落泪。也是在楚国的旧地，他见到了当年春申君所拥有的富丽宫室。他南登庐山，观览大禹曾疏导过的九江。在会稽，司马迁详细了解了越王勾践的故事。此前，他已经在载籍中知道了吴越之地与中原的渊源关系。他此行的目的之一，就是"网罗天下放失旧闻"，搜求古史传说，以及被秦王朝焚灭了的古诸侯史记。

齐鲁之地，学术发达，是重要的文化中心。司马迁说自己看到孔子故里的车服礼器，流连忘返，于是专门在那里学习饮宴和射箭的礼仪。

至于司马迁说到的"厄困鄱、薛"，可能是他在那里碰上了不愉快的事儿。司马迁在写孟尝君时提到，"吾尝过薛，其俗间里率多暴桀子弟，与邹、鲁殊。"他认为，是因为战国时孟尝君广招宾客，鱼龙混杂，使当地风气大坏。到西汉时仍是如此。

秦汉之际群雄逐鹿，是司马迁实地考察的重点。在淮阴，当地人向他讲述了韩信年轻时的故事。当地人说起韩信少有大志，连他母亲的坟墓都建得与众不同。司马迁亲自去看，果然如此。

丰沛之地，汉初许多重量级的人物均出身于此。刘邦曾为"沛公"，萧何、曹参、周勃、樊哙等，都是当地人。司马迁到丰沛广问当地遗老，又参观了这些汉室名臣的故家所在。从樊哙的孙子樊他广口里，司马迁听到了这些风云人物的许多逸事。

司马迁青年时期的这次壮游有多长时间，我们不得而知。但此行经地极广，则非常确实。王国维曾经专门研究过司马迁的出游路线，有趣的是，司马迁的行踪，与秦始皇南游东巡的路径，多有重合。这是司马迁有意追寻秦皇的足迹，还是因为在当时中国的交通条件下，这是一条经典线路，我们同样不得而知。20 岁壮游之后，司马迁仕为郎中，奉使新开辟的巴蜀诸郡，又子承父业任太史令，侍从武帝出行，足迹几乎遍于全国。所以，在《史记》开篇的《五帝本纪》中，司马迁说，"余尝西至空峒，北过涿鹿，东渐于海，南浮江淮。"

　　用现代人的观点看，司马迁可以说是在漫游中寻找历史的现场感，为书写历史做准备。他的写作理想，是"究天人之际，通古今之变，成一家之言"。

　　顾炎武在《日知录》中评价说，"太史公胸中，固有一天下大势。"唐宋八大家之一的苏辙甚至认为，《史记》的文笔好，也和司马迁的壮游有关，"太史公行天下，周览四海名山大川，与燕赵豪杰交游，故其文疏宕颇有奇气也。"

【风雅诗斋】

少年中国说(节选)

梁启超

故今日之责任,不在他人,而全在我少年。少年智则国智,少年富则国富;少年强则国强,少年独立则国独立;少年自由则国自由,少年进步则国进步;少年胜于欧洲则国胜于欧洲,少年雄于地球则国雄于地球。红日初升,其道大光。河出伏流,一泻汪洋。潜龙腾渊,鳞爪飞扬。乳虎啸谷,百兽震惶。鹰隼试翼,风尘吸张。奇花初胎,矞矞皇皇。干将发硎,有作其芒。天戴其苍,地履其黄。纵有千古,横有八荒。前途似海,来日方长。美哉我少年中国,与天不老!壮哉我中国少年,与国无疆!

『鉴赏指引』

【译文】

所以说今天的责任,不在别人,全在我们少年身上。少年聪明我国家就聪明,少年富裕我国家就富裕,少年强大我国家就强大,少年独立我国家就独立,少年自由我国家就自由,少年进步我国家就进步,少年胜过欧洲,我国家就胜过欧洲,少年称雄于世界,我国家就称雄于世界。红日刚刚升起,道路充满霞光;黄河从地下冒出来,汹涌奔泻浩浩荡荡;潜龙从深渊中腾跃而起,它的鳞爪舞动飞扬;小老虎在山谷吼叫,所有的野兽都害怕惊慌,雄鹰隼鸟振翅欲飞,风和尘土高卷飞扬;奇花刚开始孕起蓓蕾,灿烂明丽茂盛茁壮;干将剑新磨,闪射出光芒。头顶着苍天,脚踏着大地,从纵的时间看有悠久的历史,从横的空间看有辽阔的疆域。前途像海一般宽广,未来的日子无限远长。美丽啊我的少年中国,将与天地共存不老!雄壮啊我的中国少年,将与祖国万寿无疆!

【赏析】

一篇《少年中国说》,读之让人荡气回肠。这篇文章曾激励了多少仁人志士为了民族和国家的危难赴汤蹈火,为了祖国的利益和人民的幸福奉献自己的一生。国之兴亡,匹夫有责。"为中华之崛起而读书",我们作为中职生同样肩负着建设伟大祖国的神圣使命。为此，我们只有在"学会做人，学会做事"中不断磨练自己，强大自己，才能成为一个强者，才能实现报效祖国的美好愿望，才能不辱使命。

上李邕

李白

大鹏一日同风起，扶摇直上九万里。
假令风歇时下来，犹能簸却沧溟水。
世人见我恒殊调，闻余大言皆冷笑。
宣父犹能畏后生，丈夫未可轻年少。

『鉴赏指引』

【注释】

（1）上：呈上。

（2）李邕：字泰和，广陵江都（今江苏江都县）人。有才华，性倜傥，唐玄宗时任北海（今山东益都县）太守，书法、文章都有名，世称李北海。后被李林甫杀害，年七十余。《旧唐书·文苑传》有传。李邕年辈早于李白，故诗题云"上"。从这首诗中，可以看出青年时期的李白的豪情壮志。

（3）扶摇：由下而上的大旋风。

（4）假令：假使，即使。

（5）簸却：激扬。

（6）沧溟：大海。

（7）恒：常常。

（8）调：格调特殊。

（9）余：我。

（10）大言：大话。

（11）宣父：即孔子，唐太宗贞观年间
诏尊孔子为宣父。

（12）丈夫：古代男子的通称，此指李邕。

【译文】

大鹏总有一天会和风飞起，凭借风力直上九天云外。

如果风停了，大鹏飞下来，还能扬起江海里的水。

世间人们见我老是唱高调，听到我的豪言壮语都冷笑。

孔子还说过"后生可畏"，大丈夫不可轻视少年人。

『赏析』

这首诗，是李白青年时代的作品。李邕在开元七年至九年前后，曾任渝州（今四川重庆市）刺史。李白游渝州谒见李邕时，因为不拘俗礼，且谈论间放言高论，纵谈王霸，使李邕不悦。史称李邕"颇自矜"（《旧唐书·李邕传》），为人自负好名，对年轻后进态度颇为矜持。李白对此不满，在临别时写了这首颇不客气的《上李邕》一诗，以示回敬。

诗中李白以大鹏自比："大鹏一日同风起，扶摇直上九万里。假令风歇时下来，犹能簸却沧溟水。"大鹏是《庄子·逍遥游》中的神鸟，传说这只神鸟其大"不知其几千里也"，"其翼若垂天之云"，翅膀拍下水就是三千里，扶摇直上，可高达九万里。大鹏鸟是庄子哲学中自由的象征，理想的图腾。李白年轻时胸怀大志，非常自负，又深受道家哲学的影响，心中充满了浪漫的幻想和宏伟的抱负。在此诗中，他以"扶摇直上九万里"的大鹏自比，这只大鹏即使是不借助风的力量，以它的翅膀一搧，也能将沧溟之水一簸而干，这里极力夸张这只大鸟的神力。在这前四句诗中，诗人寥寥数笔，就勾画出一个力簸沧海的大鹏形象——也是年轻诗人自己的形象。

诗的后四句，是对李邕怠慢态度的回答："世人见我恒殊调，见余大言皆冷笑。宣父犹能畏后生，丈夫未可轻年少。""世人"指当时的凡夫俗子，显然也包括李邕在内，因为此诗是直接给李邕的，所以措词较为婉转，表面上只是指斥"时人"。"殊调"，与后面的"大言"同义，指不同凡响的言论。李白的宏大抱负，常常不被世人所理解，被人当做"大言"来耻笑。李白显然没有料到，李邕这样的名人竟与凡夫俗子一般见识，于是，就抬出圣人识拔后生的故事，反唇相讥："宣父犹能畏后生，丈夫未可轻年少！"宣父，指孔子，唐太宗贞观十一年，"诏尊孔子为宣父"（《新唐书·礼乐志》）。丈夫，对男子尊称，此指李邕。《论语·子罕》中说："子曰：后生可畏。焉知来者之不如今也？"这两句意为孔老夫子尚且觉得后生可畏，你李邕难道比圣人还要高明？男子汉大丈夫千万不可轻视年轻人呀！后两句对李邕又是揶揄，又是讽刺，也是对李邕轻慢态度的回敬，态度相当桀骜，显示出少年锐气。

李邕在开元初年是一位名闻海内的大名士，史载李邕"素负美名，……人间素有声称，后进不识，京洛阡陌聚观，以为古人。或传眉目有异，衣冠望风，寻访门巷。"对于这样一位名士，李白竟敢指名直斥与之抗礼，足见青年李白的气识和胆量。"不屈己、不干人"笑傲权贵，平交王侯，正是李太白的真正本色。

假如生活欺骗了你

（俄）普希金

假如生活欺骗了你，
不要悲伤，不要心急！
忧郁的日子里需要镇静：
相信吧，快乐的日子将会来临。
心儿永远向往着未来，
现在却常是忧郁。
一切都是瞬息，
一切都将会过去，
而那过去了的，
就会成为亲切的怀恋。

『鉴赏指引』

　　《假如生活欺骗了你》选自《普希金诗集》，写于普希金被沙皇流放的日子里。那时俄国革命如火如荼，诗人却被迫与世隔绝。在这样的处境下，诗人仍没有丧失希望与斗志，他热爱生活，执着地追求理想，相信光明必来，正义必胜。诗中阐明了这样一种积极乐观的人生态度：当生活欺骗了你时，不要悲伤，不要心急；在苦恼之时要善于忍耐，一切都会过去，未来是幸福、美好的。生活中不可能没有痛苦与悲伤，欢乐不会永远被忧伤所掩盖，快乐的日子终会到来。第二节，诗人表达了心儿永远向着未来的积极人生态度，并告诉人们，当越过艰难困苦之后再回首那段往事时，那过去的一切便会变得美好起来。这是诗人人生经验的总结，也是生活的真谛。

　　这首诗没有什么形象可言，短短八句，都是劝告的口吻——按常理这是诗歌创作要尽力避免的，但这首诗却以说理而取得了巨大的成功。其原因在于诗人以平等的语气娓娓写来，语调亲密和婉，热诚坦率，似乎诗人在与你交谈；诗句清新流畅，热烈深沉，有丰富的人情味和哲理意味，从中可以让人感受到诗人真诚博大的情怀和坚强乐观的思想。

这首诗问世后，许多人把它记在自己的笔记本上，成为激励自己前进的座右铭。

满 江 红

（宋）岳飞

怒发冲冠，凭栏处，潇潇雨歇。抬望眼，仰天长啸，壮怀激烈。三十功名尘与土，八千里路云和月。莫等闲白了少年头，空悲切。

靖康耻，犹未雪。臣子恨，何时灭！驾长车，踏破贺兰山缺。壮志饥餐胡虏肉，笑谈渴饮匈奴血。待从头收拾旧河山，朝天阙。

『鉴赏指引』

【注释】

宋高宗绍兴八年（1138年），在秦桧主持下，宋与金签订和约，遭到了李纲、张浚等强烈反对。岳飞这时在鄂州（今武汉市），也上书陈说和议的失策，上书中说："莫守金石之约，难充磎壑之求。暂图安而解倒悬，犹之可也，欲远虑而尊中国，岂其然乎?"不仅没有被朝廷采纳，秦桧反而益怒。这不能不使一向反对和议、力主抗金的忠直岳飞，拍案而起，"怒发冲冠"了。

【作者介绍】

岳飞（1103 — 1141）字鹏举，相州汤阴（今属河南）人。家世务农，少年时应征入伍，英勇善战，屡建奇功。历任少保，河南、北诸路招讨使，枢密副使，封武昌郡开国公。因力主抗金，反对和议，被秦桧等所害。宁宗嘉定四年追封为鄂王。我国历史上著名的民族英雄。工诗词，但留传甚少。词仅存三首，内容皆表达作者抗金的伟大抱负和壮志难酬的深沉慨叹，风格悲壮，意气豪迈。著有《岳武穆集》。

【赏析】

此词表达了作者对祖国的无比热爱，对敌人的无比仇恨，抒发了作者复仇雪耻的雄心壮志。陈廷焯《白雨斋词话》说："千载下读之，凛凛有生气焉。"

这首词直抒胸臆，用慷慨昂扬的激情，豪迈雄壮的气志，与时代的最强音交织成一曲振奋人心的战歌。词以强烈的激情开篇，在"潇潇雨歇"衬垫之后，又继以"仰天长啸，壮怀激烈"慷慨激昂的豪情；一联对仗，既是战斗历程的高度概括，又是时代精神的反映，虽以"尘与土"、"云和月"淡写功名和历程，反而见出其高昂的战斗激情；"莫等闲"三句又以急促的节奏韵律，表现其渴望复仇而急欲投入战斗的豪迈精神。头四个短句，一气直下唱出了复仇报国的时代最强音，"驾长车"两句和一联对仗，则表现了一往直前誓灭敌人的英雄气概，最后以充满乐观和必胜的信念结束全篇，起了鼓舞人心的作用。只有激情而无气志则虚而不实，只有志气而无激情则不能鼓动人心，而激情和志气必须结合时代最强音，反映人民的共同要求，才能产生广泛而巨大的影响。正如《草堂诗余正集》言："胆量、意见、文章悉无今古。"三者交织加上长短句与节奏相互交错，使词情在错综复杂变化中层层推进，其慷慨激昂的主旋律都贯穿全篇如一，终篇之后其余响仍能动人心弦不止。这就是这首词所以感人至深，并能使人奋发有为的原因。

要怀着希望

(西班牙)阿莱桑德雷·梅洛

你懂得生活吗？你懂，

你要它重复吗？你正在原地徘徊。

坐下，不要总是回首往事，要向前冲！

站起来，再挺起胸，这才是生活。

生活的道路啊；难道只有额头的汗水，身上的荆棘，仆仆的风尘，心中的痛苦，而没有爱情和早晨？

继续，继续攀登吧，咫尺既是顶峰。

别再犹豫了，站起来，挺起胸，岂能放弃希望？

你没觉得吗？你耳边有一种无声的语言，

它没有语调，可你一定听得见。

它随着风儿，随着清新的空气，

掀动着你那褴褛的衣衫，

吹干了你汗淋淋的前额和双颊，

抹去了你脸上残存的泪斑。

在这黑夜即将来临的傍晚，

它梳理着你的灰发，那么耐心，缓缓。

挺起胸膛去迎接朝霞的蓝天，

希望之光在地平线上已经冉冉升起。

迈开坚定的步伐，认定方向，信赖我的支持

迅猛地朝前追去……

立志·治学·明理

『鉴赏指引』

　　要怀着希望，人们总是这样说。人若没有力量、智慧和勇气，他们可以从苦涩的井水里挖掘出来，武装自己。可希望又是什么呢？是那咫尺还是顶峰，是黎明还是地平线，或者生活永远只是停留在行走这个姿态本身？希望的缺点是它本身并不固定，永远游走变化。因此，我赞同诗人的坚强与斗志，但我并不把希望作为自己的山峰。在我看来，自知自足才是生活的本质，夕阳总是要逝去，站在山脚与山顶又有什么区别呢？信马由缰地往前走，总会看到恬静的泉水从内心涌起。这就足够了。

竹 石

（清）郑板桥

　　咬定青山不放松，立根原在破岩中。
　　千磨万击还坚劲，任尔东西南北风。

『鉴赏指引』

　　郑板桥（1693—1765），名燮，字克柔，汉族，江苏兴化人。清代画家、文学家。康熙秀才、雍正举人、乾隆元年进士。一生主要客居扬州，以卖画为生。"扬州八怪"之一。其诗、书、画均旷世独立，世称"三绝"，擅画兰、竹、石、松、菊等植物，其中画竹五十余年，成就最为突出。著有《板桥全集》。

　　这首诗着力表现了竹子那顽强而又执着的品格，既是赞美了岩竹的题画诗，也是一首咏物诗。开头用"咬定"二字，把岩竹拟人化，已传达出它的风神；后两句进一步写岩竹的品格，它经过了无数次的磨难，长就了一身特别挺拔的丰姿，决不惧怕来自东西南北的狂风。郑板桥不但咏竹诗美，而且画出的竹子也栩栩如生，用他的话说是"画竹子以慰天下劳人"。

所以这首诗表面上写竹，其实是写人，写作者自己那种正直倔强的性格，决不向任何邪恶势力低头的高傲风骨。同时，这首诗也能给我们以生命的感动，曲折恶劣的环境中，战胜困难，面对现实，像岩竹一样刚强勇敢。

立
志
·
治
学
·
明
理

言 志 诗

（明）杨继盛

读律看书四十年，乌纱头上有青天。
男儿欲画凌烟阁，第一功名不爱钱。

『鉴赏指引』

杨继盛（1516—1555），明代著名谏臣。明正德 11 年（1516 年）生于山西阳城。其母早亡，其父另娶，生活孤苦，白天放牛，晚间访师问友，深夜秉烛长读，终在嘉靖年间得中进士，官至兵部员外郎。

（1）乌纱：官帽。

（2）凌烟阁：唐太宗李世民把功臣图像画在凌烟阁上。成为后世人建功立业追求的目标。旧社会封建官吏为之奋斗的即是功名利禄。

这首诗居然"鹤立鸡群"，喊出了"第一功名不爱钱"，这在当时社会多么的可贵！似这样清廉之见地，实属"凤毛麟角"！

如 果

（英国）拉迪亚德·吉卜林

如果所有人都失去理智，咒骂你，
你仍能保持头脑清醒；
如果所有人都怀疑你，
你仍能坚信自己，让所有的怀疑动摇；
如果你要等待，不要因此厌烦，
为人所骗，不要因此骗人，
为人所恨，不要因此抱恨，

不要太乐观，不要自以为是；

如果你是个追梦人——不要被梦主宰；
如果你是个爱思考的人——不要以思想者自居；
如果你遇到骄傲和挫折，
把两者当骗子看待；
如果你能忍受，你曾讲过的事实，
被恶棍扭曲，用于蒙骗傻子；
或者，看着你用毕生去看护的东西被破坏，

俯下身去，用破旧的工具把它修补；

如果在你赢得无数桂冠之后，
然后孤注一掷再搏一次，
失败过后，东山再起，
不要抱怨你的失败；
如果你能迫使自己，
在别人走后，长久坚守阵地，
在你心中已空荡荡无一物，
只有意志告诉你"坚持！"；

如果你与人交谈，能保持风度，
伴王同行，能保持距离；
如果仇敌和好友都不害你；
如果所有人都指望你，却无人全心全意；
如果你花六十秒进行短程跑，
填满那不可饶恕的一分钟——
你就可以拥有一个世界，
这个世界的一切都是你的，
更重要的是，孩子，你是个顶天立地的人。

『鉴赏指引』

拉迪亚德·吉卜林（1865—1936），英国小说家、诗人，出生于印度孟买。吉卜林一生共创作了八部诗集、四部长篇小说、二十一部短篇小说集和历史故事集，以及大量散文、随笔、游记等。他的作品简洁凝练，充满异国情调，尤其在短篇小说方面，是无与伦比的。马克·吐温曾盛赞吉卜林的作品，"我了解吉卜林的书……它们对于我从来不会变得苍白，它们保持着缤纷的色彩；它们永远是新鲜的"。由于"观察的能力、新颖的想象、雄浑的思想和杰出的叙事才能"，他于1907年获得诺贝尔文学奖，成为英国第一位获此奖的作家。

【赏析】

《如果》是英国诗人拉迪亚德·吉卜林写给12岁儿子的励志诗，曾被译成27国语言作为学习的教材，许多人，特别是青少年常以此勉励自己，激发前进动力。

芸芸众生，谁不想成功，谁不想令世人瞩目，诗人在诗中展示了成功背后，包含多少辛酸，经历多少磨难，忍受多少痛楚。有道是"天将降大任于斯人也，必先苦其心志，劳其筋骨"。"如果"我们能正视成功前的种种困难，勇于接受挑战；失败了，有何畏惧，从头再来，何愁成功不光顾你，世界不属于你呢？更重要的是，你是个顶天立地的人。

如今，拉迪亚德·吉卜林的《如果》成了迈克尔·杰克逊的墓志铭。

满江红·小住京华

（清）秋瑾

小住京华，早又是，中秋佳节。为篱下，黄花开遍，秋容如拭。四面歌残终破楚，八年风味徒思浙。苦将侬，强派作蛾眉，殊未屑！

身不得，男儿列。心却比，男儿烈！算平生肝胆，因人常热。俗子胸襟谁识我？英雄末路当磨折。莽红尘，何处觅知音？青衫湿！

『鉴赏指引』

【译文】

我在京城小住时日，转眼间就又到了中秋佳节。篱笆下面的菊花都已盛开，秋色明净，就像刚刚擦洗过一般。四面的歌声渐歇，我也终如汉之破楚，突破了家庭的牢笼，如今一个人思量着在浙江时那八年的生活况味。他们苦苦地想让我做一个贵妇人，其实，我是多么的不屑啊！

今生我虽然不能身为男子，加入他们的行列。但是我的心，要比男子的心还要刚烈。想想平日，我的一颗心，常为别人而热。那些俗人，心胸狭窄，怎么能懂我呢？英雄在无路可走的时候，难免要经受磨难挫折。在这莽莽红尘之中，哪里才能觅到知音呢？眼泪打湿了我的衣襟。

【注释】

满江红：词牌名。唐朝名《上江虹》，后改今名。

小住京华：到京不久。小住，暂时居住。京华，京城的美称，这里指北京。

秋容如拭：秋色明净，就像刚刚擦洗过一般。

四面歌残终破楚：列强逼近，中国前途危殆。此处用《史记·项羽本纪》"夜闻汉军四面皆楚歌，项王乃大惊"故事。

八年风味徒思浙：八年来空想着故乡浙江的风味。八年，作者光绪二十二年（1896）在湖南结婚，到作词时恰好八年。徒，空，徒然。

苦将侬：苦苦地让我。

蛾眉：美女的代称，这里指女子。

殊未屑：仍然不放在心上。殊，还，仍然。未，不。屑，顾惜，介意。

烈：刚正，不轻易屈服。

因人常热：为别人而屡屡激动。热，激动。

末路：路途的终点，比喻失意潦倒或没有前途的境地。

莽（mǎng）：广大。

青衫湿：失意伤心。用唐白居易《琵琶行》"座中泣下谁最多？江州司马青衫湿"诗义。青衫，唐代文官八品、九品服以青，为官职最低的服色。

【赏析】

秋瑾18岁时，嫁给湖南人王廷钧。王廷钧是一个暴发户的浮荡子弟。1898年前后王廷钧用钱捐了个户部主事的小京官，秋瑾跟随丈夫到了北京，在寓京期间她接受了新思想、新文化，并在当时的革命形势影响下，立志要挽救国家民族的危亡，要求妇女独立与解放。

这是秋瑾在1903年中秋节的述怀之作，值八国联军入侵后不久，她目睹民族危机的深重和清政府的腐败，决心献身救国事业，而其丈夫无心国事。中秋节，秋瑾与丈夫王廷均发生冲突，离家出走，寓居北京阜成门外泰顺客栈。后虽由吴芝瑛出面调解，但秋瑾下决心冲破家庭牢笼，投身革命。不久便东渡日本留学。

作者在词中写到"身不得男儿列，心却比男儿烈。"这年秋瑾三十岁，有感于民族危机，抛家别子，女扮男装，东渡日本，去追求别样的人生，去寻求民族振兴的道路。

自从精忠爱国的民族英雄岳飞首创气壮山河的《满江红》一词以来，已成为千古不朽的绝唱和杰作，历代文人志士莫不把它当做楷模，仿效学作，但大都是望尘莫及！看过古今许多人写的《满江红》，谁也没有岳飞那种气吞牛斗的英雄气概和爱国热情。只有鉴湖女侠的一首《满江红》词，颇有一些男子汉大丈夫的气魄，显示着她不甘雌伏的巾帼英雄的本色。

这是她在1903年中秋节的述怀之作，反映了她在封建婚姻家庭和旧礼教的束缚中，走向革命道路前夕的苦闷彷徨和雄心壮志的开阔胸怀。

白 梅

（元）王冕

冰雪林中著此身，不同桃李混芳尘。
忽然一夜清香发，散作乾坤万里春。

『鉴赏指引』

从诗歌大的构思技巧来看，这是一首"托物言志"之作，诗人以梅自况，借梅花的高洁来表达自己坚守情操，不与世俗同流合污的高格远志。在具体表现手法中，诗歌将混世芳尘的普通桃李与冰雪林中的白梅对比，从而衬托出梅花的素雅高洁。这首诗的主要的艺术手法是：托物言志，对比衬托。

"冰雪林中著此身"，就色而言，以"冰雪"形"此身"之"白"也；就品性而言，以"冰雪"形"此身"之坚忍耐寒也，诗人运用拟人手法，将梅树比作自己。已经表现白梅的冰清玉洁，接着就拿桃李作反衬。夭桃秾李，花中之艳，香则香矣，可惜争春太苦，未能一尘不染。"不同桃李混芳尘"的"混芳尘"，是说把芳香与尘垢混同，即"和其光，同其尘"、"和光同尘，不能为皎皎之操。"相形之下，梅花则能迥异流俗，所以"清香"二字，只能属梅，而桃李无份。

"忽然一夜清香发，散作乾坤万里春"。也许只是诗人在灯下画了一枝墨梅而已。而诗句却造成这样的意向：忽然在一夜之中，全世界的白梅齐放，清香四溢，玉宇澄清。这首诗给人以品高兼志大，绝俗而又入世的矛盾统一的感觉，这又正是王冕人格的写照。

前两句写梅花冰清玉洁，傲霜斗雪，不与众芳争艳的品格。后两句借梅喻人，写自己的志趣、理想与抱负，讴歌了为广大民众造福的英雄行为及牺牲精神。本文通过对梅花的吟咏描写，表达了诗人自己的志趣和品格。

立志·治学·明理

【名句赏读】

1. 毫无理想而又优柔寡断是一种可悲的心理。——培根

2. 古之立大事者，不唯有超世之才，亦必有坚韧不拔之志。——苏轼

3. 有很多人是用青春的幸福作成功代价的。——莫扎特

4. 穷且益坚，不坠青云之志。——王勃

5. 我不如起个磨刀石的作用，能使钢刀锋利，虽然它自己切不动什么。

——贺拉斯

6. 神圣的工作在每个人的日常事务里，理想的前途在于一点一滴做起。

——谢觉哉

7. 一个不注意小事情的人，永远不会成功大事业。——卡耐基

8. 只有满怀自信的人，才能在任何地方都怀有自信沉浸在生活中，并实现自己的意志。——高尔基

9. 少说些漂亮话，多做些日常平凡的事情……　　——列宁

10. 决定一个人的一生，以及整个命运的，只是一瞬之间。——歌德

11. 立志是事业的大门，工作是登门入室的旅途。——巴斯德

12. 伟大的事业，需要决心，能力，组织和责任感。——易卜生

13. 只有经过长时间完成其发展的艰苦工作，并长期埋头沉浸于其中的任务，方可望有所成就。——黑格尔

14. 坚强的信心，能使平凡的人做出惊人的事业。——马尔顿

15. 立志、工作、成功，是人类活动的三大要素。——巴斯德

16. 要成就一件大事业，必须从小事做起。——列宁

17. 三军可夺帅也，匹夫不可夺志也。——孔丘

18. 燕雀戏藩柴，安识鸿鹄游。——曹植

19. 一个人追求的目标越高，他的才力就发展得越快，对社会就越有益。

——高尔基

20. 大鹏一日同风起，扶摇直上九万里。——李白

21. 生活的理想，就是为了理想的生活。——张闻天

22. 理想的书籍是智慧的钥匙。——托尔斯泰

23. 所有坚韧不拔的努力迟早会取得报酬的。——安格尔

24. 贫不足羞，可羞是贫而无志。——吕坤

25. 志当存高远。——诸葛亮

26. 艺术的大道上荆棘丛生，这也是好事，常人望而却步，只有意志坚强的人例外。——雨果

27. 古今中外，凡成就事业，对人类有作为的无一不是脚踏实地、艰苦攀登的结果。——钱三强

28. 故立志者，为学之心也；为学者，立志之事也。——王阳明

29. 一个人要帮助弱者，应当自己成为强者，而不是和他们一样变成弱者。

——罗曼·罗兰

30. 凡事都要脚踏实地去作，不弛于空想，不骛于虚声，而唯以求真的态度作踏实的工夫。以此态度求学，则真理可明，以此态度做事，则功业可就。——李大钊

31. 没有伟大的愿望，就没有伟大的天才。——巴尔扎克

32. 每个人都有一定的理想，这种理想决定着他的努力和判断的方向。就在这个意义上，我从来不把安逸和快乐看做生活目的的本身——这种伦理基础，我叫它猪栏的理想。——爱因斯坦

33. 对一个人来说，所期望的不是别的，而仅仅是他能全力以赴和献身于一种美好事业。——爱因斯坦

34. 人的活动如果没有理想的鼓舞，就会变得空虚而渺小。

——车尔尼雪夫斯基

35. 一个没有受到献身的热情所鼓舞的人，永远不会做出什么伟大的事情来。

——车尔尼雪夫斯基

36. 未来是光明而美丽的，爱它吧，向它突进，为它工作，迎接它，尽可能地使它成为现实吧！——车尔尼雪夫斯基

37. 天才是由于对事业的热爱而发展起来的，简直可以说天才，就其本质来论，只不过是对事业、对工作过程的热爱而已。——高尔基

38. 人生在世，事业为重。一息尚存，绝不松劲。东风得势，时代更新，趁此机，奋勇前进。——吴玉章

39. 一切真正伟大的人物（无论是古人、今人，只要是其英名永铭于人类记忆中的），没有一个因爱情而发狂的人：因为伟大的事业抑制了这种软弱的感情。

——培根

40. 应该记住，我们的事业，需要的是手，而不是嘴。——童第周

41. 为人类的幸福而劳动，这是多么壮丽的事业，这个目的有多么伟大！

——圣西门

42. 人不经十年磨一剑的功夫，是没有精深的技艺的。不是因为这些事情难以做到我们才失去信心，是因为我们缺乏信心这些事情才难以做到。——塞涅卡

43. 不管发生什么事，都要冷静、沉着。——狄更斯

44. 在艰苦奋斗的环境中锻炼出来的文人，总比生长在温暖逸乐的环境中的人，要坚强伟大。——郁达夫

45. 无论爱什么，……只有纠缠如毒蛇，执着如怨鬼，二六时中，没有已时者有

望。——鲁迅

46. 君不见长松卧壑因风霜，时来屹立扶是堂。——陆游

47. 穷当志益坚。——欧阳修

48. 不经一番寒彻骨，怎得梅花扑鼻香。——冯梦龙

49. 伟大的事业是根源于坚韧不断的工作，以全副精神去从事，不避艰苦。

——罗素

50. 在意志面前，决无办不到的事。——约海伍德

51. 当你希望成功，当以恒心为良友。——爱迪生

52. 世上无难事，只要肯攀登。——毛泽东

53. 千仓万箱非一耕所得，干天之木非旬日所长。——葛洪

54. 精神经百炼，锋锐坚不挫。——刘过

55. 益重青春志，风霜恒不渝。——李隆基

56. 为学正如撑上船，一篙不可放缓。——朱熹

57. 应该懂得这样一个道理：要努力，努力，再努力；如果开始不成功，还要努力，努力，再努力。——威希克森

58. 物不经锻炼，终难成器；人不得切琢，终不成人。——李贽

59. 一个人的价值和评价在于心灵与意志。——蒙田

60. 坚定的前进者尽管也有停歇的时候，却勇往直前。——赫伯特

61. 生当作人杰，死亦为鬼雄，至今思项羽，不肯过江东。——李清照

62. 但愿每次回忆，对生活都不感到负疚。——郭小川

63. 生活真像这杯浓酒，不经三番五次的提炼呵，就不会这样可口！——郭小川

64. 沉沉的黑夜都是白天的前奏。——郭小川

65. 社会犹如一条船，每个人都要有掌舵的准备。——易卜生

66. 人生不是一种享乐，而是一桩十分沉重的工作。——列夫·托尔斯泰

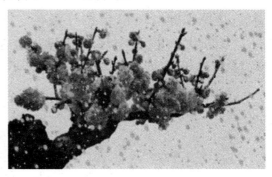

67. 人生的价值，并不是用时间，而是用深度去衡量的。——列夫·托尔斯泰

68. 生活只有在平淡无味的人看来才是空虚而平淡无味的。——车尔尼雪夫斯基

69. 一个人的价值，应该看他贡献什么，而不应当看他取得什么。——爱因斯坦

70. 芸芸众生，孰不爱生？爱生之极，进而爱群。——秋瑾

71. 充满着欢乐与斗争精神的人们，永远带着欢乐，欢迎雷霆与阳光。

——赫胥黎

72. 男儿不展风云志，空负天生八尺躯。——冯梦龙

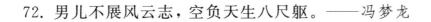

73. 为了生活中努力发挥自己的作用，热爱人生吧。——罗丹

74. 希望是附丽于存在的，有存在，便有希望，有希望，便是光明。——鲁迅

75. 光明很快就会来照耀着他。

——冯学峰

76. 君子喻于义，小人喻于利。——孔丘

77. 会当凌绝顶，一览众山小。——杜甫

78. 不戚戚于贫贱，不汲汲于富贵。

——陶渊明

79. 盛年不重来，一日难再晨。及时当勉励，岁月不待人。——陶渊明

80. 富贵不淫贫贱乐，男儿到此是豪雄。——程颢

81. 清贫，洁白朴素的生活，正是我们革命者能够战胜许多困难的地方！

——方志敏

82. 宝剑锋从磨砺出，梅花香自苦寒来。——无名

83. 老骥伏枥，志在千里；烈士暮年，壮心不已。——曹操

84. 用"分"来计算时间的人，比用"时"来计算时间的人，时间多五十九倍。

——雷巴柯夫

85. 辛勤的蜜蜂永远没有时间的悲哀。——布莱克

86. 志不强者智不达。——墨翟

87. 生活就是战斗。——柯罗连科

88. 平凡的人听从命运，只有强者才是自己的主宰。——维尼

89. 过去属于死神，未来属于你自己。——雪莱

90. 你们所多的是生力，遇见深林，可以辟成平地的，遇见旷野，可以栽种树木，遇见沙漠，可以开掘井泉的。——鲁迅

91. 大海越是布满着暗礁，越是以险恶出名，我越觉得通过重重危难去寻求不朽是一件赏心乐事。——拉美特里

一个人若是没有确定航行的目标
任何风向对他都不是顺风
——蒙田

【大家文坊】

论 毅 力

梁启超

天下古今成败之林，若是其莽然不一途也。要其何以成，何以败？曰："有毅力者成，反是者败。"盖人生历程，大抵逆境居十六七，顺境亦居十三四。而顺逆两境，又常相间以迭乘。无论事之大小，而必有数次乃至十数次之阻力。

其阻力虽或大或小，而要之必无可逃避者也。其在志力薄弱之士，始固曰吾欲云云。其意以为天下事固易易也。及骤尝焉，而阻力猝来，颓然丧矣。其次弱者，乘一时之意气，透过此第一关，遇再挫而退。稍强者，遇三四挫而退。更稍强者，遇五六挫而退。其事愈大者，其遇挫愈多，其不退也愈难。非至强之人，未有能善于其终者也。

夫苟其挫而不退矣，则小逆之后必有小顺，大逆之后必有大顺。盘根错节之既经，而遂有应刃而解之一日。旁观者徒艳羡其功之成，以为是殆幸运儿，而天有以宠彼也。又以为我蹇于遭逢，故所就不彼若也。庸讵知所谓蹇焉幸焉者，彼皆与我之所同，而其能征服此蹇焉，利用此幸焉与否，即彼成我败所由判也。更譬诸操舟，如以兼旬之期行千里之地者，其间风潮之或顺或逆，常相参伍。彼以坚苦忍耐之力，冒其逆而突过之，而后得从容以容度其顺。我则或一日而返焉，或二三日而返焉，或五六日而返焉，故彼岸终不可得达也。

孔子曰："譬如为山，未成一篑，止，吾止也。譬如平地，虽覆一篑，进，吾往也。"孟子曰："有为者譬若掘井，掘井九仞而不及泉，犹为弃井也。"成败之数，视此而已。

【译文】

天下古今成败的种种事情，是如此的情况繁多、道路不一啊。概括地研究它们为什么成功、为什么失败，是有毅力的人成功，与此相反的人失败。人生的历程，大抵逆境占十分之六七，顺境也占十分之三四，顺、逆两境又常常互相间隔、交替出现。无论事情的大小，必定有几次乃至十几次遇到阻力。

它们的阻力虽然或大或小，但总之是必定无可逃避的。那些志力薄弱的人，开始时一定说"我要怎样，我要怎样"，他们的意思是以为天下的事情本来十分容易，等到很快地尝试一下，阻力突然来了，就灰心丧气地打退堂鼓了；那些志力稍微薄弱的人，乘着一时的意气，通过了这第一关，遇到两次挫折就退后了；那些志力稍微强大的人，遇到三四次挫折就退后了；那些志力更加强大的人，遇到五六次挫折也退后了；那种事情越大的，做的人遇到的挫折越多，他没有退后是不容易的，不是志力最强的人，没有能够好好地做到底的。

如果他遇到挫折而不退后，那么在小的挫折之后，必定有小的顺利；大的挫折之后，必定有大的顺利。繁难复杂的地方已经过去了，接着就会有随着刀子下去就切断了的一天。旁观的人只是非常羡慕他的成功，以为他大概是幸运儿，天老爷有宠于他，又以为自己在遭遇上很艰难，因此所成就的事业不如他。这种人怎么知道所谓的艰难、幸运，都是他和我相同的，但那种能不能够征服艰难、利用幸运的态度，即是他成功、我失败所区别的地方。又比如驾船，如果在二十天的期间内，行驶千里的水路，其间风潮的或顺或逆，常常交相错杂。他凭借坚苦忍耐的志力，顶着逆风恶浪而突破、通过难关，然后能够从从容容进入到顺利的境地。我就有时行驶了一天即返回了，有时行驶了两三天即返回了，有时行驶了五六天即返回了，所以那边岸，终于无法达到。

孔子说："比如造山，还差一筐土，如果停止下来，那是我自己停止的；又比如填平土地，即使只倒了一筐土，如果继续去填，那是我自己去填的。"孟子说："做事的人，比如挖井，挖了七八丈深，还没有挖到井水，还是废井。"成败的规律，在此而已。

『伴读引思』

"锲而不舍，金石可镂"是《荀子·劝学篇》中的一句话，意思是鼓励人们只要有锲而不舍的毅力，持之以恒地做一件事，就一定能获得成功。梁启超在《论毅力》一文中说明了同样的道理：天下古今成败之林，若是其莽然不一途也。要其何以成，何以败？曰：有毅力者成，反是者败。他认为在一个人的人生历程中，逆境和顺境总是交替轮流出现在我们的生活中，事无巨细，都会遭遇无数次阻力，不同的人对待阻力的态度也是不同的，他们所表现出的不同的毅力，从而决定了他们的事业成功或失败。胜利的鲜花在血汗中绽放，荣誉的桂冠用荆棘编织，在事业的登攀中，只有毅力才能让我们领略无限风光。

人穷志不穷

邓　拓

一位青年学生前天来看我，谈起他有一个打算，想把明代黄姬水编的《贫士传》

选译成语体文，问我赞成不赞成。我觉得他这个想法很好，当时就表示完全赞成，希望他早日着手选择。我认为这部书如果有人精心加以选择出版，把它弄得好好的，这对于我们后一代的青少年将有很大的教育意义。

为什么古代的《贫士传》对于我们新社会的青少年会有益处呢？这中间的道理很简单。正因为我们的青少年出生于我们的革命已经取得了伟大胜利的新社会中，他们将很难了解旧社会里被压迫阶级所过的穷苦生活，他们甚至将完全不知道贫穷是怎么回事，将来他们万一遇到某种意外的穷困，恐怕会无法应付。因此，在这一方面给他们一些教育是十分必要的。

从《贫士传》中可以看到，古来许多有骨气的人，虽然在非常穷困的条件下生活，周围又有恶势力对他们进行威胁利诱，但是，他们坚定不移地表现了崇高的气节，真是像俗谚说的"人穷志不穷"，不能不叫人肃然起敬。

例如，《贫士传》中有一个故事说："披裘公者，吴人也。延陵季子出游，见路有遗金。公当夏五月，披羊裘负薪而过之。季子呼公取焉。公投镰于地，眼目拂手而言曰：子何居之高而视之下，貌之君子而言之野也。吾五月披裘而负薪，岂取遗金者哉？季子知其为贤者，请问姓字。公曰：吾子皮相之士，何足语姓字也。遂去。"

你看，这个披裘公多么有骨气啊！他虽然很穷，然而他是真正的劳动人民，依靠自己打柴过日子，决不肯去拿别人遗失的钱财。而那个季子显然是为富不仁的伪君子，他竟敢以自己肮脏的思想，去揣度披裘公，企图使披裘公跟他一起同流合污。

像延陵的这位季子之流，现在还没有完全绝迹。他们是旧社会的渣滓，满脑子是剥削阶级的思想意识，不但毫无劳动人民的气味，甚至连封建士大夫的所谓"清高"思想也没有。对于这种人，一方面固然可以耐心地加以改造，另一方面还必须给以实际的教训。当然，更重要的还在于我们大家要进一步普遍发扬人穷志不穷的积极精神。我们要像汉代伏波将军马援所说的："大丈夫为志，穷当益坚。"我们决不能堕入所谓"人穷志短"的可悲可耻的陷阱中去。

本来所谓"人穷志短"这句话，是从佛教的故事中传出来的。查宋代的著名僧人慧明，在《五灯会元》这部书中写道："或问法演：祖意教意，是同是别？演曰：人穷志短，马瘦毛长。"可见这句话最初不过是一个比喻而已。法演和尚用了这个比喻，来说明佛教的基本教义和佛祖的具体解释的相互关系，就好像人穷则志短、马瘦则毛长一样。这些比喻当然未必都很确切。至于宋代诗人陈师道的诗，虽然也用了"人穷令志短"的句子，这却完全不足以证明陈师道的真实思想。

谁都知道，陈师道本人是很有骨气的。他从小就表现了坚苦顽强的精神，勤奋力学，后来因为不满于王安石的经学理论，坚决不肯应试。苏东坡推荐他为徐州教授，后来被召为秘书省正字。《宋史》写他"高介有节，安贫乐道"，年纪不到五十岁就死了。

他是怎么死的呢？原来他平日非常贫苦，冬天没有棉衣。有一次参加郊外祭祀，刚好是冬天。他的老婆给他借了一件棉衣。他知道棉衣是从一个姓赵的家里借来的，而他又很讨厌那姓赵的，就坚决不肯穿，终至受冻而死。

我们虽然不能认为，凡是贫穷的人，就一切都好；但是，贫穷的人如果是勤劳的、正派的，而且是有骨气的，那么，这些好样的就值得我们学习。

『伴读引思』

邓拓(1912—1966)，福建闽侯(今福州市)人。杂文家、诗人。著有《燕山夜话》、《三家村杂记》《诗十四首》和《邓拓诗词选》等。

对于生活来说，苦难也许并不值得珍藏，但是坎坷的经历对于每一个人都必定是难得的财富。正是这些坎坷，让你在不断经受坎坷和不断冲破坎坷的过程中变得坚韧与顽强。而且，更多活生生的实例说明，人一生遇到的坎坷越多经历就越丰富，经历越多对待事情的处理方法也就越灵活，并让你在以后的生活中，比芸芸众生更深刻地理解生活。

敬告中国二万万女同胞

秋　瑾

唉！世界上最不平等的事，就是我们二万万女同胞了。从小生下来，遇着好老子，还说得过；遇着脾气杂冒、不讲情理的，满嘴连说："晦气，又是一个没用的。"恨不得拿起来摔死。总抱着"将来是别人家的人"这句话，冷一眼、白一眼的看待；没到几岁，也不问好歹，就把一双雪白粉嫩的天足脚，用白布缠着，连睡觉的时候，也不许放松一点，到了后来肉也烂尽了，骨也折断了，不过讨亲戚、朋友邻居们一声"某人家姑娘脚小"罢了。这还不说，到了择亲的时光，只凭着两个不要脸媒人的话，只要男家有钱有势，不问身家清白，男人的性情好坏、学问高低，就不知不觉应了。到了过门的时候，用一顶红红绿绿的花轿，坐在里面，连气也不能出。到了那边，要是遇着男人虽不怎么样，却还安分，这就算前生有福今生受了。遇着不好的，总不是说"前生作了孽"，就是说"运气不好"。要是说一二句抱怨的话，或是劝了男人几句，反了腔，就打骂俱下；别人听见还说："不贤惠，不晓得妇道呢！"诸位听听，这不是有冤没处诉么？还有一桩不公的事：男人死了，女子就要带三年孝，不许二嫁。女子死了，男人只带几根蓝辫线，有嫌难看的，连带也不带；人死还没三天，就出去偷鸡摸狗；七还未尽，新娘子早已进门了。上天生人，男女原没有分别。试问天下没有女人，就生出这些人来么？为什么这样不公道呢？那些男子，天天说"心是公的，待人是要和平的"，又为什么把女子当作非洲的一样看待，不公不平，直到这步田地呢?

诸位,你要知道天下事靠别人是不行的,总要求己为是。当初那些腐儒说什么"男尊女卑""女子无才便是德""夫为妻纲"这些胡说,我们女子要是有志气的,就应当兴师问罪;即不然,难道他捆着我的腿?我不会不缠的么?男子怕我们有知识、有学问、爬上他们的头,不准我们求学,我们难道不会和他分辩,就应了什么?这总是我们女子自己放弃责任,样样事体一见男子做了,自己就乐得偷懒,图安乐。男子说我没用,我就没用;说我不行,只要保着眼前舒服,就做奴隶也不问了。自己又看看无功受禄,恐怕行不长久,一听见男子喜欢脚小,就急急忙忙把他缠了,使男人看见喜欢,庶可以藉此吃白饭。至于不叫我们读书、习字,这更是求之不得的,有什么不赞成呢?诸位想想,天下有享现成福的么?自然是有学问、有见识、出力做事的男人得了权利,我们做他的奴隶了。既做了他的奴隶,怎么不压制呢?自作自受,又怎么怨得人呢?这些事情,提起来,我也觉得难过。诸位想想总是个中人,亦不必用我细说。

但是从此以后,我还望我们姐妹们,把从前事情,一概搁下,把以后事情,尽力作去,譬如从前死了,现在又转世为人了。老的呢,不要说"老而无用",遇见丈夫好的要开学堂,不要阻他;儿子好的,要出洋留学,不要阻他。中年做媳妇的,总不要拖着丈夫的腿,使他气短志颓,功不成、名不就;生了儿子,就要送他进学堂,女儿也是如此,千万不要替他缠足。幼年姑娘的呢,若能够进学堂更好;就不进学堂,在家里也要常看书、习字。有钱做官的呢,就要劝丈夫开学堂、兴工厂,做那些与百姓有益的事情。无钱的呢,就要帮助丈夫苦作,不要偷懒吃闲饭。这就是我的望头了。诸位晓得国是要亡的了。男人自己也不保,我们还想靠他么?我们自己要不振作,到国亡的时候,那就迟了。诸位!诸位!须不打断我的念头才好呢!

『伴读引思』

秋瑾(1875—1907),近代民主革命烈士,清末女革命家,著名演说家。她在短暂的革命生涯中,除了从事大量的宣传组织工作之外,对中国妇女解放事业也作出了卓越的贡献。秋瑾一生做过多次演讲,但现在留下的只有三篇。这篇中国妇女解放宣言是她最有代表性的作品。

秋瑾极善演讲,"其词淋漓悲壮,荡人心魄",是一位出色的演说家。她1904年在日本期间,曾与留日同志组织"演说练习会",每月开会演说一次。本篇即为她在"演说练习会"上的一篇演讲。她愤怒地控诉了封建礼教对妇女的摧残,批判了"男尊女卑""夫为妻纲"等传统观念,主张妇女同胞要振作,有志气,学文化,善谋生,以为自立之基础,鼓励妇女同胞齐奋起,与封建礼教抗争。演说通篇所谈皆为身边常见之事,娓娓道来,犹如知心姐妹唠家常,从而把妇女解放的大道理蕴含于日常生活之中,显得十分通俗易懂;且语言质朴无华,给人以亲近感。

拼搏人生

　　把人生看做是一种拼搏，是现代人的一种生活态度。现代社会是一个充满竞争的社会。所有人们所要的东西，都需要通过奋斗才能得到。现代社会又是一个充满机会的社会，有了机会，你就得去拼一拼，博一博，否则将永无出头之日。所以拼搏是现代人自我表现的一种特质，也是他们自我价值实现的过程。拼拼搏搏才成其为人生，拼拼搏搏才有人生价值。当拼搏本身成其为一种人生价值的时候，人的成功与否反而显得并不那么重要了。也就是说拼搏的意义就在其过程之中，而不在乎其结果。比如一个人拼死拼活，要独自登上珠穆朗玛峰，历经千辛万苦，登上去了也并不会得到太多的实惠，失败了也并非没有价值。日本几年前有掘江谦一先生夫妇，驾着汽艇环绕地球，从夏威夷出发，掠过南极大陆，又通过北冰洋，同恶劣的气候进行了殊死的搏斗。在波浪翻滚的茫茫大海中，掘江谦一夫人用绳索绑住了自己的身体，双手紧紧握住 8 毫米摄影机，将信天翁、海豚、夜光虫、北极星、南十字星、蔚蓝色的海洋、沉落天际的夕阳、夺目灿烂夜晚等尽情地摄入镜头。他们几次濒临绝境，但是又重获生机，最后终于完成了 6 万公里的航行，有人称之为"拼搏的航行"。

　　确实，拼搏是一种生命力的显示，人在拼搏中享受的是自己的生命，它的力量、智慧和勇气，而不是其它外在的东西。外在的东西当然也是需要的，不过它们只是生命的装饰，就像一个长跑者到达终点得到一束鲜花一样，会使生命显得风光，显得夺目。

　　现代紧张的生活，训练出了各式各样的拼搏者。除了足球、拳击、赛马、滑翔、登攀、各种特技驾车、各种吉尼斯大全的惊人纪录，还有各种试验和冒险活动。拼搏就意味着向困难挑战，向人们没有做过的事情挑战，向平庸、向规则、向安分守己知足常乐、向无为、向极限的挑战，最后，也意味着向自己的挑战。

　　除上述之外，现代社会中还有一族拼搏者，这就是"工作狂"。这在一些最发达的国家，例如美国、日本、德国，最为常见。他们无休无止地为工作而奔忙，每时每刻都在拼搏；他们把自己的生命投入一连串克服困难、再创新高的搏斗中，从中得到满足和快乐。

　　拼搏，人生的座右铭就是拼搏。

『伴读引思』

　　现代社会是一个充满竞争的社会，所有人们所要的东西，都需要通过奋斗、竞争、拼搏才能得到。所以说，拼搏是现代人的一种生活态度，也是现代人的一种特质，不拼搏将永无出头之日。拼搏的目的不全是为了一个"赢"字，而在于享受拼搏的过程，从中得到满足和快乐。

有斗志者人生不败

在祖国西部草原的一个牧场里，有很多牧民。

有一次，一个牧民的女儿拉开了牧场主的帐篷。牧场主很不高兴，狠狠地问道："你有什么事？"那女孩声清气朗地回答说："我母亲让我向你要 10 块钱。""不行，你走吧。""行。"女孩答应着，可是一点也没有离开的意思。牧场主非常生气地说："我叫你回去，你听不懂吗？再不走，我让你难看！"女孩还是应了一声"行"，但仍然原地不动地站着。

这下可真把牧场主气火了，他气急败坏地抓起羊鞭朝女孩走去。然而，那女孩脸上毫无惧色，不等牧场主走近，反而先朝着他踏前一步，凛然的眼神目不转睛地注视着凶神恶煞的牧场主，斩钉截铁地说道："我母亲说了，无论如何都要拿到 10 块钱！"

牧场主一下子愣住了，细细地端详着女孩的脸，慢慢地放下了高举的羊鞭，从口袋里拿出了 10 块钱给女孩。

因此我们可以看出，当你面对困难的时候，你应该如何处理呢？当别人对你不理解时，当你遭遇到挫折、失败时，当你感到一切都暗淡无光时，却又无法找到解决途径时，你又该怎么面对呢？

难道任随困难把你压倒吗？难道你就毫无对策，逃之夭夭吗？

面对困难你能激励斗志，把不利因素转为有利因素吗？拿破仑·希尔说："每种逆境都含有等量利益的种子。"你想想：在过去有些事情似乎有巨大的困难或不幸的经历，但它们却鼓舞着你去夺取属于你的成功和幸福。为什么呢？是你的斗志。是困难和不幸激发你的斗志，使你不但没有被打败，反而获得了更大的动力，从而取得新的成功。

在 1914 年一个冬天的晚上，大发明家爱迪生的实验室在一场大火中化为灰烬。损失超过 200 万美元。在短短的一个晚上，爱迪生一生的心血在浓烟滚滚的大火中付之一炬。在大火猛烈燃烧的时候，爱迪生的儿子在浓烟和灰烬中发疯似地寻找父亲。他看见父亲正平静地看着火中的实验室。爱迪生看见儿子就大声嚷道："查理斯，你母亲去哪里了，去，快去把她给找来，她这辈子恐怕再也见不到这样的场面了。"第二天清早，爱迪生看着一片废墟说道："灾难自有它的价值，瞧，这不，我们所有以前的错误都被大火烧得一干二净，感谢上帝，这下我们又可以从头再来了。"

火灾刚过三周，60多岁的爱迪生就开始着手推出世界上的第一部留声机。

想想，要是生命中的每一个我们所求的成功，只要付出极少的努力就可以达到预想目的的话，那我们将什么也学不到，而生命也将索然无味。

我生长在偏远贫困的农村家庭，经历过清苦的童年，饱受过学生时代的艰难，挑战过数载雪域高原的军营，在世间变化无穷、竞争激烈的商战中挣扎过。虽然我没有达到目的，但充满斗志的我更容易坚持到底，永远不会被打败，相信你也不会。只要你还有斗志就有不败的人生。

『伴读引思』

《有斗志者人生不败》这篇文章，叙写了一牧民的女儿向农场主索要10元钱和爱迪生超然对待不幸火灾的故事，告诉我们：困难和不幸可以激发人的斗志，反而让你获得更大的动力，取得新的成功；应验了"失败是成功之母"的古训，这也就是生命的乐趣所在。

人生的斗士

他不仅是现代科学界的泰山北斗，而且是一位永远战斗不息的人生斗士，他是谁？他就是史蒂芬·霍金。

记得他的一次新闻发布会上，有个女记者提出了一个让全场顿然无声的无比尖锐的问题。她说："霍金先生，难道你不为被固定在一个轮椅上面感到悲哀吗？"众所周知，霍金是个全身瘫痪的人，只有一些手指可以活动，其命运是无比悲惨的。然而，霍金很镇定自若地用手指在键盘上敲出这样一些字："我没有悲哀，我却很庆幸，因为上帝虽然把我固定在一个轮椅上，却给了我足以想象世界万物、足以激发人生斗志的能力。其实，上帝对人都是很公平的。"他的回答得到了全场最热烈的掌声。是的，他战胜了命运，战胜了自己。朋友们，你们是否已为霍金这种"日破云涛万里红"的自信力和"泰山崩前而不动"的坚强所折服？是的，人生的斗志，在他身上得到了最充分的展现，人生的斗志，在他身上得到了最完美的镶嵌。

如果说他的命运是那破旧的花架，那么因为他的坚强意志，他的命运变得繁花似锦，光彩夺目；如果说他的命运是那漆黑的夜空，那么因为他的坚强意志，他的命运变得繁星闪烁，熠熠发光；如果说他的命运是那贫瘠的土地，那么因为他的坚强意志，他的命运变得葱葱郁郁，油油翠绿。是的，他的成功，不仅仅是他非凡的科学成就，其原因中更值得称道的是他坚韧不拔的意志和对人生的无比自信，这就是一个时代的伟人，人生的斗士。先来想想他的成就，他凭借自己的智慧和艰辛，写出了著名的《时间简史》，推动了科学界的飞速发展，为世界做出了巨大的贡献。同时他也被尊称为与英国的牛顿和德国的爱因斯坦并列的世界大科学家之一。他足以攀上当今科学金字塔的顶峰，成为一颗最耀眼的北斗星。

我们在惊叹他在事业上的非凡成就的同时，也不免会感叹他命运的不幸和他意志的无比坚韧。在他身上，不仅闪烁着智者无比的光彩，更散发出一种斗士所特有的韧性，他是精神睿智的结晶，是人格力量的聚集。他，人生的斗士。

也许，在我们的人生道路中我们会遇到这样或那样的挫折，但我们要坚信，命运由自己掌握，让我们怀着刘禹锡"直乎天上争春回"的豁达，拍拍我们身上的灰尘，继续我们的人生旅程，去追求我们的理想吧！霍金，他就是火，点亮了我们前进的灯；霍金，他就是灯，照亮了我们前进的道路。

『伴读引思』

面对霍金，我们唯一拥有的情感就是崇敬！面对霍金，我们唯一能找到一点退缩或放弃的理由也变得苍白无力。所以面对霍金，我们唯一能选择的也就只剩下"前进！"阅读霍金，我们无数次的感动，无数次地从他的身上获得力量，从他的成就里获得智慧，从他的智慧获得人类的光明、生活的真谛。所以请千万不要轻易对自己说不可能，只要有一颗火一般的心，只要有一种理想、一盏灯，我们就能策马扬鞭，永远向前！

要为自由而战斗

（美国）卓别林

遗憾得很，我并不想当皇帝，那不是我干的行当。我既不想统治任何人，也不想征服任何人。如果可能的话，我倒想帮助任何人不论是犹太人还是基督徒，是黑种人还是白种人。

我们都要互相帮助，做人就应当如此。我们要把幸福建筑在别人的幸福上，而不是建筑在别人的痛苦上。我们不要互相仇恨，互相鄙视。这个世界上有足够的地方让人生活。大地是富饶的，是可以使每一个人都丰衣足食的。

生活的道路可以是自由的、美丽的，只可惜我们迷失了方向。贪婪毒化了人的灵魂，在全世界筑起仇恨的壁垒，强迫我们踏着正步走向苦难，进行屠杀。我们发展了速度，但是我们隔离了自己；机器应当是创造财富的，但它们反而给我们带来了穷困；我们有了知识，反而看破了一切；我们学得聪明乖巧了，反而变得冷酷无情。我们头脑用得太多了，感情用得太少了。我们更需要的不是机器，而是人性；我们更需要的不是聪明乖巧，而是仁慈、温情。缺少了这些东西，人生就会变得凶暴，一切也都完了。

飞机和无线电缩短了我们之间的距离。这些东西的性质，本身就是为了发挥人类的优良品质，要求全世界的人彼此相爱，要求我们大家互相团结。

现在世界上就有千百万人听到我的声音——千百万失望的男人、女人、小孩——他们都是一个制度下的受害者，这个制度使人受尽折磨，把无辜者投进监狱。我要向那些听得见我谈话的人说："不要绝望呀！"我们现在受到苦难，这只是因为那些害怕人类进步的人在即将消逝之前发泄他们的怨毒，满足他们的贪婪。这些人的仇恨会消失的，独裁者会死亡的，他们从人民那里夺去的权力会重新回到人民手中的。只要我们不怕死，自由是永远不会消失的。

战士们，你们别去为那些野兽们卖命啊——他们鄙视你们——奴役你们——统治你们——吩咐你们应当做什么，应当想什么，应当具有什么样的感情！他们强迫你们去操练——限定你们的伙食——把你们当牲口，用你们当炮灰。你们别去受这些丧失了理性的人摆布了——他们都是一伙机器人，长的是机器人的脑袋，有的是机器人的心肝。可是你们不是机器！你们是人！你们心里有着人的爱！不要仇恨哪！只有那些得不到爱的人才仇恨别人——只有那些丧失了理性的人才仇恨别人！

战士们！不要为奴役而战斗！要为自由而战斗！《路迦福音》第十七章里写着：神的国就在人的心里（在你们的心里）——不是在一个人或一群人的心里，而是在所有人的心里！在你们的心里！你们人民有力量——有创造机器的力量，有创造幸福的力量！你们人民有力量建立起自由美好的生活——使生活更有意义。那么，为了民主，就让我们使出力量来吧，就让我们团结在一起吧！就让我们进行战斗，建设一个新的世界——一个美好的世界。它将使每一个人都有机会，它将使青年人都有光明的前途，老年人都有安定的生活。

那些野兽也就是用这些诺言窃取了权力。但是他们是说谎！他们从来不去履行他们的诺言。他们永远不会履行他们的诺言！独裁者自己享有幸福，但是他们使人民沦为奴隶。现在就让我们进行斗争，为了解放全世界，为了消除国家的弊政，为了消除贪婪、仇恨、顽固，让我们进行斗争，为了建立一个理智的世界——在那个世界上，科学与进步将使我们所有的人获得幸福。战士们，为了民主，让我们团结在一起！

哈娜，你听见我在说什么吗？不管你在哪里，你抬起头来看哪！抬起头来看哪，哈娜，乌云正在消散，阳光照射进来！我们正在离开黑暗，进入光明！我们正在进入一个新的世界——一个更可爱的世界。那里的人将克服他们的贪婪、他们的仇恨、他们的残忍。抬起头来看哪，哈娜。人的灵魂已长了翅膀，他们终于要振翅飞翔了。他们飞到了霓虹里——飞到了希望的光影里。抬起头来看呀，哈娜！抬起头来看呀！

立志·治学·明理

『伴读引思』

　　《要为自由而战斗》是作者为电影《大独裁者》写的演讲词。演讲稿也同其它文章一样，须有一定深度，并蕴含相当的思想内容，才能吸引人，使人受益。而要达到这一点，就须善用转折。这篇演讲的论点是：要把幸福建立在别人的幸福上，而不是建立在别人的痛苦上。作者在从反面去论证观点时发出一段精彩的议论："我们发展了速度，但是我们隔离了自己；机器应当是创造财富的，但它们反而给我们带来了贫困……，"把人类异化现象揭露得淋漓尽致，给人以深刻的印象，这都与这段议论的善用转折分不开，清朝人但明轮说："文忌直，转则健；文忌腐，转则新；文忌平，转则峭；文忌窘，转则宽；文忌散，转则紧；文忌浅，转则深；文忌涩，转则畅；文忌闷，转则醒。求转笔，于此文，思过半矣。"细读这篇讲演，当于此有所得。

立 志 成 才

　　要使自己成人、成才、成功，主要应从立志、勤奋、惜时三方面努力。

　　一要立志。就是要有志气，有志向，有雄心壮志。立志是成才的动力。"志不立，天下无可成之事"。立志，是一个人的奋斗目标，以及实现这一目标的决心和意志。高尔基说："一个人追求的目标越高，他的才力就发展得越快，对社会越有益"。热爱是最好的老师，立志是成功的起点。即使你是一个智力超常的人，如果没有志向，必然是一个平平庸庸、无所作为的人；"男儿不展风云志，空负天生八尺躯"。只有当你立下远大的志向时，才能摆脱平庸的生活，在成才的道路上奋勇前进。

　　二要勤奋。就是勤奋学习，勤奋工作，勤奋思考。勤奋，是成才的源泉。凡是有成就的科学家、杰出人才，成功的秘诀主要靠两个字：勤奋。在前进的道路上，有鲜花盛开的大道，也有布满荆棘、陷阱的泥潭。困难、曲折、厄运可能会接踵而来，经常纠缠身旁。只有靠勤奋、靠奋斗去战胜它。要知道，困难、曲折是人生之师，逆境、厄运是最好的大学。只要勤奋努力，自强不息，就能战胜困难，夺取胜利。固然人的智商和天赋是有差别的，但这并不是能否成才

的决定因素，成才的决定因素是艰苦的劳动。读书、学习是十分艰苦的事情。特别是自己不喜爱的学科和课程，学起来更吃力，这就要有顽强的毅力，战胜困难的坚强意志。知识在于积累，只要勤奋，只要下功夫，坚持不懈，总会有收获。

　　三要惜时，就是珍惜时间，爱惜时间。惜时，是成才的保障。无论智力高低，也

无论职务高低，每个人拥有同样的时间：一天 24 小时。时间对于每个人都是平等的、公正无私的，它不会给任何人多一秒或少一秒。但是，谁珍惜时间，就会留下丰硕的果实，谁浪费时间，留下的只能是两手空空。时间具有不可替代性、不可贮存性、不可复返性，必须抓住它，并好好利用它。正如陶渊明诗云："盛年不重来，一日难再晨。及时当勉励，岁月不待人。"人们常常在谈论什么东西最宝贵、最有价值，什么人最聪明、最有才干。我认为世界上最宝贵、最有价值的是时间，最珍惜时间的人是世界上最聪明的人，最善于管理时间、驾驭时间的人是最有才干的人。人有三种才能：发挥知识的才能，组织工作的才能，驾驭时间的才能。要成才，必须善于管理和驾驭时间，即合理分配时间，严格限制时间，把握高效时间，立体利用时间。

『伴读引思』

立志是成才的前提，正所谓"志不立，天下无可成之事"。但立了志，并不一定就能成才，还必须向着目标去努力、去奋斗。所以说，一个人要想成才：首先要有志向、目标，其次是抓紧时间努力奋斗。只有这样才会"皇天不负苦心人""百二秦关终属楚"。

同学们，大家学习了《立志篇》有何体会和感悟，请谈谈！

【灵感存档】

劝 学 篇

夫学须志也，才须学也，非学无以成才，非志无以成学。

——三国·诸葛亮《诫子书》

【思贤读吧】

陶渊明劝学的故事

我国晋代大诗人陶渊明，辞去彭泽令退居田园后过着自耕自种饮酒赋诗的恬淡的生活。

相传，一天，有个少年前来向他求教，说："陶先生，我十分敬佩你渊博的学识，很想知道你少年时读书的妙法，敬请传授，晚辈不胜感激。"

陶渊明听后，大笑道："天下哪有学习妙法？只有笨法，全靠下苦功夫，勤学则进，辍学则退！"

陶渊明见少年并不懂他的意思，便拉着他的手来到种的稻田旁，指着一根苗说："你蹲在这儿，仔细看看，告诉我它是否在长高？"那少年尊嘱注视了很久，仍不见禾苗往上长，便站起来对陶渊明说："没见长啊！"

陶渊明反问道："真的没见长吗？那么，矮小的禾苗是怎样变得这么高的呢？"

陶渊明见少年低头不语，便进一步引导说："其实，它时刻都在生长，只是我们肉眼看不到罢了。读书学习，也是一样的道理，知识是一点一滴积累的，有时连自己也不易觉察到，但只要勤学不辍，就会积少成多。"

接着，陶渊明又指着溪边的一块磨刀石问少年："那块磨刀石为何像马鞍一样的凹面呢？""那是磨成这样的。"少年随口答道。

"那它究竟是哪一天磨成这样的呢？"少年摇摇头。

陶渊明说："这是我们大家天天在上面磨刀，磨镰，日积月累，年复一年，才成为这样的，学习也是如此。如果不坚持读书，每天都会有所亏欠啊！"

少年恍然大悟，连忙再向陶渊明行了个大礼说："多谢先生指教，学生再也不去求什么妙法了。请先生为我留几句话，我当时时刻刻记在心上。"

陶渊明欣然命笔，写道："勤学如春起之苗，不见其增，日有所长；辍学如磨刀之石，不见其损，日有所亏。"学习一旦间断停止，所学知识就会在不知不觉中慢慢丢掉。

陶渊明劝学蕴含着智慧。每个孩子的成长也是如此，有的如春起之苗，日有所长；有的如磨刀之石，日有所亏。今天的一切都是昨天的结果，而所有的今天又将改写明天，孩子的成长更是如此。

鲁迅喝茶吃辣椒读书

鲁迅原名周树人，出生在浙江绍兴，从小就聪明，读书过目不忘，可仍然非常刻苦。

有一年，鲁迅离家在苏州读书，到了冬天，外面下雪，天气异常寒冷，可鲁迅还想继续读书，可实在太冷，没有办法。这时，他想到了古人头悬梁锥刺骨的故事。

第二天，鲁迅想到辣椒驱寒，茶叶提神，就卖掉了上学期学校颁发的金质奖章，去买了茶叶和红辣椒。

到了晚上，鲁迅在屋里生起了煤火，烧了热水，泡上茶。困了就喝茶，冷了就吃个辣椒，就这样一直读书到深夜。

如此的艰苦阅读，鲁迅终于以第一名的成绩取得了国家外派留学生资格。

这一段艰苦读书的经历，为鲁迅日后的伟大成就打下坚实基础。

立志·治学·明理

高尔基艰苦读书岁月

高尔基童年时家里穷，不得不去打工，帮一户人家做长工。他经常利用空余时间读书，可有时候读书太入迷，被人发现，受了不少苦。

有一次，高尔基一边烧开水一边读书，水壶的水都烧干了，高尔基都没发觉，最后水壶被烧出了一个大窟窿。

女主人非常生气，抄起一根大木棍，劈头盖脸往高尔基身上打，边打边骂，把高尔基打得遍体鳞伤，以至不得不请医生来看。高尔基身上青一块，紫一块，有的地方都渗出了血，木刺都扎进肉里去了。医生从他的背上拔出了四十二根木刺，并非常愤怒地鼓动高尔基去告发。

女主人这时害怕了，她生怕高尔基去告她虐待罪。马上换了一副可怜的面孔说："孩子！只要你不去告发我，你提什么条件我都答应。"

"你说话算数？"

"是的。"女主人无可奈何地说。

"只要你允许我在干完活后可以读书，我就不去告发你。"

女主人极不情愿地答应了。这样，高尔基因祸得福，以皮肉受苦的代价，换来了多余时间读书的权利。

断织劝学的故事

　　孟子是战国时期儒家代表人物，姓孟名轲，由于学识渊博，道德高尚，被后世誉为"亚圣"。孟子之所以能够取得这么高的地位，与他幼年所受的教育有关。孟子年幼时，他的母亲非常注重对他的教育。有一次，孟子由于贪玩而没有上学，他母亲知道后，非常生气，当即拿起剪刀，割断正在织布的织线。孟子孝敬母亲，看到母亲如此生气，既害怕又难过。孟母看到儿子有悔改之意，就语重心长地对儿子说："你废弃学业像我剪断布线，一个人要专心读书，才会有知识，如果现在不用功读书，将来就一事无成。"从此以后，孟子发奋苦读，终于成为大学者。

　　【典故】　远寻师，一年来归，妻跪问其故，羊子曰："久行怀思，无它异也。"妻乃引刀趋机而言曰："……，今若断斯织也，则损失成功，……，若中道而归，何异断斯织乎?"《后汉书·乐羊子妻传》

　　【释义】　原指东汉时乐羊子妻借切断织机上的线，来讽喻丈夫不可中途废学。后比喻劝勉学习。

　　【启示】　学习就跟织布一样，布断了再也接不起来了。学习时不用功，不能温故知新，就永远也学不到本领。

陆羽弃佛从文

　　唐朝著名学者陆羽，从小是个孤儿，被智积禅师抚养长大。陆羽虽身在庙中，却不愿终日诵经念佛，而是喜欢吟读诗书。陆羽执意下山求学，遭到了禅师的反对。禅师为了给陆羽出难题，同时也是为了更好地教育他，便叫他学习冲茶。在钻研茶

艺的过程中，陆羽碰到了一位好心的老婆婆，不仅学会了复杂的冲茶的技巧，更学会了不少读书和做人的道理。当陆羽最终将一杯热气腾腾的苦丁茶端到禅师面前时，禅师终于答应了他下山读书的要求。后来，陆羽撰写了广为流传的《茶经》，把祖国的茶艺文化发扬光大!

少年包拯学断案

包拯

包拯包青天，自幼聪颖，勤学好问，尤喜推理断案，其家父与知县交往密切，包拯从小耳濡目染，学会了不少的断案知识，尤其在焚庙杀僧一案中，包拯根据现场的蛛丝马迹，剥茧抽丝，排查出犯罪嫌疑人后，又假扮阎王，审清事实真相，协助知县缉拿凶手，为民除害。他努力学习律法刑理知识，为长大以后断案如神，为民申冤，打下了深厚的知识基础。

万斯同闭门苦读

清朝初期的著名学者、史学家万斯同参与编撰了我国重要史书《二十四史》。但万斯同小的时候也是一个顽皮的孩子。万斯同由于贪玩，在宾客们面前丢了面子，从而遭到了宾客们的批评。万斯同恼怒之下，掀翻了宾客们的桌子，被父亲关到了书屋里。万斯同从生气、厌恶读书，到闭门思过，并从《茶经》中受到启发，开始用心读书。转眼一年多过去了，万斯同在书屋中读了很多书，父亲原谅了儿子，而万斯同也明白了父亲的良苦用心。万斯同经过长期的勤学苦读，终于成为一位通晓历史博览群书的著名学者，并参与了《二十四史》之《明史》的编修工作。

唐伯虎潜心学画

唐伯虎是明朝著名的画家和文学家，小的时候在画画方面显示了超人的才华。唐伯虎拜师，拜在大画家沈周门下，学习自然更加刻苦勤奋，掌握绘画技艺很快，深受沈周的称赞。不料，由于沈周的称赞，这使一向谦虚的唐伯虎也渐渐地产生了自满的情绪，沈周看在眼中，记在心里，一次吃饭，沈周让唐伯虎去开窗户，唐伯虎发现自己手下的窗户竟是老师沈周的一幅画，唐伯虎非常惭愧，从此潜心学画。

匡衡凿壁偷光的故事

匡衡字稚圭，勤学而无烛，邻居有烛而不逮。衡乃穿壁引其光，发书映光而读之。邑人大姓文不识，家富多书，衡乃与其佣作而不求偿。主人怪问衡，衡曰："愿得主人书遍读之。"主人感叹，资给以书，遂成大学。

【译文】 匡衡勤奋好学，但家中没有蜡烛照明。邻家有灯烛，但光亮照不到他家，匡衡就把墙壁凿了一个洞引来邻家的光亮，让光亮照在书上来读。同乡有个大户人家叫文不识的，是个有钱的人，家中有很多书。匡衡就到他家去做雇工，又不要报酬。主人感到很奇怪，问他为什么这样，他说："我希望能得到你家的书，通读一遍。"主人听了，深为感叹，就把书借给他读。于是匡衡成了大学问家。

【启示】 匡衡是西汉时期特别有学问的人，小的时候家境贫寒，为了读书，他凿通了邻居文不识家的墙，借着偷来一缕烛光读书，终于感动了邻居文不识，在大家的帮助下，小匡衡学有所成。在汉元帝的时候，由大司马、车骑将军史高推荐，匡衡被封郎中，迁博士。

从凿壁借光的事例可看出：外因（环境和条件）并不是决定性的因素，匡衡在极其艰难的条件下，通过自己的努力学习，终于一举成名。这就说明内因才是事物发展、变化的根据和第一位的原因，外因只是影响事物变化的条件，它必须通过内因才能起作用。

头悬梁锥刺股的故事

头悬梁的故事讲的是孙敬。孙敬是汉朝信都（今冀州市）人。他年少好学，博闻强记，而且嗜书如命。晚上看书学习常常通宵达旦。邻里们都称他为"闭户先生"。

孙敬读书时，随时记笔记，常常一直看到后半夜，时间长了，有时不免打起瞌睡来。一觉醒来，又懊悔不已。有一天，他抬头苦思的时候，目光停留在房梁上，顿时眼睛一亮。随即找来一根绳子，绳子的一头拴在房梁上，下边这头就跟自己的头发拴在一地卢。这样，每当他累了困了想打瞌睡时，只要头一低，绳子就会猛地拽一下他的头发，一疼就会惊醒而赶走睡意。从这以后，他每天晚上读书时，都用这种方

劝 学 篇

法，发奋苦读。

年复一年地刻苦学习，使孙敬饱读诗书，博学多才，成为一名通晓古今的大学问家，在当时江淮以北颇有名气，常有不远千里的学子，负笈担书来向他求学解疑、讨论学问。

锥刺股的故事讲的是苏秦。苏秦，战国时期东周洛阳乘轩里人，字季子。苏秦是洛阳人，虽然出身寒门，却怀有一番大志。他跟随鬼谷子学习游说术多年后，看到自己的同窗庞涓、孙膑等都相继下山求取功名，于是也和张仪告别老师下山。张仪去了魏国，而苏秦在列国游历了好几年，但一事无成，只得狼狈地回到家里。

苏秦回到家中，他的哥哥、嫂子、弟弟、妹妹、妻子都讥笑他不务正业，只知道搬弄口舌。

苏秦听了这些嘲笑他的话，心里感到十分惭愧，但他一直想游说天下，谋取功名，于是请求母亲变卖家产，然后再去周游列国。苏秦的母亲劝阻说："你不像咱当地人种庄稼去养家口，怎么竟想出去耍嘴皮子求富贵呢？那不是把实实在在的工作扔掉，去追求根本没有希望的东西吗？如果到头来你生计没有着落，不后悔么？"苏秦的哥哥、嫂嫂们更是嘲笑他死心不改。苏秦知道自己这么多年来很对不起家人，既惭愧，又伤心，不觉泪如雨下。但苏秦扬名天下的雄心壮志仍然不改，于是闭门不出，取出师父临下山时赠送给他的礼物——姜子牙的《阴符》，昼夜伏案攻读起来。

苏秦经常自勉说："读书人已经决定走读书求取功名这条路，如果不能凭所学知识获取高贵荣耀的地位，读得再多又有什么用呢！"想到这些，苏秦更加忘我地学习起来。为了抓紧时间学习，苏秦还想出了一个好办法。他读书到夜深的时候，如果觉得自己困了，就拿锥子刺自己的大腿，这样就能保持清醒。

这就是成语头悬梁锥刺股的故事。

车胤囊萤照读

车胤，字武子，晋代南平（今湖北省公安市）人，从小家里一贫如洗，吃饭都吃不饱，他的父母总是先说吃饱了，就是想让他多吃点，可是他只要听到父母说吃饱了，自己也说吃饱了，还说要趁着天亮多看书。他看家里的羊儿总是吃青草，自己也去尝尝，哪知道会那么难吃。

有一次快过年了，母亲说家里没有钱，就是苦了大的也不能苦了小的，也应该给孩子添新衣服。可是那时候正值雨季，又要修房子，母亲就说拿家里的旧衣服去当，可是还是不够，于是他们决定把家里的羊卖了。到了晚上，父亲回来了，羊卖不出好价钱，就换了些纱线回来，灯烛快灭了，母亲就让车胤早点睡觉。车胤想着天要是不黑就好了，这样他就可以多读书了，这会他看到了很多萤火虫，想着萤火虫那么亮把它们聚在一起，光亮亮的晚上就可以看书了，他想到这里就非常高兴，并抓了只萤火虫到屋里试试，果然很亮，可是没有东西装萤火虫，萤火虫一下就飞了。母亲为了让车胤早点睡觉，就说第二天早上带他去市场上看看有没有可以装萤火虫的东西，这下车胤就听话的睡觉去了。

第二天车胤母亲来到市场，母亲说买一些灯油或者肉，可是车胤坚持要等到过年买书，母亲不答应。突然车胤看到卖羊肉的，就要买羊锥头，母亲问他买来干什么，他就说买来装萤火虫，母亲拗不过车胤，就买下了。晚上车胤将萤火虫抓来放进羊锥头里，这样他就可以在夜里看书了，车胤非常高兴。可是萤火虫一下就死了，车胤哭了起来，母亲就安慰他说晚上再抓一些回来。

这时候父亲带回了一些绿豆，看见车胤在哭，就问怎么回事，母亲就将萤火虫的事告诉了他。在他们吃豆羹的时候，车胤看见豆子没有豆皮，就问母亲怎么回事。母亲说是用透气的纱布将煮熟的绿豆裹住将豆皮过滤了。于是车胤就想出用纱布来裹萤火虫，他问母亲家里还有没有纱布，母亲说没有了，要他早点睡觉。他趁着父母睡觉的时候跑到母亲的织布房里找纱布，没有灯看不清楚，他见了纱布就剪，将母亲替别人刚刚纺出的白纱布也剪了。第二天早上父亲看到了满地剪的纱布，就把车胤大骂了一顿，母亲看了就告诉父亲车胤这样做是为了能裹住萤火虫，不让萤火虫死自己又可以多看书，母亲觉得作为父母应该支持他。父亲知道错了就向车胤道歉，当天父亲还帮车胤抓了很多萤火虫。

就这样，车胤多年一直坚持勤奋读书，长大后由于知识渊博，才华横溢，终于闻名于世，受到朝廷的重用。

司马光警枕励志

司马光是个贪玩贪睡的孩子，为此他没少受先生的责罚和同伴的嘲笑，在先生

的谆谆教诲下，他决心改掉贪睡的坏毛病，为了早早起床，他睡觉前喝了满满一肚子水，结果早上没有被憋醒，却尿了床，于是聪明的司马光用园木头做了一个警枕，早上一翻身，头滑落在床板上，自然惊醒，从此他天天早早地起床读书，坚持不懈，终于成为了一个学识渊博的，写出了《资治通鉴》的大文豪。

厉归真学画虎

五代画虎名家厉归真从小喜欢画画，尤其喜欢画虎，但是由于没有见过真的老虎，总把老虎画成病猫，于是他决心进入深山老林，探访真的老虎，经历了千辛万苦，在猎户伯伯的帮助下，终于见到了真的老虎，通过大量的写生临摹，他的画虎技法突飞猛进，笔下的老虎栩栩如生，几可乱真。从此以后，他又用大半生的时间游历了许多名山大川，见识了更多的飞禽猛兽，终于成为一代绘画大师。

沈括上山看桃花

　　沈括是我国北宋时期著名的科学家。他从小就喜欢学习，喜欢思考。

　　有一次，他读白居易的诗。当读到"人间四月芳菲尽，山寺桃花始盛开"时，他感到不可理解：为什么我们这里花都谢了，山上的桃花才刚刚开呢？为了解开这个谜团，沈括约了几个小伙伴上山实地考察一番。四月的山上，乍暖还寒，凉风袭来，冻得人瑟瑟发抖，沈括茅塞顿开，原来山上的温度比山下要低很多，因此花季比山下来得晚呀。沈括几经寻找后，终于发现了几处桃林，满树的桃花开得正艳。

　　原来山上的温度比山下要低，因此花期才比山下来得迟。正是凭着这种求索精神，沈括后来写出了我国古代著名

的百科全书——《梦溪笔谈》。

沈括为了解开疑惑，毅然决定实地考察，正是凭着这种认真求索的精神，他不仅得到了正确的答案，并且后来成了北宋时著名的科学家。我们在学习中一样会遇到许多不明白的地方，应该像沈括那样认真执著，付诸实践，才能彻底地解开迷惑，掌握更多的科学文化知识。

士别三日，即更刮目相待

吕蒙是三国时期吴国擒杀关羽的武将，此人文韬武略均令人赞叹。《三国志》中有他的传记。裴松之在对其传作注时，援引了《江表传》，内有吕蒙通过读史增长才干的记述。当时鲁肃对吕蒙才学的变化很是惊奇，说了一些赞美的话，吕蒙则以"士别三日，即更刮目相待"回答了鲁肃，反映了吕蒙通过学习、读书，特别是通过读史书对自己能力的更加自信。

吕蒙本是一介武夫，自幼随其姐夫邓当征战，打仗勇猛。他性情暴烈，有一人因说他年幼不中用，不过是敌人宰杀的对象而被他怒杀。以后，他在战场上多次立

功，受到孙策、孙权的重用。有一次，孙权劝吕蒙和另一大将蒋钦要多读书，说："卿今并当涂掌事，宜学问以自开益"。吕蒙回答说："在军中常苦多务，恐不容复读书"。就是说，整日忙于军务，哪有时间读书？可是孙权却说："孤岂欲卿治经为博士邪？但当令涉猎见往事耳。卿言多务孰若孤，孤少时历《诗》、《书》、《礼记》、《左传》、《国语》，惟不读《易》。至统事以来，省三史、诸家兵书，自以为大有所益。如卿二人，意性朗悟，学必得之，宁当不为乎？宜急读《孙子》、《六韬》、《左传》、《国语》及三史。"意思是说，你们再忙难道比我忙吗？我让你们读书不是让你们都成为博士，只是希望你们增长历史知识，开阔视野。孙权还用孔子的话教导他们，说："孔子言'终日不食，终夜不寝，以思，无益，不如学也'"；以光武帝刘秀和当世的曹操为例对他们进行勉励："光武当兵马之务，手不释卷；孟德亦自谓老而好学。"从此以后，吕蒙开始努力学习，史书说"笃志不倦，其所览见，旧儒不胜"。这是说，他读了很多书，有些老儒还不如他。周瑜死后，鲁肃接替周瑜的位置。鲁肃每次路过吕蒙的营地，总要与吕蒙一起讨论军国大事，常被吕蒙的见识所折服。鲁肃拍着吕蒙的背膀说："吾谓大弟但有武略耳，至于今者，学识渊博，非复吴下阿蒙"。吕蒙说："士别三日，即更刮目相待"。从这一历史故事中，我们可以看出，"半路出家"发奋

读书，也可以增长人们的工作才干和政治智慧，对提高自身素质亦大有帮助。

师 旷 劝 学

春秋时代，晋国的国君平公，有一天对一个名叫师旷的著名乐师说："我已经70岁的人了，再想学习恐怕太晚了吧？"

师旷是个聪明人，他故意问："晚了？那为什么不赶快把蜡烛点起来？"

晋平公认为师旷很不礼貌，生气地说："我跟你讲正经事，你怎么能开玩笑？"

师旷就认真地对他说："我听人家说过，少年时期就刻苦好学的人，好像早晨的太阳，前途无量；壮年时期开始刻苦学习的人，好像是烈日当空，虽然只有半天，可是锐气正盛；老年时期才开始刻苦学习的人，好像是蜡烛的光，虽然远远比不上太阳，但是比在黑暗中瞎碰乱撞，可要好上多少倍啊！"

晋平公听了，连连点头称是。

【启示】

俗话说，有志不在年高，活到老，学到老。只要心中有想法，对自己有信心，经过不懈的努力，就一定会有收获。年纪与成功是无关的。

立志·治学·明理

【风雅诗斋】

劝 学 诗

（唐）颜真卿

三更灯火五更鸡，正是男儿读书时。
黑发不知勤学早，白首方悔读书迟。

【注释】

（1）三更灯火：三更半夜，很晚了。

（2）五更鸡：天快亮时，鸡啼叫。

（3）黑发：年少时期，指少年。

（4）白首：人老了，指老人。

颜真卿（709—784），字清臣，汉族，唐京兆万年（今陕西西安）人，祖籍唐琅琊临沂（今山东临沂），唐代中期杰出书法家。他创立的"颜体"楷书与赵孟頫、柳公权、欧阳询并称"楷书四大家"。

『鉴赏指引』

《劝学诗》是唐朝诗人颜真卿所写的一首古诗。劝勉青少年要珍惜少壮年华，少年时代要知道发愤苦读，勤奋学习，有所作为，否则，等到老了再想读书就迟了，后悔已晚，应该珍惜时光。使孩子初步理解人生短暂，从而提高学习的积极性。诗歌以短短的28个字便揭示了这个深刻的道理，达到了催人奋进的效果。

冬夜读书示子聿

（南宋）陆游

古人学问无遗力，

少壮工夫老始成。

纸上得来终觉浅，

绝知此事要躬行。

【注释】

（1）示：训示、指示。

（2）子聿（yù）：陆游的小儿子。

（3）学问：指读书学习，有做学问的意思。

（4）遗：保留无遗力：用出全部力量，没有一点
保留，不遗余力、竭尽全力。

（5）少壮：青少年时代。

（6）工夫：（做事）所耗费的时间。

（7）始：才。

（8）终：到底，毕竟。

（9）行：实践。

（10）躬行：亲身实践。

『鉴赏指引』

在这首诗里，诗人一方面强调了做学问要坚持
不懈，早下功夫，免得"少壮不努力，老大徒伤悲"，将来一事无成，后悔莫及。另一
方面，特别强调了做学问的功夫要下在"哪里"，这也是做学问的诀窍，那就是不能
满足于字面上的明白，而要躬行实践，在实践中加深理解。只有这样才能把书本上
的知识变成自己的实际本领。诗人在书本与实践的关系上，强调了实践的重要，这
符合唯物认识论的观点。作者的这种见解，不仅在封建社会对人们做学问、求知识
是很宝贵的经验之谈，就是对今天的人们也是很有启迪作用的，是非常有价值的见
解。这首诗以思想和哲理取胜，使我们在理性的思辨中，得到教益。

励 学 篇

（宋）赵恒

富家不用买良田，书中自有千钟粟。

安居不用架高楼，书中自有黄金屋。

娶妻莫恨无良媒，书中自有颜如玉。

出门莫恨无人随，书中车马多如簇。

男儿欲遂平生志，五经勤向窗前读。

「鉴赏指引」

　　诗文的字面意思也十分浅白，不难理解。人生在世，追求的无非是保温饱的粮食、成富贵的金钱、续姻缘的红粉佳人、显身份的车马随从。在中国的传统文化中，重教的风气之下，这些自然可以通过读书获得功名之后来实现。人们单单提出其中的两句具有代表性的物质——黄金、红颜，来表明读书的重要和功效。只要是将书读好了，或者是读好书，无论是金钱还是美女都会有的，都可以得到。因此，多少后生都是在这种价值观的影响下"五经勤向窗前读"。因此也就形成了我们今天的一大景观"千军万马挤在高考的独木桥上"。

　　此诗常常被人们拿来鼓励人们读书。功利名誉成为读书的极大动力，好比"兴奋剂"。读书当然不排斥功利性，但是，君子求学读书，目的是"正己"，再有能力则可以去"正人"，这就是"政者，正也"的意思，是中国文化中"政治"的意思。如果自己能做到"正心"、"诚意"了，那么，人生的目标也就不会是追求"金屋美女"了。

　　本文以诗的形式勉人读书，尽管诗中有过分追求荣华富贵、功名利禄之嫌，但其生动形象的比喻千百年来久传不衰。

弟 子 规

（清）贾存仁

总　　叙

弟子规　圣人训　首孝弟　次谨信　泛爱众　而亲仁　有余力　则学文

入 则 孝

父母呼	应勿缓	父母命	行勿懒	父母教	须敬听	父母责	须顺承
冬则温	夏则清	晨则省	昏则定	出必告	反必面	居有常	业无变
事虽小	勿擅为	苟擅为	子道亏	物虽小	勿私藏	苟私藏	亲心伤
亲所好	力为具	亲所恶	谨为去	身有伤	贻亲忧	德有伤	贻亲羞
亲爱我	孝何难	亲憎我	孝方贤	亲有过	谏使更	怡吾色	柔吾声
谏不入	悦复谏	号泣随	挞无怨	亲有疾	药先尝	昼夜侍	不离床
丧三年	常悲咽	居处变	酒肉绝	丧尽礼	祭尽诚	事死者	如事生

立志·治学·明理

出 则 弟

兄道友　弟道恭　兄弟睦　孝在中　财物轻　怨何生　言语忍　忿自泯
或饮食　或坐走　长者先　幼者后　长呼人　即代叫　人不在　己即到
称尊长　勿呼名　对尊长　勿见能　路遇长　疾趋揖　长无言　退恭立
骑下马　乘下车　过犹待　百步余　长者立　幼勿坐　长者坐　命乃坐
尊长前　声要低　低不闻　却非宜　进必趋　退必迟　问起对　视勿移
事诸父　如事父　事诸兄　如事兄

谨

朝起早　夜眠迟　老易至　惜此时　晨必盥　兼漱口　便溺回　辄净手
冠必正　纽必结　袜与履　俱紧切　置冠服　有定位　勿乱顿　致污秽
衣贵洁　不贵华　上循分　下称家　对饮食　勿拣择　食适可　勿过则
年方少　勿饮酒　饮酒醉　最为丑　步从容　立端正　揖深圆　拜恭敬
勿践阈　勿跛倚　勿箕踞　勿摇髀　缓揭帘　勿有声　宽转弯　勿触棱
执虚器　如执盈　入虚室　如有人　事勿忙　忙多错　勿畏难　勿轻略
斗闹场　绝勿近　邪僻事　绝勿问　将入门　问孰存　将上堂　声必扬
人问谁　对以名　吾与我　不分明　用人物　须明求　倘不问　即为偷
借人物　及时还　后有急　借不难

信

凡出言　信为先　诈与妄　奚可焉　话说多　不如少　惟其是　勿佞巧
奸巧语　秽污词　市井气　切戒之　见未真　勿轻言　知未的　勿轻传
事非宜　勿轻诺　苟轻诺　进退错　凡道字　重且舒　勿急疾　勿模糊
彼说长　此说短　不关己　莫闲管　见人善　即思齐　纵去远　以渐跻
见人恶　即内省　有则改　无加警　唯德学　唯才艺　不如人　当自砺
若衣服　若饮食　不如人　勿生戚　闻过怒　闻誉乐　损友来　益友却
闻誉恐　闻过欣　直谅士　渐相亲　无心非　名为错　有心非　名为恶
过能改　归于无　倘掩饰　增一辜

泛 爱 众

凡是人　皆须爱　天同覆　地同载　行高者　名自高　人所重　非貌高
才大者　望自大　人所服　非言大　己有能　勿自私　人所能　勿轻訾
勿谄富　勿骄贫　勿厌故　勿喜新　人不闲　勿事搅　人不安　勿话扰
人有短　切莫揭　人有私　切莫说　道人善　即是善　人知之　愈思勉

扬人恶	即是恶	疾之甚	祸且作	善相劝	德皆建	过不规	道两亏
凡取与	贵分晓	与宜多	取宜少	将加人	先问己	己不欲	即速已
恩欲报	怨欲忘	报怨短	报恩长	待婢仆	身贵端	虽贵端	慈而宽
势服人	心不然	理服人	方无言				

亲　仁

同是人	类不齐	流俗众	仁者希	果仁者	人多畏	言不讳	色不媚
能亲仁	无限好	德日进	过日少	不亲仁	无限害	小人进	百事坏

余 力 学 文

不力行	但学文	长浮华	成何人	但力行	不学文	任己见	昧理真
读书法	有三到	心眼口	信皆要	方读此	勿慕彼	此未终	彼勿起
宽为限	紧用功	工夫到	滞塞通	心有疑	随札记	就人问	求确义
房室清	墙壁净	几案洁	笔砚正	墨磨偏	心不端	字不敬	心先病
列典籍	有定处	读看毕	还原处	虽有急	卷束齐	有缺坏	就补之
非圣书	屏勿视	蔽聪明	坏心志	勿自暴	勿自弃	圣与贤	可驯致

【总叙　译文】 弟子规这本书，是依据至圣先师孔子的教诲而编成的生活规范。首先在日常生活中，要做到孝顺父母，友爱兄弟姊妹。其次在一切日常生活言语行为中要小心谨慎，要讲信用。和大众相处时要平等博爱，并且亲近有仁德的人，向他人学习，这些都是很重要非做不可的事，如果做了之后，还有多余的时间精力，就应该好好地学习六艺等其他有益的学问。

【入则孝　译文】 父母呼唤，应及时回答，不要慢吞吞地很久才应答，父母有事交代，要立刻动身去做，不可拖延或推辞偷懒。父母教导我们做人处事的道理，是为了我们好，应该恭敬地聆听。做错了事，父母责备教诫时，应当虚心接受，不可强词夺理，使父母生气、伤心。侍奉父母要用心体贴，二十四孝的黄香（香九龄），为了让父亲安心睡眠，夏天睡前会帮父亲把床铺扇凉，冬天寒冷时会为父亲温暖被窝，实在值得我们学习。早晨起床之后，应该先探望父母，并向父母请安问好。下午回家之后，要将今天在外的情形告诉父母，向父母报平安，使老人家放心。外出离家时，须告诉父母要到哪里去，回家后还要当面禀报父母回来了，让父母安心。平时起居作息，要保持正常有规律，做事有常规，不要任意改变，以免父母忧虑。纵然是小事，也不要任性，擅自作主，而不向父母禀告。如果任性而为，容易出错，就有损为人子女的本分，因此让父母担心，是不孝的行为。公物虽小，也不可以私自收藏占为己有。如果私藏，品德就有缺失，父母亲知道了一定很伤心。父母亲所喜好的东西，应该尽力去准备，父母所厌恶的事物，要小心谨慎的去除（包含自己的坏习惯）。要爱护自己的身体，不要使身体轻易受到伤害，让父母亲忧虑。要注重自己的品德修养，不可以做出伤风败德的事，使父母亲蒙受耻辱。当父母亲喜爱我们的时候，孝顺是很容易的事；当父母亲不喜欢我们，或者管教过于严厉的时候，我们一样孝顺，而且还能够自己反省检点，体会父母的心意，努力改过并且做得更好，这种孝顺的行为最是难能可贵。父母亲有过错的时候，应小心劝导改过向善，劝导时态度要诚恳，声音必须柔和，并且和颜悦色，如果父母不听规劝，要耐心等待，一有适当时机，例如父母情绪好转或是高兴的时候，再继续劝导；如果父母仍然不接受，甚至生气，此时我们虽难过得痛哭流涕，也要恳求父母改过，纵然遭遇到责打，也无怨无悔，以免陷父母于不义，使父母一错再错，铸成大错。父母亲生病时，子女应当尽心尽力的照顾，一旦病情沉重时，更要昼夜服侍，不可以随便离开。父母去世之后，守孝期间（古礼三年），要常常追思、感怀父母教养的恩德。自己的生活起居必须调整改变，不能贪图享受，应该戒绝酒肉。办理父母亲的丧事要哀戚合乎礼节，不可草率马虎，也不可以为了面子铺张浪费，才是真孝顺。祭拜时应诚心诚意，对待已经去世的父母，要如同生前一样恭敬。

【出则弟　译文】　当哥哥姐姐的要友爱弟妹，作弟妹的要懂得恭敬兄姊，兄弟姊妹能和睦相处，一家人和乐融融，父母自然欢喜，孝道就在其中了。与人相处不斤斤计较财物，怨恨就无从生起。言语能够包容忍让，多说好话，不说坏话，忍住气话，不必要的冲突、怨恨的事情自然消失不生。良好的生活教育，要从小培养；不论用餐就座或行走，都应该谦虚礼让，长幼有序，让年长者优先，年幼者在后。长辈有事呼唤人，应代为传唤，如果那个人不在，自己应该主动去询问是什么事，可以帮忙就帮忙，不能帮忙时则代为转告。称呼长辈，不可以直呼姓名，在长辈面前，要谦虚有礼，不可以炫耀自己的才能；路上遇见长辈，应向前问好，长辈没有事时，即恭敬退后站立一旁，等待长辈离去。古礼：不论骑马或乘车，路上遇见长辈均应下马或下车问候，并等到长者离去稍远，约百步之后，才可以离开。与长辈同处，长辈站立时，晚辈应该陪着站立，不可以自行就座，长辈坐定以后，吩咐坐下才可以坐。与尊长交谈，声音要柔和适中，回答的音量太小让人听不清楚，也是不恰当的。有事要到尊长面前，应快步向前，退回去时，必须稍慢一些才合乎礼节。当长辈问话时，应当专注聆听，眼睛不可以东张西望，左顾右盼。对待叔叔、伯伯等尊长，要如同对待自己的父亲一般孝顺恭敬，对待同族的兄长（堂兄姊、表兄姊），要如同对待自己的兄长一样友爱尊敬。

【谨　译文】　早上要早点起床，晚上也别很早就睡觉。因为时光宝贵，转瞬即逝，应当好好珍惜和努力。早晨起床后，务必洗脸、刷牙、漱口使精神清爽，有一个好的开始。大小便后，一定要洗手，养成良好的卫生习惯，才能确保健康。要注重服装仪容的整齐清洁，戴帽子要戴端正，衣服扣子要扣好，袜子穿平整，鞋带应系紧，否则容易被绊倒，一切穿着以稳重端庄为宜。回家后衣、帽、鞋袜都要放置定

立志·治学·明理

位，避免造成脏乱，要用的时候又要找半天。穿衣服需注重整洁，不必讲究昂贵、名牌、华丽。穿着应考量自己的身份及场合，更要衡量家中的经济状况，才是持家之道。日常饮食要注意营养均衡，多吃蔬菜水果，少吃肉，不要挑食，不可以偏食，三餐常吃八分饱，避免过量，以免增加身体的负担，危害健康。饮酒有害健康，要守法，青少年未成年不可以饮酒。成年人饮酒也不要过量，试看醉汉疯言疯语，丑态毕露，惹出多少是非？走路时步伐应当从容稳重，不慌不忙，不急不缓；站立时要端正有站相，须抬头挺胸，精神饱满，不可以弯腰驼背，垂头丧气。问候他人时，不论鞠躬或拱手都要真诚恭敬，不能敷衍了事。进门时脚不要踩在门槛上，站立时身体也不要站得歪歪斜斜的，坐的时候不可以伸出两腿，腿更不可以抖动，这些都是很轻浮、傲慢的举动，有失君子风范。进入房间时，不论揭帘子、开门的动作都要轻一点、慢一些，避免发出声响。在室内行走或转弯时，应小心不要撞到物品的棱角，以免受伤。拿东西时要注意，即使是拿着空的器具，也要像里面装满东西一样，小心谨慎以防跌倒或打破。进入无人的房间，也要像有人在一样，不可以随便。做事不要急急忙忙慌慌张张，因为忙中容易出错，不要畏苦怕难而犹豫退缩，也不可以草率，随便应付了事。凡是容易发生争吵打斗的不良场所，如赌博、色情等是非之地，要勇于拒绝，不要接近，以免受到不良的影响。一些邪恶下流，荒诞不经的事也要谢绝，不听、不看，不要好奇的去追问，以免污染了善良的心性。将要入门之前，应先问："有人在吗？"不要冒冒失失就跑进去。进入客厅之前，应先提高声音，让屋里的人，知道有人来了。如果屋里的人问："是谁呀？"应该回答名字，而不是："我，我！"让人无法分辨我是谁。借用别人的物品，一定要事先讲明，请求允许。如果没有事先征求同意，擅自取用就是偷窃的行为。借来的物品，要爱惜使用，并准时归还，以后若有急用，再借就不难。

【信 译文】 开口说话，诚信为先，答应他人的事情，一定要遵守承诺，没有能力做到的事不能随便答应，至于欺骗或花言巧语，更不能使用！话多不如话少，话少不如话好。说话要恰到好处，该说的就说，不该说的绝对不说，立身处世应该谨言慎行，谈话内容要实事求是，所谓：'词，达而已矣！'；不要花言巧语，好听却靠不住。奸诈取巧的语言，下流肮脏的话，以及街头无赖粗俗的口气，都要避免不去沾染。任何事情在没有看到真相之前，不要轻易发表意见，对事情了解得不够清楚明白时，不可以任意传播，以免造成不良后果。不合义理的事，不要轻易答应，如果轻易允诺，会造成做也不是，不做也不好，使自己进退两难。讲话时要口齿清晰，咬字应该清楚，慢慢讲，不要太快，更不要模糊不清。遇到他人来说是非，听听就算了，要有智慧判断，不要受影响，不要介入是非，事不关己不必多管。看见他人的优点或善行义举，要立刻想到学习看齐，纵然目前能力相差很多，也要下定决心，逐渐赶上。看见别人的缺点或不良的行为，要反躬自省，检讨自己是否也有这些缺失，有则改之，无则加勉。每一个人都应当重视自己的品德、学问、和才能技艺的培养，如果感觉到有不如人的地方，应当自我激励奋发图强。至于外表穿着，或者饮食不如他人，则不必放在心上，更没有必要忧虑自卑。如果一个人听到别人说自己的缺失就生气，听到别人称赞自己就欢喜，那么坏朋友就会来接近你，真正的良朋益友反而逐渐疏远退却了。反之，如果听到他人的称赞，不但没有得意忘形，反而会自省，唯恐做得不够好，继续努力；当别人批评自己的缺失时，不但不生气，还能欢喜接受，那么正直诚信的人，就会渐渐喜欢和我们亲近了。无心之过称为错，若是明知故犯，有意犯错便是罪恶。知错能改，是勇者的行为，错误自然慢慢地减少消失，如果为了面子，死不认错，还要去掩饰，那就是错上加错了。

　　【泛爱众　译文】　只要是人，就是同类，不分族群、人种、宗教信仰，皆须相亲相爱。同是天地所生万物滋长的，应该不分你我，互助合作，才能维持这个共生共荣的生命共同体。德行高尚者，名望自然高超。大家所敬重的是他的德行，不是外表容貌。有才能的人，处理事情的能力卓越，声望自然不凡，然而人们之所以欣赏佩服，是他的处事能力，而不是因为他很会说大话。当你有能力可以服务众人的时候，不要自私自利，只考虑到自己，舍不得付出。对于他人的才华，应当学习欣赏赞叹，而不是批评、嫉妒、毁谤。不要去讨好巴结富有的人，也不要在穷人面前骄傲自大，或者轻视他们。不要喜新厌旧，对于老朋友要珍惜，不要贪恋新朋友或新事物。对于正在忙碌的人，不要去打扰他，当别人心情不好，身心欠安的时候，不要闲言闲语干扰他，增加他的烦恼与不安。别人的缺点，不要去揭穿，对于他人的隐私，切忌去张扬。赞美他人的善行就是行善。当对方听到你的称赞之后，必定会更加勉励行善。张扬他人的过失或缺点，就是作了一件坏事。如果指责批评太过分了，还会给自己招来灾祸。朋友之间应该互相规过劝善，共同建立良好的品德修养。如果有错不能互相规劝，两个人的品德都会有缺陷。财物的取得与给予，一定要分辨清楚明白，宁可多给别人，自己少拿一些，才能广结善缘，与人和睦相处。事情要加到别人身上之前（要托人做事），先要反省问问自己：换作是我，喜欢不喜欢，如果连自己都不喜欢，就要立刻停止。受人恩惠要时时想着报答，别人有对不起自己的事，应该宽大为怀把它忘掉，怨恨不平的事不要停留太久，过去就算了，'不要老放在心上，处罚自己，苦恼自己！'至于别人对我们的恩德，要感恩在心常记不忘，常思报答。对待家中的婢女与仆人，要注重自己的品行端正并以身作则，虽然品行端正很重要，但是仁慈宽大更可贵，如果仗势强逼别人服从，对方难免口服心不服。唯有以理服人，别人才会心悦诚服没有怨言。

　　【亲仁　译文】　同样是人，善恶邪正，心智高低却是良莠不齐。跟着潮流走的俗人多，仁慈博爱的人少，如果有一位仁德的人出现，大家自然敬畏他，因为他说话公正无私没有隐瞒，又不讨好他人。所以大家才会起敬畏之心。能够亲近有仁德的人，向他学习，真是再好不过了，因为他会使我们的德行一天比一天进步，过错也跟着减少。如果不肯亲近仁人君子，就会有无穷的祸害，因为不肖的小人会

立志·治学·明理

趁虚而入，跑来亲近我们，日积月累，我们的言行举止都会受影响，导致整个人生的失败。

【余力学文 译文】 不能身体力行孝、悌、谨、信、泛爱众、亲仁这些本分，一味死读书，纵然有些知识，也只是增长自己浮华不实的习气，变成一个不切实际的人，如此读书又有何用？反之，如果只是一味地做，不肯读书学习，就容易依着自己的偏见做事，蒙蔽了真理，也是不对的。读书的方法要注重三到，眼到、口到、心到。三者缺一不可，如此方能收到事半功倍的效果。研究学问，要专一，要专精才能深入，不能这本书才开始读没多久，又欣羡其他的书，想看其他的书，这样永远也定不下心，必须把这本书读完，才能读另外一本。在制定读书计划的时候，不妨宽松一些，实际执行时，就要加紧用功，严格执行，不可以懈怠偷懒，日积月累功夫深了，原先窒碍不通，困顿疑惑之处自然而然都迎刃而解了。求学当中，心里有疑问，应随时笔记，一有机会，就向良师益友请教，务必确实明白它的真义。书房要整理清洁，墙壁要保持干净，读书时，书桌上笔墨纸砚等文具要放置整齐，不得凌乱，触目所及皆是井井有条，才能静下心来读书。古人写字使用毛笔，写字前先要磨墨，如果心不在焉，墨就会磨偏了，写出来的字如果歪歪斜斜，就表示你浮躁不安，心定不下来。书籍课本应分类，排列整齐，放在固定的位置，读诵完毕须归还原处。虽有急事，也要把书本收好再离开，书本是智慧的结晶，有缺损就要修补，保持完整。不是传述圣贤言行的著作，以及有害身心健康的不良书刊，都应该摒弃不要看，以免身心受到污染，智慧遭受蒙蔽，心志变得不健康。遇到困难或挫折的时候，不要自暴自弃，也不必愤世嫉俗，看什么都不顺眼，应该发愤向上努力学习，圣贤境界虽高，循序渐进，也是可以达到的。

『鉴赏指引』

《弟子规》原名《训蒙文》，原作者李毓秀是清朝康熙年间的秀才。以《论语》"学而篇"第六条："弟子入则孝，出则悌，谨而信，泛爱众，而亲仁。行有余力，则以学文"的文义以三字一句，两句一韵编纂而成。分为五个部分，具体列述弟子在家、外出、待人、接物与学习上应该恪守的守则规范。后来清朝贾存仁修订改编《训蒙文》，并改名《弟子规》。

"弟子"的意思比较多：在家指孩子，在学校指学生，在公司指员工，在社会大众中指公民。规，就是规范。

祖宗虽远，祭祀不可不诚。子孙虽愚，经书不可不读。废经废伦，治安败坏之根由。贪瞋痴慢，人心坠落之原因，欲治天下太平，须从根本入手。图挽犯罪狂澜，唯有明伦教孝。不可误根本为枝末，认枝末为根本。为求解决问题，反倒制造问题。君子唯有务本，本务邦国自宁。

俗云："教儿初孩，教妇初来"。儿童天性未污染前，善言已入；先入为主，及其长而不易变；故人之善心、信心，须在幼小时培养；凡为人父母者，在其子女幼小时，即当教以诵读经典，以培养其根本智慧及定力；更晓以因果报应之理，敦伦尽分之道；若幼小时不教，待其长大，则习性已成无能为力矣！

题弟侄书堂

（唐）杜荀鹤

何事居穷道不穷，乱时还与静时同。
家山虽在干戈地，弟侄常修礼乐风。
窗竹影摇书案上，野泉声入砚池中。
少年辛苦终身事，莫向光阴惰寸功。

『鉴赏指引』

【译文】

虽然住的屋子简陋但知识却没有变少，我还是与往常一样，尽管外面已经战乱纷纷。故乡虽然在打仗，可是弟侄还在接受儒家思想的教化。窗外竹子的影子还在书桌上摇摆，砚台中的墨汁好像发出了野外泉水的叮咚声。年轻时候的努力是有益终身的大事，对着匆匆逝去的光阴，不要丝毫放松自己的努力。

【赏析】

这首诗是告诉弟侄——少年时期辛苦学习，将为一生的事业扎下根基，切莫有丝毫的懈怠，不要浪费了大好的光阴。诗句是对后人的劝勉，情味恳直，旨意深切。前句是谆谆教诲，年轻时不要怕经历辛苦磨难，只有这样才能为终身事业打下基础。否则，少壮不努力，老大徒伤悲，悔之已晚。后句是危言警示，有的年轻人认为光阴无限，可以不断索取，寸寸浪费。因之大喝一声：不要在怠惰中浪费光阴。寸功在怠惰中失去，终身事业也就寸寸丧失。"寸功"极小，"终身事"极大，然而极大却正是极小日积月累的结果。说明了一个量变到质变的辩证道理。

神 童 诗

（北宋）汪洙编

立志·治学·明理

天子重英豪，文章教尔曹；
万般皆下品，惟有读书高。
少小须勤学，文章可立身；
满朝朱紫贵，尽是读书人。
学问勤中得，萤窗万卷书；
三冬今足用，谁笑腹空虚。
自小多才学，平生志气高；
别人怀宝剑，我有笔如刀。
朝为田舍郎，暮登天子堂；
将相本无种，男儿当自强。
学乃身之室，儒为席上珍；
君看为宰相，必用读书人。
莫道儒冠误，诗书不负人；
达而相天下，穷则善其身。
遗子满嬴金，何如教一经；
姓名书锦轴，朱紫佐朝廷。
古有千文义，须知学后通；
圣贤俱间出，以此发蒙童。
神童衫子短，袖大惹春风；
未去朝天子，先来谒相公。
年纪虽然小，文章日渐多；
待看十五六，一举便登科。
大比因时举，乡书以类升；
名题仙桂籍，天府快先登。
喜中青钱选，才高压俊英；
萤窗新脱迹，雁塔早题名。
年小初登第，皇都得意回；

禹门三级浪，平地一声雷。
一举登科日，双亲未老时；
锦衣归故里，端的是男儿。
玉殿传金榜，君恩赐状头；
英雄三百辈，附我步瀛洲。
慷慨丈夫志，生当忠孝门；
为官须作相，及第必争先。
宫殿召绕耸，街衢竞物华；
风云今际会，千古帝王家。
日月光天德，山河壮帝居；
太平无以报，愿上万年书。
久旱逢甘雨，他乡遇故知；
洞房花烛夜，金榜挂名时。
土脉阳和动，韶华满眼新；
一支梅破腊，万象渐回春。
柳色浸衣绿，桃花映酒红；
长安游冶子，日日醉春风。
淑景余三月，莺花已半稀；
浴沂谁氏子，三叹咏而归。
数点雨余雨，一番寒食寒；
杜鹃花发处，血泪染成丹。
春到清明好，晴天锦绣纹；
年年当此节，底事雨纷纷。
风阁黄昏夜，开轩纳晚凉；
月华在户白，何处递荷香？
一雨初收霁，金民特送凉；
书窗应自爽，灯火夜偏长。

庭下陈瓜果，云端闻彩车；
争如郝隆子，只晒腹中书。

九日龙山饮，黄花笑逐臣；
醉看风落帽，舞爱月留人。

昨日登高罢，今朝再举觞；
菊荷何太苦，遭此两重阳。

北帝方行令，天晴爱日和；
农工新筑土，天庆纳嘉禾。

檐外三竿日，新添一线长；
登台观气象，云物喜呈祥。

冬天更筹尽，春附斗柄回；
寒暄一夜隔，客鬓两年催。

解落三秋叶，能开二月花；
过江千尺浪，入竹万杆斜。

人在艳阳中，桃花映面红；
年年二三月，底事笑春风。

院落沉沉晓，花开白雪香；
，一枝轻带雨，泪湿贵妃妆。

枝缀霜葩白，无言笑晓凤；
清芳谁是侣，色间小桃红。

倾国姿容别，多开富贵家；
临轩一赏后，轻薄万千花。

墙角一枝梅，凌寨独自开；
遥知不是雪，惟有暗香来。

柯干如金石，心坚耐岁寒；
平生谁结友，宜共竹松看。

居可无君子，交情耐岁寒；
春风频动处，日日报平安。

春水满泗泽，夏云多奇峰；
秋月扬明辉，冬岭秀孤松。

诗酒琴棋客，风花雪月天；
有名闲富贵，无事散神仙。

道院迎仙客，书道隐相儒；
庭裁栖凤竹，池养化龙鱼。

春游芳草地，夏赏绿荷池；
秋饮黄花酒，冬吟白雪诗。

『鉴赏指引』

《神童诗》为宋代汪洙所著。汪洙，字德温，鄞县（今浙江宁波）人，宋哲宗元符三年（1100 年）考中进士，官至观文殿大学士，自幼能诗，被誉为"神童"。他咏志劝学的作品被编录成集，称为《神童诗》。但实际上传世的《神童诗》并非尽是少年神童之作，也不全出于汪洙一人之手，而是经历代编补修订，增入了隋唐乃至南北朝时期的诗歌。篇名也大多是另行添加的。诗的内容除劝学述志而外，还有一些四季观赏、咏物抒怀之作，诗体皆为格律工整的五言绝句，文字浅显易懂，是适合少年学诗的范本。所以历代以来在书塾中盛行流传。以致后人仿此编了《续神童诗》、《千家诗》等类似读物，也产生了广泛的影响。

诗中鼓励"少小勤学"、"男儿自强"的精神，在今天仍然是值得提倡的；诗人所描绘的"禹门三汲浪，平地一声雷"这一代表了科举时代书生最高企盼的登龙门的理想境界，从某种意义上讲，也还具有当今学子努力奋进的积极意义。但其中"万般皆下品，唯有读书高"之类的剥削阶级思想和功名利禄观念，则是应该加以剔除和批判的。

【名句赏读】

1. 三人行，必有我师也；择其善者而从之，其不善者而改之。——孔子

2. 业精于勤，荒于嬉；行成于思，毁于随。——韩愈

3. 知之者不如好之者，好之者不如乐之者 。——孔子

4. 敏而好学，不耻下问。——孔子

5. 兴于《诗》，立于礼，成于乐。——孔子

6. 己所不欲，勿施于人。——孔子

7. 读书破万卷，下笔如有神。——杜甫

8. 读书有三到，谓心到，眼到，口到。心不在此，则眼看不仔细，心眼既不专一，却只漫诵浪读，决不能记，久也不能久也。三到之中，心到最急，心既到矣，眼口岂不到乎？——朱熹

9. 千里之行，始于足下。——老子

10. 读万卷书，行万里路。——刘彝

11. 读书百遍，其义自见。——《三国志》

12. 书卷多情似故人，晨昏忧乐每相亲。——于谦

13. 书犹药也，善读之可以医愚。——刘向

14. 学而不思则罔，思而不学则殆。——孔子

15. 莫等闲，白了少年头，空悲切。——岳飞

16. 发奋识遍天下字，立志读尽人间书。——苏轼

17. 书是人类进步的阶梯。——高尔基

18. 立志宜思真品格，读书须尽苦功夫。——阮元

19. 非淡泊无以明志，非宁静无以致远。——诸葛亮

20. 勿以恶小而为之，勿以善小而不为。——陈寿

21. 书籍是人类知识的总统。——莎士比亚

22. 书到用时方恨少，事非经过不知难。——陆游

23. 问渠那得清如许，为有源头活水来。——朱熹

24. 旧书不厌百回读，熟读精思子自知。——苏轼

25. 书痴者文必工，艺痴者技必良。——蒲松龄

26. 黑发不知勤学早，白首方悔读书迟。——颜真卿

27. 立身以立学为先，立学以读书为本。——欧阳修

28. 路漫漫其修远兮，吾将上下而求索。——屈原

29. 鸟欲高飞先振翅，人求上进先读书。——李苦禅

30. 熟读唐诗三百首，不会作诗也会吟。——孙洙

31. 人的影响短暂而微弱，书的影响则广泛而深远。——普希金

32. 要多读书，但不要读太多的书。——富兰克林

33. 书虫将自己裹在言辞之网中，只能看见别人思想反映出来的事物的朦胧影像。——W.哈兹里特

34. 有些人为思想而读书——罕见；有些人为写作而读书——常见；有些人为搜集谈资而读书，这些人占读书人的大多数。——C.C.科尔顿

35. 书籍把我们引入最美好的社会，使我们认识各个时代的伟大智者。

——史美尔斯

36. 书籍是在时代的波涛中航行的思想之船，它小心翼翼地把珍贵的货物运送给一代又一代。——培根

37. 书籍使人们成为宇宙的主人。——巴甫连柯

38. 书中横卧着整个过去的灵魂。——卡莱尔

39. 人的影响短暂而微弱，书的影响则广泛而深远。——普希金

40. 人离开了书，如同离开空气一样不能生活。——科洛廖夫

41. 书是唯一不死的东西。——丘特

42. 好的书籍是最贵重的珍宝。——别林斯基

43. 书籍便是这种改造灵魂的工具。人类所需要的，是富有启发性的养料，而阅读则正是这种养料。——雨果

44. 好书是伟大心灵的富贵血脉。——弥尔顿

45. 读一本好书，就是和许多高尚的人谈话。——歌德

46. 不去读书就没有真正的教养，同时也不可能有什么鉴别力。——赫尔岑

47. 读书时，我愿在每一个美好思想的面前停留，就像在每一条真理面前停留一样。——爱默生

48. 书不仅是生活，而且是现在、过去和未来文化生活的源泉。——库法耶夫

49. 书犹药也，善读之可以医愚。——刘向

50. 我扑在书籍上，像饥饿的人扑在面包上一样。——高尔基

51. 爱护书籍吧，它是知识的源泉。——高尔基

52. 一本新书像一艘船，带领着我们从狭隘的地方，驶向生活的无限广阔的海洋。——凯勒

53. 书是随时在你近旁的顾问，随时都可以供给你所需要的知识，而且可以按照你的心意，重复这个顾问的次数。——凯勃斯

54. 书是人类在走向未来幸福富强的道路上所创造的一切奇迹中最复杂最伟大的奇迹。——高尔基

55. 一本好书就是一个好的社会,它能够陶冶人的感情与气质,使人高尚。

——皮罗果夫

56. 书是全世界的营养品。——莎士比亚

57. 书籍是屹立在时间的汪洋大海中的灯塔。——惠普尔

58. 书籍是培育我们的良师,无需鞭笞和棍打,不用言语和训斥,不收学费,也不拘形式。——德伯里

59. 优秀的书籍是抚育杰出人才的珍贵乳汁,它作为人类财富保存下来,并为人类生活的进一步发展服务。——弥尔顿

60. 书是这一代对下一代精神上的遗训。——赫尔岑

61. 性痴,则其志凝:故书痴者文必工,艺痴者技必良。——世之落拓而无成者,皆自谓不痴者也。——蒲松龄

62. 书富如入海,百货皆有。人之精力,不能兼收尽取,但得其所欲求者尔;故愿学者每次作一意求之。——苏轼

63. 学贵精不贵博.……知得十件而都不到地,不如知得一件却到地也。

——戴震

64. 读书以过目成诵为能,最是不济事。——郑板桥

65. 加紧学习,抓住中心,宁精勿杂,宁专勿多。——周恩来

66. 读书也像开矿一样,"沙里淘金"。——赵树理

67. 重要的不是知识的数量,而是知识的质量,有些人知道很多很多,但却不知道最有用的东西。——托尔斯泰

68. 书籍是人类的编年史,它将整个人类积累的无数丰富的经验,世世代代传下去。——坎耶里

69. 理想的书籍是智慧的钥匙。——托尔斯泰

70. 优秀的书籍是抚育杰出人才的珍贵乳汁,它作为人类财富保存下来,并为人类生活的进一步发展服务。——弥尔顿

71. 书籍是生活的加速器。——尼克拉耶娃

72. 读书之法,在循序渐进,熟读而精思。——朱熹

73. 举一而反三,闻一而知十,及学者用功之深,穷理之熟,然后能融会贯通,以至于此。——朱熹

74. 读而未晓则思,思而未晓则读。——朱熹

75. 退笔如山起足珍,读书万卷始通神。——苏轼

76. 风声、雨声、读书声,声声入耳;家事、国事、天下事,事事关心。

——(明)顾宪成

77. 刻苦读书,积累资料,这是治学的基础。——秦牧

78. 好读书，不求甚解；每有会意，便欣然忘食。——陶渊明

79. 读书好处心先觉，立雪深时道已传。——袁枚

80. 书山有路勤为径，学海无涯苦作舟。——韩愈

81. 外物之味，久则可厌；读书之味，愈久愈深。——程颐

82. 读书务在循序渐进；一书已熟，方读一书，勿得卤莽躐等，虽多无益。

——（明）胡居仁

83. 或作或辍，一暴十寒，则虽读书百年，吾未见其可也。——（明）吴梦祥

84. 生也有涯而知也无涯。——庄子

85. 为中华之崛起而读书！——周恩来

86. 读书无嗜好，就能尽其多。不先泛览群书，则会无所适从或失之偏好，广然后深，博然后专。——鲁迅

87. 书看多了，文章自然就会写了。——鲁迅

88. 我们自动的读书，即嗜好的读书，请教别人是大抵无用，只好先行泛览，然后决择而入于自己所爱的较专的一门或几门；但专读书也有弊病，所以必须和现实社会接触，使所读的书活起来。——鲁迅

89. 读书好似爬山，爬得越高，望得越远；读书好似耕耘，汗水流得多，收获更丰满。——臧克家

90. 读过一本好书，像交了一个益友。——臧克家

91. 没有时间，挤；学不进去，钻。——谢觉哉

92. 我读书奉行九个字，就是"读书好，好读书，读好书"。——冰心

93. 我一生的嗜好，除了革命之外，就是读书；我一天不读书，就不能够生活。——孙中山

94. 看书不能信仰而无思考，要大胆地提出问题，勤于摘录资料，分析资料，找出其中的相互关系，是做学问的一种方法。——顾颉刚

95. 要记住，一个人要想在事业上有所建树，一定得坚持这样做卡片摘记，一发现有价值的资料，就要如获至宝，准确地摘记下来。天才就是勤奋，知识在于积累。这样，卡片摘记积累的多了，功到自然成，你就可以在大量资料的基础上，进行归纳分类，分析研究，综合利用，创造出自己的作品来。——吴晗

96. 读书是学习，摘抄是整理，写作是创造。——吴晗

97. 立志

少小多才学，平生志气高。别人怀宝剑，我有笔如刀。（《神童诗》）

朝为田舍郎，暮登天子堂。将相本无种，男儿当自强。（《神童诗》）

读律看书四十年，乌纱头上有青天。男儿欲画凌烟阁，第一功名不爱钱。

——杨继盛

98. 勤学

三更灯火五更鸡，正是男儿读书时。黑发不知勤学早，白首方悔读书迟。

——颜真卿

力学如力耕，勤惰尔自知。但使书种多，会有岁稔时。——刘过

99. 惜时

青青园中葵，朝露待日晞。阳春布德泽，万物生光辉。常恐秋节至，焜黄华叶衰。百川东到海，何时复西归？少壮不努力，老大徒伤悲。——《长歌行》

盛年不再来，一日难再晨。及时当勉励，岁月不待人。——陶渊明

昨日兮昨日，昨日何其好！昨日过去了，今日徒烦恼。世人但知悔昨日，不觉今日又过了。水去汩汩流，花落日日少。万事立业在今日，莫待明朝悔今朝。

——佚名

今日复今日，今日何其少！今日又不为，此事何时了？人生百年几今日，今日不为真可惜！若言姑待明朝至，明朝又有明朝事。为君聊赋今日诗，努力请从今日始。——文嘉

明日复明日，明日何其多。我生待明日，万事成蹉跎。世人若被明日累，春去秋来老将至。朝看东流水，暮看日西坠。百年明日能几何？请君听我明日歌。

——钱泳

100. 方法

读书切戒在慌忙，涵泳工夫兴味长。未晓不妨权放过，切身须要急思量。

——陆九渊

读书患不多，思义患不明。患足己不学，既学患不行。——韩愈

101. 体会

半亩方塘一鉴开，天光月影共徘徊。问渠那得清如许，为有源头活水来。

——朱熹

昨夜江边春水生，蒙冲巨舰一毛轻。向来枉费推移力，此日中流自在行。

——朱熹

102. 乐趣

木落水尽千崖枯，迥然吾亦见真吾。坐对韦编灯动壁，高歌夜半雪压庐。地炉茶鼎烹活火，一清足称读书者。读书之乐何处寻？数点梅花天地心。——（元）翁森

春读书，兴味长，磨其砚，笔花香。读书求学不宜懒，天地日月比人忙。燕语莺歌希领悟，桃红李白写文章。——熊伯伊

103. 阅读使人充实；会谈使人敏捷；写作与笔记使人精确。史鉴使人明智；诗歌使人巧慧；数学使人精细；博物使人深沉；伦理使人庄重；逻辑与修辞使人善辩。——培根

104. 读书越多，越感到腹中空虚。——雪莱

105. 光阴给我们经验，读书给我们知识。——奥斯特洛夫斯基

106. 热爱书吧——这是知识的源泉！只有知识才是有用的，只有它才能够使我们在精神上 成为坚强、忠诚和有理智的人，成为能够真正爱人类、尊重人类劳动、衷心地欣赏人类那不间断的伟大劳动所产生的美好果实的人。——高尔基

107. 书籍是青年人不可分离的生命伴侣和导师。——高尔基

劝 学

（先秦）荀子

　　君子曰：学不可以已。青，取之于蓝，而青于蓝；冰，水为之，而寒于水。木直中绳，輮以为轮，其曲中规，虽有槁暴，不复挺者，輮使之然也。故木受绳则直，金就砺则利。君子博学而日参省乎己，则知明而行无过矣。

　　故不登高山，不知天之高也；不临深溪，不知地之厚也；不闻先王之遗言，不知学问之大也。于越夷貉之子，生而同声，长而异俗，教使之然也。诗曰："嗟尔君子，无恒安息。靖恭尔位，好是正直。神之听之，介尔景福。"神莫大于化道，福莫长于无祸。

　　吾尝终日而思矣，不如须臾之所学也。吾尝跂而望矣，不如登高之博见也。登高而招，臂非加长也，而见者远。顺风而呼，声非加疾也，而闻者彰。假舆马者，非利足也，而致千里。假舟楫者，非能水也，而绝江河。君子生非异也，善假于物也。

　　……

　　积土成山，风雨兴焉。积水成渊，蛟龙生焉。积善成德，而神明自得，圣心备焉。故不积跬步，无以至千里；不积小流，无以成江海。骐骥一跃，不能十步；驽马十驾，功在不舍。锲而舍之，朽木不折；锲而不舍，金石可镂。蚓无爪牙之利，筋骨之强，上食埃土，下饮黄泉，用心一也。蟹六跪而二螯，非蛇鳝之穴无可寄托者，用心躁也。是故无冥冥之志者，无昭昭之明。无惛惛之事者，无赫赫之功。行衢道者不至，事两君者不容。目不能两视而明，耳不能两听而聪。螣蛇无足而飞，梧鼠五枝而穷。诗曰："尸鸠在桑，其子七兮。淑人君子，其仪一兮。其仪一兮，心如结兮。"故君子结于一也。

　　……

　　君子之学也，入乎耳，箸乎心，布乎四体，形乎动静。端而言，蠕而动，一可以为法则。小人之学也，入乎耳，出乎口，口耳之间则四寸耳，曷足以美七尺之躯哉！古之学者为己，今之学者为人。君子之学也，以美其身。小人之学也，以为禽犊。故不问而告谓之傲，问一而告二谓之囋。傲，非也；囋，非也；君子如向矣。

......

『伴读引思』

【译文】

君子说：学习不可以停止。

譬如靛青这种染料是从蓝草里提取的，然而却比蓝草的颜色更青；冰块是冷水凝结而成的，然而却比水更寒冷。木材笔直，合乎墨线，但是用火萃取使它弯曲成车轮，那么木材的弯度就合乎如圆规画的一般的标准了，即使又晒干了，也不会再挺直，用火萃取使它成为这样的。所以木材经墨线比量过就变得笔直，金属制的刀剑拿到磨刀石上去磨就能变得锋利，君子广博地学习，并且每天检查反省自己，那么他就会智慧明理并且行为没有过错了。

因此，不登上高山，就不知天多么高；不面临深涧，就不知道地多么厚；不懂得先代帝王的遗教，就不知道学问的博大。干越夷貉之人，刚生下来啼哭的声音是一样的，而长大后风俗习性却不相同，这是教育的结果。《诗经》上说："你这个君子啊，不要总是贪图安逸。恭谨对待你的本职，爱好正直的德行。神明听到这一切，就会赐给你洪福祥瑞。"精神修养没有比受道德熏陶感染更大了，福分没有比无灾无祸更长远了。

我曾经一天到晚地冥思苦想，却比不上片刻学到的知识收获大；我曾经踮起脚向远处望，却不如登到高处见得广。登到高处招手，手臂并没有加长，可是远处的人却能看见；顺着风喊，声音并没有加大，可是听的人却能听得很清楚。借助车马的人，并不是脚走得快，却可以达到千里之外，借助舟船的人，并不善于游泳，却可以横渡长江黄河。君子的资质秉性跟一般人没什么不同，只是君子善于借助外物罢了。

堆积土石成了高山，风雨就从这里兴起了；汇积水流成为深渊，蛟龙就从这里产生了；积累善行养成高尚的品德，自然会心智澄明，也就具有了圣人的精神境界。所以不积累一步半步的行程，就没有办法达到千里之远；不积累细小的流水，就没有办法汇成江河大海。骏马一跨跃，也不足十步远；劣马拉车走十天，也能到达，它的成绩来源于走个不停。如果刻几下就停下来了，那么腐烂的木头也刻不断。如果不停地刻下去，那么金石也能雕刻成功。蚯蚓没有锐利的爪子和牙齿，强健的筋骨，却能向上吃到泥土，向下可以喝到土壤里的水，这是由于它用心专一啊。螃蟹有六条腿，两个蟹钳，但是如果没有蛇、鳝的洞穴它就无处存身，这是因为它用心浮躁啊。

因此没有刻苦钻研的心志，学习上就不会有显著成绩；没有埋头苦干的实践，事业上就不会有巨大成就。在歧路上行走达不到目的地，同时事奉两个君主的人，两方都 不会容忍他。眼睛不能同时看两样东西而看明白，耳朵不能同时听两种声音而听清楚。螣蛇没有脚但能飞，鼫鼠有五种本领却还是没有办法。《诗经》上说："布谷鸟筑巢在桑树上，它的幼鸟儿有七只。善良的君子们，行为要专一不偏邪。行为专一不偏邪，意志才会如磐石坚。"所以君子的意志坚定专一。

君子学习，是听在耳里，记在心里，表现在威仪的举止和符合礼仪的行动上。一举一动，哪怕是极细微的言行，都可以垂范于人。小人学习是从耳听从嘴出，相距不过四寸而已，怎么能够完美他的七尺之躯呢？古人学习是自身道德修养的需求，现在的人学习则只是为了炫耀于人。君子学习是为了完善自我，小人学习是为了卖弄和哗众取宠，将学问当做家禽、小牛之类的礼物去讨人好评。所以，没人求教你而去教导别人叫做浮躁；问一答二的叫啰嗦；浮躁啰嗦都是不对的，君子答问应像空谷回音一般，不多不少、恰到好处。

【作者简介】

荀子（约公元前 313 年—公元前 238 年），名况，字卿，华夏族（汉族），战国末期赵国人。著名思想家、文学家、政治家，儒家代表人物之一，时人尊称"荀卿"。荀子对儒家思想有所发展，在人性问题上，提倡性恶论，主张人性有恶，否认天赋的道德观念，强调后天环境和教育对人的影响。其学说常被后人拿来跟孟子的'性善论'比较，荀子对重新整理儒家典籍也有相当显著的贡献。

【赏析】

荀子的文章，和其他先秦诸子的哲理散文一样，也是独具风格的。它既不像《老子》那样，用正反相成、矛盾统一的辩证法思想贯穿始终；也不像《墨子》那样，用严密、周详的形式逻辑进行推理；既不像《庄子》那样，海阔天空、神思飞越，富有浪漫主义色彩；也不像《孟子》那样，语言犀利、气势磅礴，具有雄辩家的特点。他是在老老实实地讲述道理。他的文章朴实浑厚、详尽严谨，句式比较整齐，而且擅长用多样化的比喻阐明深刻道理。这一切构成了荀子文章的特色。有人曾将《荀子》一书概括为"学者之文"，这是十分恰当的评论。

《劝学》是荀子的代表作品，也是《荀子》一书开宗明义的第一篇。全文共由两大部分组成：前一部分，论述学习的重要性；后一部分，论述学习的步骤、内容、途径等有关问题；而以"学不可以已"作为贯穿全文的中心思想。从《劝学》前面部分节选的几个片段，解放后一直被选为中学语文教材，是经得起时间考验的传统名篇之一。

《劝学》各段的条理十分清楚，基本上是每段阐述一个具体问题。而且总在文字的开头、结尾部分作出明确的交代。例如，文章的第一句写道："君子曰：学不可以已。"这既是全文的一个中心论题，也是第一段所要开始阐述的内容。而在段的结尾部分则归结道："君子博学而日参省乎己，则知明而行无过矣。"这就明确而有力地照应首句，收束了上文，并且清楚地点明了该段的中心思想。总之，目的相同而方式则并不死板。先秦诸子的哲理散文，一般都比较难读，荀子这种谨严、朴实的写作方法，对帮助读者掌握各段文章的基本内容，是十分有效的。

在说理文中，巧妙地运用大量比喻进行论述，这是《劝学》另一个十分突出的特点。有时作品集中了好些并列的比喻，从同一角度反复地说明问题。这种手法在修辞上叫做"博喻"，不过一般大都是用来辅助景物描写。而荀子作品中的博喻都是用来说明事理。

有时作者又采用对比的方法，将两种相反的情况组织在一起，形成鲜明对照，以增强文字的说服力。例如，在强调学习必须持之以恒、用心专一时，他不但用了一些并列的比喻，也用了好些相反相成的比喻，他列举了"骐骥一跃，不能十步"和"驽马十驾，功在不舍"；"锲而舍之，朽木不折"和"锲而不舍，金石可镂"；以及"无爪牙之利，筋骨之强"的蚯蚓，竟能在地下来去自如，而"六跪而二螯"的螃蟹，却连一个容身的小洞也掘不好。这就表明，"积"与"不积"所产生的效果是截然相反的。在荀子哲学思想中，"积"字是一个重要观点。荀子认为，要学有所成，必须坚持不懈地进行积累。一个人长期耕田（"积耨耕"），就会成为农夫，长期砍砍削削（"积斵削"），就会成为工匠；长期贩卖货物（"积反货"），就会成为商贾；长期学习礼义（"积礼义"），就会成为君子；圣人也只不过是"人之所积"。这就好像越人安越，夏（中原）人安夏那样，习惯成自然而已。了解了荀子这一思想观点的重要意义，我们就不难懂得，他为什么要费那么大的力气，选择那么多比喻，不惮烦地对读者进行谆谆教导。

最值得注意的是，作者还善于通过比喻，将议论逐步引向深入。忽视了这一特点，我们就会被众多的比喻弄得眼花缭乱，而理不清文字的脉络。

试以第一段为例。全段除首尾各有一句论断性的话外，其余全部由比喻组成。作者先用"青出于蓝"和"冰寒于水"这两个比喻，说明后天的影响可改变事物本性，并能使之有所发展。接下来又提出另一个比喻：中绳的直木，经改造后，变成了"其曲中规"的车轮；以后即使晒干枯槁，也不可能再回复到"直"的状态。这就说明，后天的影响，对改变事物本性来说，是起着决定性作用的。这样就把道理的阐述向前推进了一步。然后再用"木受绳则直""金就砺则利"两个比喻，引出结论"博学而日参省乎己"的重要性。这一段以比喻为主的文字，从提出问题到进行小结，逻辑性是很强的。

荀子这种用比喻说理的写法，在其他先秦诸子散文中也是罕见的，应当说这是他的一种独创。

《劝学》的第三个重要特点，是句式整齐，读时琅琅上口。但作者又注意在排偶中适当夹进散句，使文气流畅而不呆滞。

由于具备以上一些风格特点，荀子的哲理散文，有它好读的一面；但是，这并不是问题的全部情况。就以这篇《劝学》为例，通假字就用了十几个之多，而且其中有些是不很常见的。

师 说

（唐）韩愈

古之学者必有师。师者，所以传道受业解惑也。人非生而知之者，孰能无惑？惑而不从师，其为惑也，终不解矣。生乎吾前，其闻道也固先乎吾，吾从而师之；生乎吾后，其闻道也亦先乎吾，吾从而师之。吾师道也，夫庸知其年之先后生于吾乎？是故无贵无贱，无长无少，道之所存，师之所存也。

嗟乎！师道之不传也久矣！欲人之无惑也难矣！古之圣人，其出人也远矣，犹且从师而问焉；今之众人，其下圣人也亦远矣，而耻学于师。是故圣益圣，愚益愚。圣人之所以为圣，愚人之所以为愚，其皆出于此乎？爱其子，择师而教之；于其身也，则耻师焉，惑矣。彼童子之师，授之书而习其句读者，非吾所谓传其道解其惑者也。句读之不知，惑之不解，或师焉，或不焉，小学而大遗，吾未见其明也。巫医乐师百工之人，不耻相师。士大夫之族，曰师曰弟子云者，则群聚而笑之。问之，则曰："彼与彼年相若也，道相似也。位卑则足羞，官盛则近谀。"呜呼！师道之不复可知矣。巫医乐师百工之人，君子不齿，今其智乃反不能及，其可怪也欤！

圣人无常师。孔子师郯子、苌弘、师襄、老聃。郯子之徒，其贤不及孔子。孔子曰："三人行，则必有我师。"是故弟子不必不如师，师不必贤于弟子，闻道有先后，术业有专攻，如是而已。

李氏子蟠，年十七，好古文，六艺经传皆通习之，不拘于时，学于余。余嘉其能行古道，作《师说》以贻之。

『伴读引思』

【译文】

古代求学的人必定有老师。老师，是用来传授道理、讲授学业、解答疑难问题的。人不是一生下来就懂得道理的，谁能没有疑惑？有了疑惑，如果不跟老师学习，那些成为疑难的问题，就始终不能解开。出生在我之前的人，他懂得的道理本来就比我早，我跟从他，拜他为老师；出生在我之后的人，如果他懂得道理也比我早，我也跟从他，拜他为老师。我是向他学习道理的，哪管他的年龄比我大还是小呢？因此，无论高低贵贱，无论年长年幼，道理存在的地方，就是老师所在的地方。

唉！古代从师学习的风尚不流传已经很久了，要人没有疑惑也难了！古代的圣人，他们超出一般人很远，尚且要跟从老师请教（他，焉为代词）；现在的一般人，他们才智不及圣人也很远，却以向老师学习为耻。因此，圣人更加圣明，愚人更加愚昧。圣人之所以成为圣人，愚人之所以成为愚人，大概都是由于这个原因吧？爱自己的孩子，选择老师来教他。但是对于他自己，却以跟从老师学习为可耻，真是糊涂啊！那些儿童的老师，教他读书，学习书中的文句的停顿，并不是我所说的传授道理，解答疑难问题的老师。不知句子停顿要问老师，有疑惑不能解决却不愿问老师；小的方面学习了大的却丢了。我没有看到他的明达。巫医、乐师、各种工匠这些人，不以互相学习为耻。士大夫这一类人，听到称"老师"称"弟子"的人，就聚在一起嘲笑他们。问他们，就说："他和他年龄差不多，懂得的道理也差不多。把地位低的人当做老师，就足以感到耻辱；把官大的人当做老师，就被认为近于谄媚。"哎！求师的风尚难以恢复由此可以知道了！巫医、乐师、各种工匠这些人，君子不屑一提，现在他们的智慧竟然反而比不上这些人了，这真是奇怪啊！

圣人没有固定的老师，孔子曾以郯子、苌弘、师襄、老聃为师。郯子这些人，贤能都比不上孔子。孔子说："三人行，则必有我师。"所以学生不一定不如老师，老师不一定比学生贤明。接受道理有早有晚，学问和技艺上各有各的专门研究，如此而已。

李家的孩子叫李蟠的，十七岁，喜欢古文，六艺的经文和传文都普遍地学习了，没有被时代的风气所影响，向我学习。我赞赏他能履行古人之道，写《师说》送给他。

【作者简介】

韩愈（768—824）字退之，唐代文学家、哲学家、思想家，河南河阳（今河南省孟州市）人，汉族，郡望河北昌黎，世称韩昌黎。晚年任吏部侍郎，又称韩吏部。是唐代古文运动的倡导者。谥号"文"，又称韩文公。后人尊称他为"唐宋八大家"之首，与柳宗元并称"韩柳",有"文章巨公"和"百代文宗"之名。思想上,韩愈崇奉儒学,力排佛老。著有《韩昌黎集四十卷,《外集》十卷,《师说》等等。他提出的文道合一、气盛言宜、务去陈言、文从字顺等散文的写作理论,对后人很有指导意义。

【赏析】

《师说》论点鲜明,结构严谨,正反对比,事实充分,说理透彻,气势磅礴,有极强的说服力和感染力。文章先从历史事实"古之学者必有师"、老师能"传道受业解惑"、学者定会遇到疑难"人非生而知之者,孰能无惑"三个方面证明了从师学习的必要性和重要性。对于老师的年长年少,作者认为"无贵无贱,无长无少,道之所存,师之所存也",明确了择师的标准。接着就从三个方面进行对比,抨击"耻学于师"的人,先用古今对比,指出从师与不从师的两种结果;次用人们对自己与对儿子的要求不同来对比,指出"士大夫之族"行为的自相矛盾;最后用"士大夫之族"与"巫医乐师百工之人"对比,揭露士大夫之族的错误想法,指出这是"师道不复"的真正原因。从后果、行为、心理等方面逐层深入分析,指出了他们在"从师"问题上的不同态度,点明了从师学习的重要。作者从"道之所存,师之所存"的择师标准出发,推论出"弟子不必不如师,师不必贤于弟子,闻道有先后,术业有专攻,如是而已"的论断。为了证明这一论断,作者选择了孔子的言行来作证。在当时人们的心中,孔子是圣人,圣人尚且如此,那一般人就更不必说了。而且作者虽只用了寥寥数语,而孔子的言行却写得具体,因而很有说服力。这样,文章以其鲜明的中心、清晰的层次,充分的说理体现了逻辑思维的严密。

送东阳马生序

(明)宋濂

余幼时即嗜学。家贫,无从致书以观,每假借于藏书之家,手自笔录,计日以还。天大寒,砚冰坚,手指不可屈伸,弗之怠。录毕,走送之,不敢稍逾约。以是人多以书假余,余因得遍观群书。既加冠,益慕圣贤之道,又患无硕师、名人与游,尝趋百里外,从乡之先达执经叩问。先达德隆望尊,门人弟子填其室，未尝稍降辞色。余立侍左右，援疑质理，俯身倾耳以请；或遇其叱咄，色愈恭，礼愈至，不敢出一言以复；俟其欣悦，则又请焉。故余虽愚，卒获有所闻。

当余之从师也，负箧曳屣，行深山巨谷中，穷冬烈风，大雪深数尺，足肤皲裂而不知。至舍，四支僵劲不能动，媵人持汤沃灌，以衾拥覆，久而乃和。寓逆旅，主人日再食，无鲜肥滋味之享。同舍生皆被绮绣，戴朱缨宝饰之帽，腰白玉之环，左佩刀，右备容臭，烨然若神人；余则缊袍敝衣处其间，略无慕艳意。以中有足乐者，不知口体之奉不若人也。盖余之勤且艰若此。

今虽耄老，未有所成，犹幸预君子之列，而承天子之宠光，缀公卿之后，日侍坐备顾问，四海亦谬称其氏名，况才之过于余者乎？

公宋肯承士学林翰

今诸生学于太学，县官日有廪稍之供，父母岁有裘葛之遗，无冻馁之患矣；坐大厦之下而诵《诗》《书》，无奔走之劳矣；有司业、博士为之师，未有问而不告，求而不得者也；凡所宜有之书，皆集于此，不必若余之手录，假诸人而后见也。其业有不精，德有不成者，非天质之卑，则心不若余之专耳，岂他人之过哉！

东阳马生君则，在太学已二年，流辈甚称其贤。余朝京师，生以乡人子谒余，撰长书以为贽，辞甚畅达，与之论辩，言和而色夷。自谓少时用心于学甚劳，是可谓善学者矣！其将归见其亲也，余故道为学之难以告之。谓余勉乡人以学者，余之志也；诋我夸际遇之盛而骄乡人者，岂知余者哉！

『伴读引思』

【译文】

我年幼时就爱学习。因为家中贫穷，无法得到书来看，常向藏书的人家求借，亲手抄录，约定日期送还。天气酷寒时，砚池中的水冻成了坚冰，手指不能屈伸，我仍不放松读书。抄写完后，赶快送还人家，不敢稍稍超过约定的期限。因此人们大多肯将书借给我，我因而能够看各种各样的书。已经成年之后，更加仰慕圣贤的学说，又苦于不能与学识渊博的老师和名人交往，曾快步走到百里之外，手拿着经书向同乡前辈求教。前辈德高望重，门人学生挤满了他的房间，他的言辞和态度从未稍有委婉。我站着陪侍在他左右，提出疑难，询问道理，低身侧耳向他请教；有时遭到他的训斥，表情更为恭敬，礼貌更为周到，不敢答复一句话；等到他高兴时，就又向他请教。所以我虽然愚钝,最终还是得到不少教益。

当我寻师时,背着书箱,把鞋后帮踩在脚后跟下,行走在深山大谷之中,严冬寒风凛冽,大雪深达几尺,脚和皮肤受冻裂开都不知道。到学舍后,四肢僵硬不能动弹,仆人给我灌下热水,用被子围盖身上,过了很久才暖和过来。住在旅馆,我每天吃两顿饭,没有新鲜肥嫩的美味享受。同学舍的求学者都穿着锦绣衣服,戴着有红色帽带、饰有珍宝的帽子,腰间挂着白玉环,左边佩戴着刀,右边备有香囊,光彩鲜明,如同神人;我却穿着旧棉袍、破衣服处于他们之间,毫无羡慕的意思。因为心中有足以使自己高兴的事,并不觉得吃穿的享受不如人家。我的勤劳和艰辛大概就是这样。

如今我虽已年老,没有什么成就,但所幸还得以置身于君子的行列中,承受着天子的恩宠荣耀,追随在公卿之后,每天陪侍着皇上,听候询问,天底下也不适当地称颂自己的姓名,更何况才能超过我的人呢?

如今的学生们在太学中学习,朝廷每天供给膳食,父母每年都赠给冬天的皮衣和夏天的葛衣,没有冻饿的忧虑了;坐在大厦之下诵读经书,没有奔走的劳苦了;有司业和博士当他们的老师,没有询问而不告诉,求教而无所收获的了;凡是所应该具备的书籍,都集中在这里,不必再像我这样用手抄录,从别人处借来然后才能看到了。他们中如果学业有所不精通,品德有所未养成的,如果不是天赋、资质低下,就是用心不如我这样专一,难道可以说是别人的过错吗!

东阳马姓学生君则,在太学中已学习两年了,同辈人很称赞他的德行。我到京师朝见皇帝时,马生以同乡晚辈的身份拜见我,写了一封长信作为礼物,文辞很顺畅通达,同他论辩,言语温和而态度谦恭。他自己说少年时对于学习很用心、刻苦,这可以称作善于学习者吧!他将要回家拜见父母双亲,我特地将自己治学的艰难告诉他。如果说我勉励同乡努力学习,则是我的意志;如果诋毁我夸耀自己遭遇之好而在同乡前骄傲,难道是了解我吗?

【作者简介】

宋濂(1310—1381)明初政治家、思想家,字景濂,号潜溪,别号玄真子、玄真道士、玄真遁叟,明初政治家、文学家。汉族,浙江浦江人,曾被明太祖朱元璋誉为"开国文臣之首",学者称太史公。宋濂与高启、刘基并称为"明初诗文三大家",又与章溢、刘基等并称为"浙西四先生"。他因长孙宋慎牵连胡惟庸党案而被流放茂州,途中病死于夔州。他的代表作品有《送东阳马生序》、《朱元璋奉天讨元北伐檄文》等。

【赏析】

这是一篇赠序。明洪武年间,宋濂官至翰林学士承旨制诰,洪武十年(1377)致仕。第二年,宋濂至应天(今江苏南京)去朝见明太祖朱元璋。其时,在国子监读书的马君则，以同乡后辈的身份前来拜访，宋濂就写了这篇文章赠送给他。作者以自己勤苦求学而功成名就的事实，现身说法，勉励后辈专心向学，刻苦自励，情真意挚，语重心长。

就文章的内容而言，作者主要以自己青少年时代求学的艰苦经历，与太学生优越的学习条件进行对比。作者简洁生动地叙述早年的经历：幼时酷爱学习，但因家境贫寒，无书可读，只得向人借阅。借到书，即使在严冬季节，也要自己动手抄录；为了取信于藏书之家，到期一定归还，可见得书之难。年长以后，仰慕圣贤的道统，渴望名师指点，且又并非容易的事；为了求师，不顾穷冬烈风，负箧曳屣，奔走于深山巨谷之中，以致足肤皲裂。生活上，自己也甘于贫苦，自得其乐。这些典型事例全面地叙述了作者艰苦勤奋的学习生活。从中可以看出，作者正是以一种坚韧不拔的毅力，不断地克服障碍，最后才功成名就的。笔墨酣畅，说理透彻，为下文的对比蓄满了气势。接着，有针对性地指出了太学生的优越条件："无冻馁之患"，"无奔走之劳"，有教授相伴，有丰富藏书。这样，"其业有不精，德有不成者，非天质之卑，则心不若余之专耳，岂他人之过哉"！结论只有一个：学业道德上的成长，取决于自己主观上是否努力，确凿的事实，强烈的对比，得出了无可置疑的结论，完成了所要揭示的主旨。此后，又交代了写作的缘由和宗旨。

就文章的写法而言，除全篇主体结构进行对比之外，在具体记叙的过程中，又处处予以对比。在记叙自己勤苦求学生活时，以主观上的勤奋与客观上的艰苦作对比。譬如，写读书需"手自笔录"时："天大寒，砚冰坚，手指不可屈伸，弗之怠"；写求师时，师严而礼恭："或遇叱咄，色愈恭，礼愈至"；写求学时，不辞劳苦，困难愈大愈见其志坚；写生活方面，以同舍生若神人的打扮与自己的缊袍敝衣作对比；在记叙太学生优越的学习条件时，又以客观条件的优越与主观上的努力与否作对比……作者以鲜明的对照，分辨事理，增强了文章的感染和说服力量。而在对比中，又可看出文章错综变化，富有波澜，毫无单调呆板之感。加之，措辞委婉，如话家常，表达出一种恳挚的感情，自然会亲切动人，催人奋进。

孙权劝学

（北宋）司马光

初，权谓吕蒙曰："卿今当涂掌事，不可不学！"蒙辞以军中多务。权曰："孤岂欲卿治经为博士邪？但当涉猎，见往事耳。卿言多务，孰若孤？孤常读书，自以为大有所益。"蒙乃始就学。及鲁肃过寻阳，与蒙论议，大惊曰："卿今者才略，非复吴下阿蒙！"蒙曰："士别三日，即更刮目相待，大兄何见事之晚乎！"肃遂拜蒙母，结友而别。

『伴读引思』

【译文】

当初，孙权对吕蒙说："你现在当权掌管大事，不可以不学习！"吕蒙用军中事务繁忙来推辞。孙权说："我难道想要你研究儒家经典当博士吗？只是应当粗略地阅读，了解历史罢了。你说（军中）事务繁忙，谁比得上我（事务多）呢？我经常读书，自认为有很大的好处。"吕蒙于是开始学习。到了鲁肃来到寻阳的时候，（鲁肃）与吕蒙讨论议事，（鲁肃）十分惊奇地说："以你现在的才干和谋略，不再是当年的吴下吕蒙了！"吕蒙说："读书人离别多日，就要重新用新的眼光看待，长兄知道这件事太晚了啊！"鲁肃于是拜见吕蒙的母亲，与吕蒙结为朋友，然后分别了。

【作者简介】

司马光（1019—1086），字君实，号迂叟，汉族，陕州夏县（今山西夏县）涑水乡人，世称涑水先生。宝元进士。北宋政治家、史学家、文学家。仁宗末年任天章阁待制兼侍讲知谏院。他立志编撰《通志》，作为封建统治的借鉴。治平三年（1066）撰成战国迄秦的八卷。英宗命设局续修。神宗时赐书名《资治通鉴》。王安石行新政，他竭力反对，与王安石在帝前争论，强调祖宗之法不可变。被命为枢密副使，坚辞不就，于熙宁三年（1070）出知永兴军（现陕西西安市）。次年退居洛阳，以书局自随，继续编撰《通鉴》，至元丰七年（1084）成书。他从发凡起例至删削定稿，都亲自动笔。元丰八年哲宗即位，高太皇太后听政，召他入京主国政，次年任尚书左仆射、兼门下侍郎，数月间尽废新法，罢黜新党。为相八个月病死，追封温国公。著有《司马文正公集》、《稽古录》等。

【赏析】

孙权劝学

该文写的是吕蒙在孙权劝说下"乃始就学"。孙权劝学，先向吕蒙指出"学"的必要性，即因其"当涂掌事"的重要身份而"不可不学"；继而现身说法，指出"学"的可能性。使吕蒙无可推辞、"乃始就学"。从孙权的话中，既可以看出他的善劝，又可以感到他对吕蒙的亲近、关心和期望，而又不失人主的身份。"卿今者才略，非复吴下阿蒙"，是情不自禁的赞叹，可见鲁肃十分惊奇的神态，以他眼中吕蒙变化之大竟然判若两人，表现吕蒙因"学"而使才略有了令人难以置信的惊人长进。需要指出的是，鲁肃不仅地位高于吕蒙，而且很有学识，由他说出这番话，更可表明吕蒙的长进确实非同一般。"士别三日，即更刮目相待，大兄何见事之晚乎?"是吕蒙对鲁肃赞叹的巧妙接应。从吕蒙的答话中可见吕蒙颇为自得的神态，吕蒙以当之无愧的坦然态度，表明自己才略长进之快之大。孙权的话是认真相劝，鲁肃、吕蒙的话则有调侃的意味，二者的情调是不同的。其才略很快就有惊人的长进而令鲁肃叹服并与之"结友"的故事，说明了人只要肯学习就会有长进，突出了学习重要性。

文章注重以对话表现人物。对话言简意丰，生动传神，富于情趣。写鲁肃、吕蒙对话，一唱一和，互相打趣，显示了两人的真实性情和融洽关系，表明在孙权劝说下吕蒙"就学"的结果，从侧面表现了吕蒙的学有所成，笔墨十分生动，这是全文最精彩之处。

谈 读 书

（英）培根

读书足以怡情，足以傅彩，足以长才。其怡情也，最见于独处幽居之时；其傅彩也，最见于高谈阔论之中；其长才也，最见于处世判事之际。

练达之士虽能分别处理细事或一一判别枝节，然纵观统筹，全局策划，则舍好学深思者莫属。读书费时过多易惰，文采藻饰太盛则矫，全凭条文断事乃学究故态。

读书补天然之不足，经验又补读书之不足，盖天生才干犹如自然花草，读书然后知如何修剪移接，而书中所示，如不以经验范之，则又大而无当。

狡黠者鄙读书，无知者羡读书，唯明智之士用读书，然书并不以用处告人，用书之智不在书中，而在书外，全凭观察得之。

读书时不可存心诘难读者，不可尽信书上所言，亦不可只为寻章摘句，而应推敲细思。

书有可浅尝者，有可吞食者，少数则须咀嚼消化。换言之，有只需读其部分者，有只须大体涉猎者，少数则须全读，读时须全神贯注，孜孜不倦。书亦可请人代读，取其所作摘要，但只限题材较次或价值不高者，否则书经提炼犹如水经蒸馏，淡而无味。

立志·治学·明理

读书使人充实，讨论使人机智，笔记使人准确。因此不常做笔记者须记忆力特强，不常讨论者须天生聪颖，不常读书者须欺世有术，始能无知而显有知。

读史使人明智，读诗使人灵秀，数学使人周密，科学使人深刻，伦理学使人庄重，逻辑修辞之学使人善辩；凡有所学，皆成性格。

人之才智但有滞碍，无不可读适当之书使之顺畅，一如身体百病，皆可借相宜之运动除之。滚球利睾肾，射箭利胸肺，慢步利肠胃，骑术利头脑，诸如此类。如智力不集中，可令读数学，盖演题需全神贯注，稍有分散即须重演；如不能辩异，可令读经院哲学，盖是辈皆吹毛求疵之人；如不善求同，不善以一物阐证另一物，可令读律师之案卷。如此头脑中凡有缺陷，皆有特效可医。

『伴读引思』

弗兰西斯·培根（1561～1626），12岁入剑桥大学读书，毕业后就一直为英国王室服务，曾当律师和国会会员，担任过掌玺大臣和英国大法官。晚年专心从事学术研究的著述活动，写成了一批在近代文化思想史上具有重大影响的著作，其中最重要的一部是《伟大的复兴——新工具论》。他是英国17世纪杰出的唯物主义哲学家，哲学史上和科学史上划时代的人物。在人类思想史上占有极其重要的地位。马克思曾誉之为"英国唯物主义和整个现代实验科学的真正始祖"。另外，他以哲学家的眼光，思考了广泛的人生问题，写出了许多形式短小、风格活泼的随笔小品，后集成《人生论》。

黑格尔说过："他（培根）的著作虽然充满着最美妙、最聪明的言论，但是要理解其中的智慧，通常只需付出很少的理性努力，因此他的话常常被人拿着当做格言。"英国文学家雪莱也说："他的文字有一种优美而庄严的韵律，给感情以动人的美感，他的论述中有超人的智慧和哲学，给理智以深刻的启迪"。《谈读书》一文主要谈论了读书的益处。围绕这一中心话题，又谈了读书要与经验互补，要讲究读书的方法，要根据不同的性格和需要做不同的选择等相关问题。文章从三个层面展开论述：首先是谈读书的益处；其次谈读书的方法；最后，作者援引古罗马诗人（奥维德"凡有所学，皆成性格"）的观点对读书的益处加以强调和提升，使文章立论更加完整。

匆 匆

朱自清

燕子去了，有再来的时候；杨柳枯了，有再青的时候；桃花谢了，有再开的时候。但是，聪明的，你告诉我，我们的日子为什么一去不复返呢？——是有人偷了他们罢：那是谁？又藏在何处呢？是他们自己逃走了罢：现在又到了哪里呢？

我不知道他们给了我多少日子；但我的手确乎是渐渐空虚了。在默默里算着，八千多日子已经从我手中溜去；像针尖上一滴水滴在大海里，我的日子滴在时间的流里，没有声音，也没有影子。我不禁头涔涔而泪潸潸了。

去的尽管去了，来的尽管来着；去来的中间，又怎样地匆匆呢？早上我起来的时候，小屋里射进两三方斜斜的太阳。太阳他有脚啊，轻轻悄悄地挪移了；我也茫茫然跟着旋转。于是——洗手的时候，日子从水盆里过去；吃饭的时候，日子从饭碗里过去；默默时，便从凝然的双眼前过去。我觉察他去的匆匆了，伸出手遮挽时，他又从遮挽着的手边过去，天黑时，我躺在床上，他便伶伶俐俐地从我身上跨过，从我脚边飞去了。等我睁开眼和太阳再见，这算又溜走了一日。我掩着面叹息。但是新来的日子的影儿又开始在叹息里闪过了。

在逃去如飞的日子里，在千门万户的世界里的我能做些什么呢？只有徘徊罢了，只有匆匆罢了；在八千多日的匆匆里，除徘徊外，又剩些什么呢？过去的日子如轻烟，被微风吹散了，如薄雾，被初阳蒸融了；我留着些什么痕迹呢？我何曾留着像游丝样的痕迹呢？我赤裸裸来到这世界，转眼间也将赤裸裸的回去罢？但不能平的，为什么偏要白白走这一遭啊？

你聪明的，告诉我，我们的日子为什么一去不复返呢？

『伴读引思』

谈起朱自清的《匆匆》，不由使人想起高尔基咏物言志的名篇《时钟》。尽管格调各异，但两位作家不谋而合，抓住人们日常习见而又易于忽略的物象，或寄情述怀，或生发议论，感叹韶华易逝，人生短促，亟需珍惜时间，爱惜生命，有所作为。

《匆匆》写于1922年3月，时当"五四"运动落潮之际。朱自清面对令人失望的现实，心情苦闷，念旧、低徊、惋惜和惆怅之情不能自己。但朱自清毕竟是一个狷介自守、认真处世、勤奋踏实的人，虽感伤而并不颓唐，虽彷徨而并不消沉。他在1922年11月7日致俞平伯的信中曾披露了自己矛盾的思绪："极感到诱惑的力量，颓废的滋味，与现代的懊恼"，"深感时日匆匆到底可惜"，决心"丢去玄言，专崇实际"，实行"刹那主义"。俞平伯曾评论朱自清的"这种意想，是把颓废主义与实际主义合拢来，形成一种有积极意味的刹那主义"，这种刹那观"在行为上却始终是积极的，肯定的，呐喊着的，挣扎着的"（《读〈毁灭〉》）。了解朱自清写作《匆匆》时的心态，有助于把握作者对光阴流逝而触发的独特审美感受。

　　时间，它既看不见，又摸不着，但却又实实在在地在人们身边无情而匆匆地流逝。朱自清以他丰富的想象力，形象地捕捉住时光逝去的踪迹。文章起首，作者描绘了燕子去了来，杨柳枯了青，桃花谢了开的画面，以自然物的荣枯现象、时序的变迁作渲染，暗示时光流逝的痕迹。作者由此想起自己二十四年共八千多个日子像"一滴水滴在大海里"无影无踪，"不禁头涔涔而泪潸潸"。作者再进一步，具体而细微地刻绘了在日常生活中吃饭、洗手，上床乃至叹息的瞬间，时间就此"逃去如飞"，自己过去的日子犹如"被微风吹散了"的"轻烟"，"被初阳蒸融了"的"薄雾"那样消逝。作者深感既然"来到这世界"，就不能"白白走这一遭"，层次井然地揭示了题旨。朱自清珍惜光阴的思想无疑与古人"少壮不努力，老大徒伤悲"的诗句，和"一寸光阴一寸金，寸金难买寸光阴"的箴言的精义暗合，但因朱自清"于人们忽略的地方，加倍地描写，使你于平常身历之境，也会有惊异之感"(《"山野掇拾"》)，这一写法就使空灵而抽象的时间概念化为具体的物象，给人以真切的质感和强烈的流动感，仿佛成为人们朝夕与共的伴侣，鲜活灵动地呈现于读者面前。

　　引人注意的是，在时间的悄然流动中，在仅只六百余字的短小篇幅内，朱自清运用多种修辞方式，委曲尽致地展示自己的内心世界，让读者清晰地把握住他的意念流动的脉络。文章开头，作者以三个排比句来描写春景，把燕子再来，杨柳再青，桃花再开，跟与之相反的"日子一去不复返"相映衬，使人想起时光的流逝，引动思绪，点出题眼，以抒情性的设问句式，提出时间是被人"偷了"，还是"自己逃走了"的问题，深感时不我待。然后，在第二、三段，紧接着前面的设问，引出另外的问题，作者把自己过去生命时间的流喻作一滴水，把大自然"时间的流"比作大海，以渺小和浩瀚两相对比，抒发了伤时而又惜时的感叹。在时光来去匆匆中，以拟人化手法，赋予时光的象征太阳以生命，说太阳在自己身旁悄声地挪移，伶俐地跨过，轻盈地飞去，作者为此而感到茫然和惶恐。他借饶有情味的太阳之匆匆出没，寄托奔涌的情思，深化题旨。最后在第四段内，作者全用设问句来追寻自己过去生命"游丝样的痕迹"，显示了对生命价值的严肃思考和对生活执著的追求，并以"我们的日子为什么一去不复返呢"作结，与开头反复和呼应，表现了难以平静的心情。作者一方面发挥奇妙的想象力，另一方面充分运用多种修辞方法，特别是用贯穿全篇的十一个设问或反问句，作为情绪发展的线索，借有限的物象，展示无限的思绪，并借助于精巧的构思，把"磅礴郁积，在心里盘旋回荡"已久的感情加以极尽"层层叠叠、曲折顿挫之致"(《短诗与长诗》)的表达，叩人心扉，耐人吟味。

　　朱自清凭籍对客观事物的精微观察和体验，以流动的传神的笔触，通过融情入景的写法，显示了绘画的美和诗意的美。譬如，他笔下的太阳，已非通常的自然景物，而是作者创造的一种艺术形象，是作者将主观感情和客观外物融合而成的主客观统一体，形神兼备，情韵独特。语言具有节奏感和旋律感，在朴素平淡中散发出浓郁的抒情气息，达到富于诗情画意的美学境界。全文以格调、词藻、情意和风神的美，深深吸引着不同时代的读者。

朱自清以"匆匆"为题来抒写时间是难得而易失的感受，这题目本身既蕴含有浓烈的情味，又潜隐着生活的理趣。他是大学哲学系毕业生，往往情不自禁地以哲人的眼光观察和思索社会人生问题，在不少散文中以诗人一般的抒情笔调描写日常生活，蕴理于情，使作品带有哲理意味，意蕴趋于深厚。在本篇中，作者对时间问题的思考，围绕着人生的意义和生命的价值进行探索，在其间流露的寂寥惆怅而又激情难抑、苦恼彷徨而又切实追求的矛盾心情，固然代表了"五四"时期追求进步，一时又找不到出路的青年知识分子较为普遍的心理状态，反映了时代情绪，但他那种珍惜寸阴、热爱生活、励志向上的人生态度，更给广大读者以启迪，由此引发联想，在生活和工作中只有捕捉住现在，才能把握住未来。由于朱自清努力追求生活的真趣，萌生了新异的感受，作品就会富于理趣，警世醒人。

《匆匆》的格调委婉、流畅、轻灵、悠远。全文篇幅短小，结构较为单纯，句式大多简短，燕子、杨柳、轻烟、微风、薄雾、初阳、蒸融、游丝等词语飘忽灵动，意境清隽淡远，通篇显得和谐匀称，融洽得体，而这一切又是与作者为寻觅时光流逝的踪迹，以表现思想情绪的微妙流动相一致。

与 书 为 伴

（英）塞缪尔斯

书如同人，都可成为伴侣；读其书，如同读其人，同样，观其朋友，也如同观其人。无论以书为友还是以人为伴，每个人都应有自己的知己。

一本好书可以成为我们最好的朋友。昨天如此，今天亦如此，这一点亘古不变。书是我们最有耐心和最使人愉悦的朋友。无论身处逆境，还是遭遇苦难，它都不会背弃我们。它总是怀着善意接纳我们。年轻时，它给予我们快乐并指引我们；年老时，它给予我们心灵的慰藉并鼓励我们。

因为对一本书的热爱，我们发现彼此之间的亲密无间。书是更为真实和高雅的联系纽带。人们通过自己最喜爱的作者，交流思想，产生心灵的共鸣。他们与作者同在，作者也与他们同在。一本好书通常是记载生命的最好的瓮，它蕴藏着生命中思想的瑰宝。因为思想占据了生活的大部分。因此，最好的书是词汇之佳句，思想之瑰宝，最值得去怀念，去珍藏，是我们永远的伴侣和慰藉者。

书是永恒不朽的。它是迄今为止人类不懈奋斗的珍宝。庙宇和雕像可以被毁，而书却永存。无论何时，那些伟大的思想，都永远鲜活，如同首次浮上作者的心头。当时的言谈思想，透过书页仍然与我们交谈，而这一切就如同在我们的眼前。劣质的东西将被淘汰，这是时间的唯一功能，因为只有真正优秀的东西，才能在文学中永存。

书指引我们迈入最优秀的领域，它把我们带到历史上所有伟大人物面前。我们倾听他们的言语和举止；看到他们，如同看见一个鲜活的生命。我们与它产生共鸣，与它同享快乐，与它同享悲伤；我们经历它所曾经遭遇的，我们如同演员在它描绘的舞台上演戏。

『伴读引思』

作者塞缪尔-斯迈尔斯（1812—1904）英国19世纪伟大的道德学家、著名的社会改革家、成功学的开山鼻祖和脍炙人口的散文随笔作家。他一生写过20多部著作，在全球畅销100多年而不衰，成为世界各国的年轻人最喜爱的人生教科书，并因此改变了亿万人的命运。

同学们，读完了《劝学篇》，你有何感悟？能否记下来欣赏欣赏？

【灵感存档】

哲 理 篇

春蚕到死丝方尽，蜡炬成灰泪始干。

——李商隐

立志·治学·明理

曾参杀猪

　　曾参，春秋末期鲁国有名的思想家、儒学家，是孔子门生中七十二贤之一。他博学多才，且十分注重修身养性，德行高尚。

　　一次，他的妻子要到集市上办事，年幼的孩子吵着要去。曾参的妻子不愿带孩子去，便对他说："你在家好好玩，等妈妈回来，将家里的猪杀了煮肉给你吃。"孩子听了，非常高兴，不再吵着要去集市了。这话本是哄孩子说着玩的，过后，曾参的妻子便忘了。不料，曾参却真的把家里的一头猪杀了。妻子看到曾参把猪杀了，就说，"我是为了让孩子安心地在家里等着，才说等赶集回来把猪杀了烧肉给他吃的，你怎么当真呢？"曾参说："孩子是不能欺骗的。孩子年纪小，不懂世事，只得学习别人的样子，尤其是以父母作为生活的榜样。今天你欺骗了孩子，玷污了他的心灵，明天孩子就会欺骗你、欺骗别人；今天你在孩子面前言而无信，明天孩子就会不再信任你，你看这危害有多大呀。"

信，国之宝也
民之所凭也

信守

哲理点拨

　　正如曾参所说："今天你欺骗了孩子，玷污了他的心灵，明天孩子就会欺骗你、欺骗别人；今天你在孩子面前言而无信，明天孩子就会不再信任你。"

不给心灵留下隐患

　　吴祖光的妻子新凤霞长期患病，家中请过不少小保姆。一次，一个小保姆探亲回家一去不返，事后因为她偷走吴老的一些外币不能兑换而案发。公安局要求吴老起诉，后来吴老听说这个小保姆将要被判刑数年时，立即提出撤诉。他觉得对一个年轻人进行教育是必要的，但如果进了监狱，她这一生就要毁了。

几年后，这个小保姆又来信说，她从婆婆那里借了一万元钱，买了一个城市户口，因经济困难，无钱还账，婆婆每天吵闹，小保姆希望吴老先借她一万元。吴老马上到邮局汇去了一万元。一个星期后，小保姆写来感谢信，不料被新凤霞看到，她非常愤怒，指责吴老不该帮助坏人。吴老说："第一，有人相求，我不能让人家满意，便永远睡不着觉；第二，我寄钱给她，就是让她知道，大家还是信任她的，这样她可以增加生活的信心，她会更快地改正错误。"

新凤霞逝世后，吴老说他自己的时日也不多了。于是他立即着手做了三件事：一是给两个小保姆提供上学的机会，他怕死后耽误两个小保姆的前途；二是把他家的楼道进行粉刷和装修，算是对邻里的酬谢；三是要把家中所有藏书全部捐献给北京戏曲艺术职业学院。

哲理点拨

人生的过程，其实就是与世界、他人不断博弈的过程。一个聪明人不会怨天尤人，而会尽自己最大的努力消除心灵的隐患，培植生命中的宽容，悲悯和反省精神，让生命呈示一种穿越时空的美丽与明亮。

托尔斯泰的忍耐

俄国大文豪托尔斯泰拥有无数崇拜者，他的话甚至被奉为至理名言，而除了名誉、地位，他和他的夫人还共同拥有丰厚的财产和可爱的孩子。看起来，没有任何人的婚姻能比他们的更美满了。

但是托尔斯泰渐渐对自己所谓高尚的写作感到厌恶，他改写小文章，宣传和平，呼吁消灭贫困，还将自己的地产赠送给别人，追求简朴清苦的生活。然而妻子一如既往地挥金如土，追求虚荣奢侈，结交社会名流，并且对丈夫的慷慨和善行十分恼火。托尔斯泰要放弃他的所有版税，她却希望丈夫所写的著作都变成金钱。一旦托尔斯泰反对，她就立即发狂咆哮，在地上打滚，甚至拿出鸦片要吞下去声言自杀，或跑到井边做跳井状威胁丈夫。

有几次托尔斯泰都决定再也不见妻子，可每到这时，妻子会跑过来抱住丈夫的双膝，求他再次朗读五十年前在日记中赞美她美貌与他们爱情的语句。托尔斯泰读到那些话，总是会心软。

但是，妻子的依然如故终于让托尔斯泰再也不能忍受。在1910年10月的一个风雪之夜，82岁的托尔斯泰独自离家出走了。11天以后，托尔斯泰患了肝炎，死在一个车站里。

┌─────────────┐
│ 哲理点拨 │
└─────────────┘

人生中往往一件小事就能够改变一个人的命运，同样的，为别人推开一扇门就是给自己留下一条路。相同的，一个充满人性温暖的小故事，也能够改变一个人的一生。

苏格拉底的遗憾

古希腊的大哲学家苏格拉底在临终前有一个不小的遗憾——他多年的得力助手，居然在半年多的时间里没能给他寻找一个最优秀的闭门弟子。

事情是这样子的。苏格拉底在风蚀残年之际，知道自己时日不多了，就想考验和点化一下他那位平时看来不错的助手。他把助手叫到床前说："我的蜡所剩不多了，得找另一根蜡接着点下去，你明白我的意思吗"？"明白。"那位助手赶忙说，"您的思想光辉是得很好地传承下去……"

"可是，"苏拉格底慢慢悠悠地说，"我需要一位最优秀的传承者，他不但要有相当的智慧，还必须有充分的信心和非凡的勇气……这样的人选直到目前我还未见到，你帮我寻找和发掘一位这样的人。""好的，好的。"助手很温顺很尊重地说，"我一定竭尽全力地去寻找，以不辜负您的栽培和信任。"

半年后，苏格拉底眼看就要告别人世，最优秀的人选还是没有眉目。助手非常惭愧，泪流满面地坐在病床边，语气沉重地说："我真对不起您，令您失望了！""失望的是我，对不起的却是你自己。"苏格拉底说到这里，很失意地闭上了眼睛，停顿了许久，才又不无哀怨地说："本来，最优秀的就是你自己，只是你不敢相信自己，才把自己给忽略、给耽搁、给丢失了……"话没说完，一代哲人就永远离开了他曾经深切关注着的这个世界。

那位助手非常后悔，甚至后悔、自责了整个后半生。

成大事者必充满自信，信心十足。否则机会来临由于信心不足，而白白错过大好的机会，终将一事无成。

瓜田不纳履　李下不整冠

郭文本是唐文宗时皇宫内一名普通的士兵，可是这个人很聪明，懂得巴结主子和上级官员，因而上下关系非常好。不久就被分配到皇太后宫中当差，成了皇太后的亲兵。为了博得皇太后的欢心，他硬是把自己的两个女儿都送进了宫里。他就有这么两个女儿，他老婆因此和他大闹了一场，可是郭文有自己的打算，他骂老婆头发长见识短，心想我还要指望着这两个女儿升官发财呢。郭文的两个女儿也被分到皇太后身边做侍女，临进宫前，郭文千叮咛万嘱咐，告诉女儿们如何在宫里当差，如何讨皇太后欢心等等。

皇太后得知郭文把自己的一对女儿也送进了宫里，心里很是感激，亲自接见了郭文，对他很是客气，还赏赐了他不少的金银财宝。郭文更是趁此机会拼命的奉承皇太后，并且表达自己对朝廷的一片忠心。皇太后见他这样忠心耿耿，就许诺说将来一定要给他一官半职。郭文心中窃喜，可嘴上还是说："太后，小人没什么本事，书读的也不多，不能胜任啊。"皇太后越听他贬低自己越觉得此人是个人才。不久，皇太后就和皇帝唐文宗说了郭文一家的事，要求皇帝给郭文赐个官。唐文宗也是个大孝子，看到母亲这样欣赏郭文心想一定错不了，于是就派郭文去某地做了县令。

朝中的大臣们听说了此事，纷纷议论，大家都说郭文用两个女儿换了个县官做，不合朝廷礼法。于是工部侍郎柳公权对唐文宗说："皇上，凡是朝廷命官，都必须是经过严格考核的人才，绝不能采用不正当的途径任命啊。"唐文宗有些为难地说："寡人知道，可是郭文把自己的两个女儿都献给皇太后，皇太后很欣赏他，而且皇太后还亲自接见了郭文，说他是个德才兼备的人，我也不愿违背皇太后的旨意啊。"柳公权说："皇上，即使郭文有再大的本事，没有经过考核就任命他官职，人们也会说他是沾了两个女儿的光啊。"唐文宗面有难色，不知道该怎么办，心想，柳公权说得不错，可是也不好违背皇太后的意愿啊。柳公权看到唐文宗一时也拿不定主意就说："皇上，古人云，瓜田不纳履，李下不整冠，意思是说，在经过瓜田地的时候不要弯腰提自己的鞋子，当走到李子树下的时候不要抬手整理自己的帽子，以免人家怀疑你是在偷瓜摘李啊。"唐文宗听到这，知道了事情的严重性，心一横，也顾不得皇太后高兴不高兴了，毅然罢免了郭文的官职。

哲理点拨

　　郭文被任命为官和他把自己的两个女儿献给皇太后有着直接的联系，如果他不把自己的女儿都献给皇太后，皇太后也不会对他那么赞赏，更不会赐他官职，因而，郭文为官是沾了女儿的光。

　　存在着联系的事物之间容易出现嫌疑，这是客观事实。瓜田纳履，李下整冠，即使你没有偷瓜摘李，你的动作已经让人怀疑你了。因此，为了不让人产生怀疑，唯一的办法就是瓜田不纳履，李下不整冠。我们在日常生活中也要尽量避免这样的嫌疑。

　　从另一个角度来说，当我们对什么事情发生怀疑时，不要轻易发表自己的意见，一定要弄清事情的前因后果，再下结论，以免误伤人家。

长安米贵

　　白居易是唐朝著名的诗人，他的那句"野火烧不尽，春风吹又生"曾经鼓舞了多少人。白居易少年时就充分显露了他在诗歌创作上的才华，十几岁就在家乡成为远近闻名的天才少年。他出口成章，下笔成文，就连他的老师也不如他，一时间，他的家乡找不出第二个比他学问好的人。白居易深知，天外有天，人外有人，在自己居住的狭小范围内，自己的写作水平还可以，可是到了大城市，自己的水平可就不敢说了。因此，他决定去都城长安，那里是文人墨客汇聚的地方，一定能够学到不少的东西，也一定能够得到施展自己才华的机会。

　　白居易在长安也没有什么亲戚，靠着自己老师写的一封推荐信，来投奔当时德高望重的顾况。顾况和白居易的老师曾经一同来京城参加科考，有过一段日子的交情。可是当年顾况考取了功名，而白居易的老师却名落孙山，两人当初还有些书信往来，可日子久了就断了联系。白居易拿着老师的推荐信，来到顾况的府邸拜访。书童把白居易带到客厅，敬上茶后就离开了，白居易以前从来没有见过顾况，只见客厅里摆设的都是名人字画诗句，知道顾况的学问非常的了不起，于是内心里感到一丝不安。过了大概一个时辰左右，顾况才慢悠悠地踱着四方步出来，白居易一看主人出来了，纳头便拜。顾况一见这个后生不过十五、六岁的样子，心想这小子这么年轻就敢来长安闯荡，真是勇气可嘉啊，当他看到白居易的名字时，觉得非常有意思，于是就对白居易打趣说道:"年轻人,你知道长安是个什么地方吗?这里可是藏龙卧虎之地呀。白居易,白居易,呵呵,长安米贵,白居不易啊!"白居易没有解释什么,而恭敬地递上了自己的诗集。顾况翻看后,态度顿时发生了一百八十度大转弯,尤其是当顾况看到诗中那句"野火烧不尽,春风吹又生"时,禁不住对这个少年大加赞赏,说"想不到你小小年纪便有如此才华,能写出这么好的诗句来,将来肯定会有大出息的,看来你在长安城住下去是不会有什么困难的,呵呵!"

于是白居易就在顾况的家里先住了下来,每日读书写字,吟诗作画,还结交了不少青年诗人和当时的文坛巨匠,白居易的名字也渐渐地传开了,没过多久,白居易就成了长安城出了名的大诗人,他的名字传遍长安城的时候,才不过十七岁。

哲理点拨

白居易少年成名,靠的是自己的惊世才华,当他的名字遭到戏弄的时候,白居易并没有感到有什么可笑的,而是拿出自己的诗集让顾况欣赏,一下子就征服了这个起初并没有把自己放在眼里的恩师故友。难与易是相对的,对于一些人来说,可能是难,而对于另外一些人来说,可能就是易。顾况在长安城闯荡多年,才换回来一世的英名,而白居易少年得志,轻而易举就得到了大家的认可与尊敬,这就是对"白居不易"的最好反击。努力培养自己的才能,使自己成为驾驭难和易关系的能手,就会感到自己拥有更广阔的天地了。

摔琴成名

陈子昂,字伯玉,梓州射洪人,唐朝著名的文学家。他在四川当地也是很有名的少年才子,成年之后,陈子昂准备进京去闯一闯。陈子昂的家境还不错,是当地有名的富商,因此,到了京城他就买了一所宅子。可是家里却没有什么读书人的亲戚,到了京城一切都要靠自己打拼。

陈子昂已经到京城多时了,他一没经验,二没亲戚朋友,想拜见哪位有名的学人都师出无名,人家也不会愿意见他。陈子昂很是郁闷,自己空有满腹经纶,却得不到施展的机会。这天,他正在大街上闲逛。看见有一群人围在一起,他不知道人家在做什么,于是怀着好奇心走了过去,挤到人群中才发现,原来是个卖胡琴的,这人手中的胡琴据懂行的人说,是把少见的好胡琴。人们都纷纷观赏,卖胡琴的要价一百万钱,围观的人嘴里不住的赞叹:"好胡琴,好胡琴。"还有几个想买的人过来传看,他们一个接一个地拿在手中,仔细把玩,一副爱不释手的样子,可是一听到要价一百万钱,又觉得价钱太高了,舍不得;或者囊中羞涩又爱琴如命的,看着那么一把绝世好琴,自己又买不起,不禁暗自伤心,不住地叹息:"唉,好琴啊!"陈子昂看围

立志·治学·明理

观的那些人传看了很久，就是没有人肯买，于是挤到卖胡琴的那人跟前，对他说："到我家取一千缗钱，这琴我买下了。"卖琴的和围观的人都以为自己听错了，怎么会有人出这么高的价钱，于是卖琴人又惊又喜地问："公子，您是说一千缗钱吗？"陈子昂大方地说："没错，一千缗钱，快和我去取吧。"卖琴的高兴的裹起琴，小心翼翼地抱起它，准备和陈子昂回家取钱。围观的人一方面为自己没有得到这把好琴而感到惋惜，另一方面又十分惊奇，有几个好事的问陈子昂为什么肯出这么高的价钱。陈子昂回答说："千金难买这样一把好琴，我善于演奏这种乐器，当然不肯错过了。"围观的人以前都没有听说或者见过陈子昂，还当他真是个拉胡琴的高手，于是大家都说："公子，我们可否听听您演奏乐曲呢？"陈子昂得意地

说："当然可以，不过这个地方太吵闹了。这样吧，明天中午你们可以到宣阳里陈府也就是我的住处来听我演奏。"说完，大摇大摆的走了。

围观的人纷纷到处宣扬说长安城新来了一位拉胡琴的高手，明天请大家到他府上听他演奏乐曲。这消息不到一天，就传遍了整个京城。第二天，待到将近午饭的时间，陈府内外聚集了许多来听琴的人，这里面还有许多文人雅士。大家来到陈府，看陈子昂已经将酒菜准备齐全，胡琴就放在席前。陈子昂招呼客人们不要客气，先请大家吃饭喝酒。客人们本来是来听胡琴的，心里还想着胡琴的事，根本没什么心思吃饭喝酒，就草草吃了些，想尽快听陈子昂拉琴。陈子昂慢条斯理的捧着胡琴对众人说："我陈子昂本是四川有名的才子，文章有一百多篇，风尘仆仆来到京城，却不被人所知。我手上这胡琴只不过是低贱的乐工所演奏的，我怎么会对这个东西感兴趣呢。"说完，举起琴将它摔在地上，客人们不禁发出阵阵叹息声。陈子昂接着拿出自己所写的文章给客人们看，客人们看过之后，无不赞叹他的文章好，就这样，一天之内，陈子昂的名声传遍了整个长安城。

哲理点拨

在生活中我们也会遇到这种情况，刚到一个新的环境，要想让大家了解自己很不容易，这时，就要想办法让别人了解自己。陈子昂通过摔琴这一非常的举动，一举成名。我们也不妨可以想一些特殊的办法，引起别人的注意。

正确的推销自己是走向成功的关键，但是要想真正走向成功，还需要有真本事，如果陈子昂文章平庸，即使摔琴使他成名，不久以后人们还是会渐渐地忘记他。所以，要想取得成功，要想赢得他人的尊重，最重要的是有真才实学，哗众取宠或许一时间能够吸引人们的注意，时间一长，就不免成为人们茶余饭后的笑料。

不以物喜　不以己悲

　　李泌是唐朝时著名的大臣，他曾经辅佐过三朝皇帝，分别是肃宗、代宗、德宗，官位至宰相，并被封为邺侯。唐朝唐太宗、武则天和唐玄宗前期，达到了中国封建王朝最辉煌的时期，可是自唐玄宗后期内乱纷扰，民不聊生。唐肃宗、代宗、德宗时期更是每况愈下，朝廷内官吏腐败，连年的战争，让整个国家处于风雨飘摇的状态。李泌就是这时的宰相。

　　起初，李泌雄心勃勃，一心想要帮助皇帝重整大唐江山，使唐朝再次出现"贞观之治"那样的鼎盛时期。可是，人不能违背历史规律的发展，唐朝已经到了寿终正寝的时候，任凭再多的贤臣辅佐，也不能挽救它失败的命运。更何况，朝中奸臣当道，李泌等少数贤臣根本就不能施展拳脚。李泌经过多年的官场生涯，看透了其中的黑暗和唐朝灭亡的大势，于是辞官回乡。谁知，李泌走后，朝中无人能担当宰相的大任，没有办法，皇帝又派人来请李泌出山。李泌说什么也不肯再入朝为官。皇帝派了几拨说客，都没有说动李泌。皇帝十分生气，心想：好你个李泌，这么不给寡人面子，派了那么多的大臣请你，你都不肯回来，成心和我过不去，看我不收拾你。于是，皇帝下旨吓唬李泌如果不肯入朝，就把他流放到蕲春，一个偏远的地方。可是李泌依旧不肯服从。这下皇帝真的动气了，果然把他发配到了蕲春。

　　此时，韦斌正负责蕲春的防务。他对李泌十分的景仰，虽说李泌是以罪人被流放到此地，但韦斌还是对李泌很尊敬，而且处处照顾他，给他安排了住处，配备了仆人。还经常请李泌到自己府上喝酒谈天。韦斌虽然才能一般，但是为人豪爽，喜欢结交朋友，尤其是有本事、有才华的朋友。因此，他的朋友很多，他也喜欢经常邀朋友来家小聚。这天，韦斌又请了一些朋友来家共进晚餐，其中包括李泌。仆人们在凉亭为他们准备了丰富的酒菜，两旁侍女为他们提着灯笼照明。客人们落座后，照例是相互敬酒，互相嘘寒问暖。可酒宴才刚刚开始不久，就听到"咕咕，咕咕"的猫头鹰的叫声，其声音很是令人毛骨悚然。民间有句流传很广的话，叫做"夜猫子进宅，无事不来"。韦斌是个很迷信的人，听到猫头鹰的叫声，脸色立刻变了，刚才那一脸的兴奋也一扫而光，代之为沮丧，还痛苦地流下泪来。客人们忙问韦斌："您怎么了？"韦斌说："夜猫子进宅，无事不来。看来我要走霉运了，可怜我上有老，下有小，唉！"说着，更加的伤心了，禁不住哭出声来。客人们也被韦斌的话传染了，都没了兴致，再想想大唐目前的景况，真的是要没好日子过了。李泌看到这，哈哈大笑，说："大家不要伤心，别人都认为夜猫子的叫声是厄运的前兆，如果我们把它当做吉祥的声音来听，不就没什么可值得伤心的了。大家都试着这么想，别怕它的叫声，痛痛快快的喝酒聊天！"客人们经李泌这么一说，都慢慢好了起来，开始把猫头鹰的

立 志 · 治 学 · 明 理

叫声当做吉祥的声音，甚至还盼望它叫，于是，整个夜晚大家都感到过的很愉快。

哲理点拨

　　在很多人眼中，夜猫子的叫声是不祥的征兆，现代人也有这种想法，其实则不然，猫头鹰是一种益鸟，它能帮助农民除害。但是由于封建迷信思想的影响，人们在面对生活中许多普通的现象时，往往会用迷信的观点来判断，这其实是非常可笑的行为。

　　面对这些所谓的"不祥征兆"，我们该采取什么样的态度呢？李泌为我们做出了好的榜样。他相信自己对自己未来的把握，面对"不祥之兆"，他洒脱，甚至把它当做一种享受。可是，如果我们对自己没有自信，像韦斌一样，就会疑神疑鬼，凡事都往坏处想。这样做不但不会给你带来好心情，而且长此以往，也会造就你消极的个性，最终难成大业。

韦诜择婿

　　唐玄宗时，裴宽曾经在润州做参军，当时韦诜任润州刺史，裴宽是他的下属。韦诜的女儿已经到了该谈婚论嫁的年龄了，韦诜一心要为女儿找一个德才兼备的女婿，可是上门提亲的不少，韦诜一个也没相中，不是嫌人家学问不好，就是嫌人家品德不好。这天，韦诜正在为女儿的事情发愁。他在花园中踱来踱去，不知不觉就走到了女儿的二层绣楼上，看到女儿正在用心刺绣，不忍打扰，就来到廊上眺望，偶然间发现花园里有个人，只见那人正拿着小铲挖了个小坑，然后从怀中掏出一包东西，埋了进出，然后又小心地把土盖好。韦诜觉得好奇，就命下人去看看到底是怎么回事。下人回来禀报说："那人是裴宽。有人送给他一大块鹿肉干，没留下姓名放在门口就走了，他没法退还给人家，又不想收人家的东西，所以只好把他埋了起来。"韦诜听了点头表示赞许。又命人去打听一下裴宽的为人，下人们回来禀报说："裴宽为人清廉，从来不收人家的贿赂，生怕玷污了自己的家门。如果有人给他送东西，他一定马上派人送回去。即使不送回去，他也会派人给送东西的人回赠一份价钱相当的礼物。"韦诜听后，对裴宽的为人赞叹不已。

　　为了再考察一下裴宽，韦诜还设了一计。他命手下人去请裴宽，就说自己要请裴宽喝酒。裴宽接到刺史的请柬当然不敢怠慢，慌忙收拾了一下就来赴宴。韦诜并没有宴请别人，只请了裴宽一个。席间两人谈得很是投机，韦诜见裴宽已经不是那么拘束了，就假装说："裴宽啊，自从我上任以来，你在我身边也立下了不少的功劳，我打算为你置办一所宅院，以供你居住，你现在住的地方太寒酸了。"裴宽听到这话，慌忙放下手中的酒杯，跪在韦诜面前，说："大人，小人辅助您只不过是尽自己的责任，并没有什么功劳，您又何必赏赐我呢？"韦诜悄悄地说："你不必害怕，我这是偷偷送给你的，又没有旁人知道，以后你还要帮助我多聚敛些钱财，到时一定有你的好处。"裴宽顿时脸色大变，厉声说："大人，我原以为您是个清官，不想您也是如此，大人，我请求辞官。"说着就要起身离去。韦诜看裴宽果真清廉，于是大笑说："裴宽，我是骗你的，只想考考你，不错，你是个人才。我决定把女儿嫁给你了！"裴宽又惊又喜。

结婚那天，裴宽也没什么好衣服，就拣了一件绿色的相对新一些的衣服穿上了。裴宽本来又瘦又高，穿了这件衣服，十足似个小丑，族人们都取笑他，叫他"碧鹳"。韦诜则一脸严肃地说："我疼爱自己的女儿，一定要让她嫁给贤良的公侯做妻子。裴宽虽然其貌不扬，但是他为人清廉，将来一定能成大事，你们又怎么能以貌取人呢？"果然，裴宽不负岳父厚望，后来当上了礼部尚书，而且成为中国历史上有名的贤臣。

哲理点拨

决定一个人前途发展的决定性因素是他的为人，而非他的衣着、相貌。故事中，裴宽虽然长的不起眼，衣着也很不协调，但是韦诜还是通过裴宽埋鹿肉干等事情，看出裴宽是个清正廉洁的人，并断定他日后定成大业。而后来裴宽当上了礼部尚书也证明了韦诜没有看错人。

人是不断变化着的，现在贫贱并不代表以后就不能富贵；反之现在富有并不代表日后就不会窘迫。关键要看这个人是否具有能力和才学改变自己目前的状况。韦诜就看到了裴宽为一般人所没有发现的本质，所以我们对人对事，不要仅仅停留在外表，因为它只反映了这个人或事目前的状态，要想抓住本质，必须进行精心的分析、判断，才能做出正确的决策。

御史察奸

李靖，唐朝初期杰出的军事家，唐高祖时屡立战功，太宗时历任兵部尚书、尚书右仆射等职，后被封为卫国公。唐高祖李渊早年在山西起兵造反，李靖便是他的左右，曾经拼死救过李渊的性命。后来，李渊灭了隋朝，建立大唐基业，封李靖为岐州刺史。李靖到岐州之后，安抚百姓，鼓励工商业，对官吏制定了严格的纪律，没过多久，便把岐州治理的井井有条，一片太平盛世的景象。

谁知李靖早年结下的一个仇敌如今在京城为官，他日夜想着报复李靖，欲把李靖置于死地，而李靖本人对此毫无察觉。一天，那人在上朝时向皇帝李渊上奏，说李靖在岐州招兵买马，准备造反，还列举出种种看似有力的罪证，这令李渊大为震惊，因为李靖是大唐的开国元勋，假如真的造反，必然有很大一部分人起兵响应，他的号召力和影响力是不可小视的。于是李渊就派了一个掌管监督官员的御史来审理这个案子，并下旨一定要查个水落石出。御史与李靖是多年的故交，深知李靖的为人，他心里很清楚李靖是遭到了小人的诬陷，因此就想办法要救李靖，替他解了这个不白之冤。御史向高祖请旨说："陛下，由于原告最清楚李靖的罪行，臣恳请陛下特许我和原告一起去调查取证，这样微臣办起案子来才会得心应手啊！"李渊一听有道理，就派遣原告和御史一起办理李靖谋反的案子。

御史此时已经想好了对付原告的计策，他假装非常高兴拿着原告的状子和原告一起上路了。走了几个驿站之后，御史假装非常懊悔的对原告说："坏事了，我昨晚上把你的状子给弄丢了，今天早上找了半天也没见踪影，这下可怎么办啊？"说完，御史还显出非常惊恐的样子，命令手下兵士用鞭子抽打随行的官吏，责骂他们粗心大意，如此重要的证据都不好好看管。原告一看状子没了，一下子也没了辙，在那里垂头丧气，因为他知道，没有了所谓的"证据"，他也拿李靖没有办法。这时御史对原告说："我看不如这样吧，劳烦大驾，你再重新写一份状子吧，反正都是一样的。"原告一想也对，于是只好命人准备笔墨，很快又写了一份状子，写完之后，御史就把状子拿走了。回到自己的住处，御史拿出两份状子一对比，发现两者内容大不相同，因为诬陷李靖的罪名本来就是捏造的，自然状子上的内容不会完全一样了。

御史拿着两份状子返回京城向李渊报告，高祖知晓后大为震怒，竟然有人敢诬陷大唐的开国元勋，这还了得！于是速把诬陷李靖的元凶判处了死刑，御史也长舒了一口气。

哲理点拨

这个御史非常的聪明，当他接受了皇帝的命令前去调查李靖谋反案子时，就想尽办法来揭露诬告者的丑恶嘴脸，他让诬陷者重新写状子，轻松的揭露了其捏造罪名的事实，将其处死。事情说来也很简单，但却不是每个人都能想得到的，能够既想到又付诸实施，这就是一个人真本领的具体体现了。通过对两样或者多样事物进行比较观察，发现和把握其相互区别，从而掌握好认识事情的本质，这是我们需要学习的。我们在面对这样棘手的问题时，也可以成功地运用这种方法，从事物的本质入手，这样就会从容不迫地将问题解决了。

郭子仪为官之道

郭子仪，唐朝大将。因为平定安史之乱有功，被任命为尚书令，后又晋封为汾阳郡王，唐德宗即位后，被尊为尚父。

在郭子仪为汾阳郡王时，他的府第在京城的亲明里，是京城最繁华的地段，来往的行人、车马很多。郭府的大门总是大开，不论是自家人还是过往行人都可以随便出入郭府，没有任何限制。有一次，郭子仪手下有位将军即将出征，特意前来向郭子仪辞行，由于不需要通禀，这位将军就直接来到郭子仪的房前。此时郭子仪的妻子和女儿正在梳妆打扮准备出门，郭子仪则在一旁伺候，夫人叫："拿毛巾来。"郭子仪就乖乖的拿着毛巾递给夫人。一会儿女儿又说："父亲，我要洗脸。"郭子仪就连忙端过洗脸水，帮女儿洗脸。还没等伺候完女儿洗脸，夫人又叫："快过来帮我梳梳头！"郭子仪又立刻跑到夫人那里伺候，十足似个仆人的形象。来拜见郭子仪的将军一时不知道该怎么办，心想自己看到郭大将军伺候妻子女儿梳妆，这对郭将军来说是多么难堪的一件事啊。因而不敢轻易上前说话，只好在门前不停地踱步。过了好一会，待郭子仪的夫人和女儿梳洗完毕，准备出门的时候，发现了这位将军。他才不好意思地说："郭将军，小人特地来向您辞行。"看到他难以启齿的样子，郭子仪就明白了，一定是他觉得不应该看我给夫人女儿梳洗，认为这是有辱我大将军的尊严。于是，就哈哈大笑，将他请进屋里，说："习惯了，习惯了，平时我都是这么伺候她们的。"

这位将军拜别了郭子仪，心里越想越觉得不妥，郭大将军身为郡王，还像仆人一样伺候夫人和女儿，这太不像样了，更不像话的是他还开着大门，让来人都看到了，这有辱我大唐将军的威严啊。于是，他在临走之前召集郭子仪的弟子们，和他们说了自己看到的"不该看到的一幕"，其他人也都说，自己也碰到过这样的情况，大将军太不顾自己的脸面了。大家商量着，要一起说服大将军不要这样不顾身份。可是，无论他们怎么苦口婆心的劝阻，郭子仪就是不听，仍旧坚持己见。弟子们急得团团转，甚至流下泪来，说："大将军，您功名显赫、德高望重，但却不知道自重、自爱。不论贵贱，什么人都可以在您的寝室里随便走动，我们认为就是伊尹、霍光那样贤德的大臣也不应该这样啊！"郭子仪笑笑说："我的做法不是一般人所能够理解的，我们家现在有四五百匹马吃公家的粮草，一千多人吃公家的粮食，所以进退没有什么余地。但是如果我围起高墙，紧闭大门，不和外面来往，一旦有人与我结仇，诬陷我不守臣子的法度，再加上那些贪图功利、忌贤妒能的人借机煽风点火，那么我们全家就要遭受灭族之灾啊。现在我胸怀坦荡，四门大开，虽然有人想诋毁我，但也找不到什么理由。"弟子们听了，都佩服郭子仪的做法，也就不再劝他了。

哲理点拨

趋利避害的关键是自己的行为光明磊落，不给别人陷害、中伤自己的机会。郭子仪为官几十年，深知官场险恶，虽然已经官至郡王，但是难免有和自己结仇的人伺机报复，躲避暗箭最好的办法就是不给别人以口实将家门敞开，表明自己没有什么见不得人的地方。这种办法看似委屈了自己，实则是保全自己最好的办法。

立志·治学·明理

现代社会人与人之间的关系更加复杂，和别人产生摩擦是不可避免的，怎样才能避免呢？郭子仪的办法值得我们学习。越是将自己紧紧包裹起来，别人就越不了解你，各种流言就会趁机产生。反之，让自己的行为透明化，所有的猜疑和流言就会不攻自破。

李师古送礼

李师古，唐朝人，其父李纳曾任淄清节度使，故李师古为人跋扈，目中无人。杜黄裳，曾任河中尹。杜黄裳在唐代是一位颇具传奇色彩的人。他生前为人俭朴，为官清廉。

李师古仗着他父亲任淄清节度使，因而为人狂傲，目中无人，每次走在街上，必有一队人马前呼后拥，行人遇见他必须为他让路，否则板子伺候。就连皇帝也让他三分，他家强占民宅，欺压百姓，被人告到官府，官府的老爷们，都不敢受理，生怕得罪了李师古。偶尔有刚正不阿的官员，敢受理状告李师古的案子，最后，还是被李师古搞的丢官丧命。因而，一时间李师古成了京城一霸。想要加官进爵的人都争相来拍他的马屁，给他送礼，俨然又一个"皇帝"。虽然皇帝对他的恶行也有所耳闻，但是因为他父亲手握重兵，也不敢轻易治他的罪。所以，李师古就更加的放肆。

但是，整个朝中李师古只畏惧一个人，那就是杜黄裳。杜黄裳为官清廉，这是众所周知的事情，任何人给他送礼他都不会收。而且杜黄裳也不怕李师古那一套，李师古着实对他有些忌惮，见到杜黄裳，还要恭恭敬敬地行礼，一点气焰都没有。李师古想缓和一下和杜黄裳的关系，于是，就派手下一个得力干将去给杜黄裳送礼。礼物有：几千串钱，价值几千串钱的毡车一辆。手下不敢轻举妄动，害怕直接送进门，会被赶出来。就在杜府大门外守候，待有人出来时，再做打算。一连等了几天，杜府都没有人出门，手下等的的确不耐烦了，可又怕主人怪罪，只好耐着性子，继续等。终于，这天看到里面出来一辆破马车，那匹马又老又笨，不时的喘着粗气。而车棚也是千疮百孔，看样子只要轻轻一扯，蓬布就会顿时撕得粉碎。再看马车旁边跟着的那两个侍女，破衣烂衫，脸上丝毫没有胭脂水粉的迹象，倒是一脸的菜色，一看就知道营养不良。李师古手下猜，一定是最下等的奴婢，可最下等的奴婢怎么可能跟着一辆破马车出来呢。按理说只有主人才可能乘马车出行啊，可这破马车又怎么可能是主人的呢。一时间，他也想不明白。就悄悄来到看门的那里问，刚刚出门的是什么人，一问才知道，原来车里坐的竟然是杜夫人。手下急忙回去把所见所闻报告李师古，李师古气得要死，从此再也不敢给杜黄裳送礼，也不敢再做出太出格的事。

　　李师古飞扬跋扈，唯独对杜黄裳有所顾忌。杜黄裳夫人出门的情景无疑向世人召告：谁都别想给我送礼拉关系，我要是想收礼还轮不到你们。李师古不傻，他不会再自讨没趣，去碰杜黄裳的冷眼。言传不如身教，正人先正己，杜黄裳以自己的实际行动向世人证明了自己的确是个正人君子。现代社会人们常常抱怨，人与人之间的冷漠与无情，其实，要想别人成为你所期望的人，你首先得把自己塑造成那样的人，别指望着别人成为活雷锋，自己得先成为真雷锋。

攻心为上　攻城为下

　　三国时期，刘备任命诸葛亮为丞相，后刘备驾崩白帝城，有白帝城托孤的经典故事，刘禅即位后，诸葛亮整日想着平定曹操，但是若想出征北方，就要先将南中的叛乱剿灭。诸葛亮手下有一员大将，叫马谡，字幼常，襄阳宜城人，此人平日里熟读兵书，善晓战机，喜欢议论军政大事，并时常有不凡见解，深得诸葛亮的器重。

　　建兴三年，诸葛亮亲自率领大军十万远征南中，誓要彻底平定南中各部落。出发前，留守成都的马谡前往军中送行。路上，两个人讨论起了军事，诸葛亮就问马谡："此次南征，我军志在必得，不知将军有何良言相赠啊？也好为本相指点一条上策。"马谡似乎早已做好了这方面的思想准备，他十分认真地对诸葛亮说："南中这一仗路途十分遥远，地形也非常的险要，很长时间以来各部落就一直不肯服从，刘璋统治西川的时候，也曾经多次进攻南中，但今天攻破南中，使他们暂时降服了，等到明天，他们又会起兵造反。现在，丞相您倾全国兵力去讨伐南中，向其显示我们蜀国的强盛和威风，南中知道我们表面上强大无比，似乎不可战胜，但实际上内部已经非常空虚了，他们的叛乱就会来得更快更猛烈了，那个时候南中就成了我们最大的威胁，反而不美。如果我们将南中的百姓斩尽杀绝，不留后患，则不符合仁者情怀，而且不可仓促行事啊。"

　　经过一番仔细的分析之后，马谡重又郑重地对诸葛亮说："用兵之道，攻心为上，攻城为下，心战为上，兵战为下。一味的采取武力的方式，不一定是解决问题的最好途径，有时候反而适得其反，事倍而功半啊。我希望丞相此去南中，能够设法运用心战，收服南中各部落的人心，这才是上策，而且我认为，也只有这样，才是实现南中长治久安的最好政策。"

　　诸葛亮听了马谡的一番理论，深感有道理，于是决定采取马谡的建议，注意运用攻心战术，而不是采取以前的强攻战术。到达南中以后，诸葛亮运用智谋，七次将南中的首领孟获擒获，然后又七次将他放走，一直到孟获彻底心悦诚服为止。孟获千方百计与诸葛亮斗智斗勇，但每次都失败了，最终终于臣服在诸葛亮的帐下，诚心诚意的归顺了蜀国，此后直到诸葛亮死了，南中也再没有发生叛乱。

哲理点拨

南中人反复无常，很难被彻底征服，蜀军多次出征，但均是在军队撤离之后前功尽弃，马谡用攻心为上，攻城为下的思想建议诸葛亮放弃武力征服的办法，果然十分的奏效，不仅符合仁者情怀，而且彻底收服了南中各部落。

做事情要讲究策略和方法，不能一味的蛮干，依靠武力并不能解决所有的问题，打败敌人很容易，只要武力强过对手就可以了，但若想彻底征服敌人，就需要攻其心了，表面上的胜利其实并不代表什么，只有让敌人从心里服输，才是最终的胜利。

近朱者赤，近墨者黑

晋朝大臣傅玄是个品学兼优的人，为人正派，因此很受皇帝敬重，于是被请来做太子的老师，皇帝请求他不仅教太子如何做学问，更重要的是教太子如何做人，如何将来做个好皇帝。

太子府里的人很多，除了宫女、太监外还有大批为太子办事的官员，因此各式各样的人都有。但是真心对待太子的人却不多，他们大都是为了讨好太子，以求将来太子登基赏他们一官半职。当时太子年纪尚轻，喜欢玩耍，不喜欢读书，在傅玄来之前，也请了几个老师来教太子，可是这些老师不敢严格要求太子，太子想玩就放他出去玩，偶尔太子还以捉弄老师为乐。而太子身边的太监、侍从们就成为太子的"忠实"拥护者，太子想干什么就干什么。傅玄来了以后，在功课上严格要求太子，可是太子贪玩的心还是没有收回来，老师一走就又胡闹起来。他身边的人几乎没有人敢劝阻太子，都为了讨好他，事事听从他的安排。傅玄几次来上课的时候都发现太子在玩耍，丝毫没有明君的风范，而且傅玄还发现太子身边的人总是唯太子马首是瞻，一味的奉承他，夸奖他，即使太子做得不好，侍从们也违心说好。傅玄看了这一切心里十分忧虑，心想：皇上把教导太子的重任交给我，我不能辜负皇上的厚爱，太子在这样的一个环境中是很难学好的，我必须让他意识到事情的严重性啊！

一天，当傅玄在给太子讲课的时候，他讲到："要想做一个好人，做一个好皇帝，一定要接近正派的人。如果常接近朱砂，就一定被染红；而常接近墨水就会被染黑，对自己一定要严格要求，行为要端正，只有这样，周围的人才会跟你学，正派的人才会聚拢到你的身边。譬如，声音清亮，回声就一定甜美；自己站的直，影子就一定不会斜。"太子听不太明白，问傅玄到底想要说什么。傅玄继续解释说："您如果接近正人君子，那么符合道义的话就会听得多，自己的行为就会逐渐符合规范和准则。倘若您多接近小人，那就有如进入卖鲍鱼的店一样，时间久了，您就闻不到兰花的香味了。"太子听后，陷入了沉思，想想自己平时不学无术，就知道任性玩耍，而身边却没有一个人敢像老师一样直言劝诫，心中不由得感叹自己的确做错了。

不久皇帝听说了这件事，很欣赏傅玄说的那段话，就让人把这些话写在屏风上，放在太子房中，让他每天读一遍，以时刻提醒自己，勉励自己。

哲理点拨

环境的确会对人产生很大的影响，故事中太子身边的人是一群小人，因而傅玄建议太子多接近有道义的人，才会聚揽人才，提升自己的品德，成为一个好人，将来成为好皇帝。生活中也是如此，我们在适应周围环境的同时，还要有改造环境的能力，改造那些不正确的东西，不让那些不正确的东西影响自己的进步和发展。从辩证的观点看，把握住自己，那么"近朱者未必赤，近墨者未必黑"也是可能的。

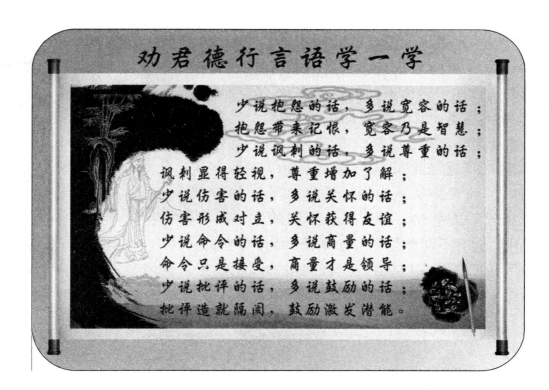

劝君德行言语学一学

少说抱怨的话，多说宽容的话；
抱怨带来记恨，宽容乃是智慧；
少说讽刺的话，多说尊重的话；
讽刺显得轻视，尊重增加了解；
少说伤害的话，多说关怀的话；
伤害形成对立，关怀获得友谊；
少说命令的话，多说商量的话；
命令只是接受，商量才是领导；
少说批评的话，多说鼓励的话；
批评造就隔阂，鼓励激发潜能。

【风雅诗斋】

立志·治学·明理

题 西 林 壁

（宋）苏轼

横看成岭侧成峰，
远近高低各不同。
不识庐山真面目，
只缘身在此山中。

『鉴赏指引』

【赏析】

《题西林壁》是宋代文学家苏轼的诗作。
这是一首诗中有画的写景诗，又是一首哲
理诗。前两句描述了庐山不同的形态变化。
庐山横看绵延逶迤，崇山峻岭郁郁葱葱连
环不绝；侧看则峰峦起伏，奇峰突起，耸入
云端。从远处和近处不同的方位看庐山，
所看到的山色和气势又不相同。后两句写
出了作者深思后的感悟：之所以从不同的

方位看庐山，会有不同的印象，原来是因为"身在此山中"。也就是说，只有远离庐
山，跳出庐山的遮蔽，才能全面把握庐山的真正仪态。全诗紧紧扣住庐山谈出自己
独特的感受，借助庐山的形象，用通俗的语言深入浅出地表达哲理，故而亲切自然，
耐人寻味。

【哲理】

人们观察事物的立足点、立场不同，就会得到不同的结论。人们只有摆脱了主
客观的局限，置身庐山之外，高瞻远瞩，才能真正看清庐山的真面目。要认清事物
的本质，就必须从各个角度去观察，既要客观，又要全面。

观 祈 雨

（唐）李约

桑条无叶土生烟，
萧管迎龙水庙前。
朱门几处看歌舞，
犹恐春阴咽管弦。

『鉴赏指引』

【赏析】

《观祈雨》是唐代诗人李约的作品。这是一首悯农诗，写观看春日祈雨的感慨，前两句写农民春旱祈雨的场面，后两句写朱门看歌舞的情景。此诗通过对久旱无雨时两种不同生活的描绘，揭露了当时的阶级对立和贫富的悬殊。农民们由于天旱而忧虑一年生计，豪门权贵却笙歌竟日，反而怕天阴下雨乐器受潮。如此鲜明的对比，反映了作者对豪门荒淫生活的无比愤慨以及对农民苦难生活的深切同情。全诗语言含蓄，风格委婉。

【哲理】

诗中描述的祈雨场面就非常鲜明的告诉我们，在阶级社会中，由于人们分属于不同的阶级，具有不同的阶级立场，因而，他们对许多问题的看法（反映）都大相径庭。我们要正确地认识事物，首先必须站在人民根本利益的立场上去看问题。由于人们的需要不同，社会地位不同，价值判断和价值选择就不同。在阶级社会中，价值判断和价值选择具有鲜明的阶级性。

潍县署中画竹

（清）郑燮

衙斋卧听萧萧竹，

疑是民间疾苦声。

些小吾曹州县吏,

一枝一叶总关情。

『鉴赏指引』

【释义】

卧在衙门的书斋里静听着竹叶沙沙地响动,总感觉是民间百姓呼饥号苦的喊声。在州县里像我们这些地位卑下的小官吏,民间每一件小事如同画上每一条枝叶总牵动着自己的感情。

衙斋:官衙中的书斋。 些小:指官职卑微。 吾曹:我们。 关情:关心。

【欣赏】

郑板桥借兰竹石与现实生活中的各类现象发生紧密联系,有感而发的创作画,也正是将"文人画","脱离现实,逃避现实",引向"关心现实,注意现实"做出的贡献。题画诗,使比较单纯的花鸟画,有了丰富的社会内容,产生深刻的思想性、抒情性,拉近了与读画者的距离,仿佛进行了心与心的交流、面对面的对话,使"凝固的瞬间"不断延续着,加强了艺术感染力。

【哲理】

唯物主义认为,意识是客观事物在人脑中的反映。但是人们对同一客观事物进行思考,却往往会形成不同的认识和结论。从人的主观因素来说,主要是由于人们的立场不同,世界观不同,知识构成不同等因素造成的。

琴 诗

（宋）苏轼

若言琴上有琴声,

放在匣中何不鸣?

若言声在指头上,

何不于君指上听?

『鉴赏指引』

【赏析】

这是一首著名而典型的理趣诗和禅理诗。

从哲理方面来说，美妙的琴声既来自于琴，也来自于演奏者精妙绝伦的弹奏技巧，是琴与演奏者的有机结合，两者相互依存，相互作用，相互影响，就如同车之两轮、鸟之两翼，二者不可缺一。美妙的琴声是琴与手指的主客观的高度民主统一，没有琴的客观存在，就不会有美妙的琴声；没有弹琴者对音乐的精通与演奏技艺的高超，没有其主观能动性的积极充分发挥，同样也不会有精美的音乐出现。诗人以琴为喻，说明了一切高超艺术的产生都是作为主体的人与作为客体的物的相互作用的结果。

从禅理方面来说，诗人以琴声来解说禅理。诗人通过设问的方式，巧妙而形象地说明了是琴与指的结合，才产生了精美的琴声。一方面，不论是从单纯的琴来说，还是单纯的指来说，其都是一种客观存在，有其在就能发出琴声来，这就是"有"；但琴与指都是无法独自产生出美妙音乐来的，这就是"无"；另一方面，精妙绝伦的琴声却又是的的确确从琴和手指上发出来的，琴声是潜存于琴与指上的，这就是"有"。缺少了琴与指中的任何一个，也不能发出优美的琴声来，这又是"无"。正是这种"无中生有"、"有来自无"、"有无相生"、"有无结合"才会产生美妙无比的琴声来，从而揭示了"有"与"无"结合、"有""无"统一才能生成万物的普遍道理。须知，琴声潜在于琴上，要靠指头点拨，即靠"有"的推动才能发出声来，但光有指头也无济于事，"有"必依赖"无"即潜在于琴身的音才可生出声。总之，有无相生是万物生成之本。

【哲理】

这首诗给我们以启示：不论是谁，要想事业上干出一番业绩来，除了客观上要有一定的条件作基础外，还需要自己在主观上的积极进取与努力奋斗，才可能创造出光明美好的人生。

戏为六绝句(之一)

(唐)杜甫

庾信文章老更成，

立志·治学·明理

凌云健笔意纵横。

今人嗤点流传赋，

不觉前贤畏后生。

『鉴赏指引』

【赏析】

《戏为六绝句》，以诗论诗，在绝句体裁上乃首创。唐朝乃诗歌鼎盛时期，则魏、晋、六朝乃天朝文学由质朴趋向华彩的转变期，为唐诗之繁荣创造了先决条件。然六朝文学有重形式、轻内容，甚至不乏淫靡萎弱之风。因此，唐代诗论家对六朝文学颇有批判之词，甚至出现某"好古遗近"之极端分子，竟全盘否定六朝文学。庾主可谓南北朝文学集大成者，工部以"前贤畏后生"之反讽对庾信之文学成就给予肯定，其艺术情怀与不流于俗的大家之风可见一斑。艺术多样性乃其魅力之所在，而兼收并蓄之态度则不仅适用于艺术也。然兼收并蓄亦有所选择，过分兼收则引某乌合之众于流光，如当今某圈。

【哲理】

（1）从事物普遍联系的观点看，任何事物都是一个前后相继的发展过程，离开了对历史联系的分析，我们不仅无法正确认识昨天的历史，也无法正确认识今天的是未。割断历史、否认联系，盲目的嗤笑传统、否定前人，必然导致民族虚无主义。

（2）用发展的观点看问题，就要把事物如实地看成是一个变化发展的过程。研究任何问题，都不能割断历史，都不能以今天的成熟去否定昨天的幼稚。对前人要采取历史主义的态度，不能用今天的眼光和标准去看待和衡量过去，更不能苛求古人。

（3）用两点论和重点论相结合的观点看问题，一方面，要正确分析和区分前人的成就和缺陷、是与非、功与过、精华与糟粕等；另一方面，还要进一步分清哪是矛盾的主要方面，哪是矛盾的次要方面等。

八 阵 图

（唐）杜甫

功盖三分国，名成八阵图。

江流石不转，遗恨失吞吴。

『鉴赏指引』

【赏析】

这是一首咏怀诗，又是一首哲理诗。作者赞颂了诸葛亮的丰功伟绩，尤其称颂他在军事上的才能和建树。三、四句，对刘备吞吴失师，葬送了诸葛亮联吴抗曹统一中国的宏图大业，表示惋惜。末句照应开头，三句照应二句；在内容上，既是怀古，又是抒怀，情中有情，言外有意；在绝句中别具一格。

【哲理】

唯物辩证法认为，任何事物都有它的整体和部分（全局和局部），两者既相互区别又相互联系。首先，整体和部分相互依存、不可分割。其次，二者相互影响、相互制约。在某种条件下，关键的部分甚至能够对全局和整体起决定性作用。诸葛亮多年苦心经营，巧妙布置八阵图，都是为了一个全局性的战略目标——"吞吴"，而刘备的报仇之举

则是部分、局部的小目标。办事情只有从整体着眼，统筹全局，才能选择最佳方案，以求实现最后目标。刘备意气用事，仅从局部着眼，贸然发动进攻，结果不仅局部遭到失败，而且还从根本上破坏了诸葛亮苦心筹划的战略大局，使"吞吴"大计成为泡影。这首诗以生动鲜明的历史事实昭示后人：树立全局观念，局部服从全局是多么重要。

观 书 有 感

（宋）朱熹

半亩方塘一鉴开，天光云影共徘徊。
问渠哪得清如许？为有源头活水来。

『鉴赏指引』

【注释】

（1）方塘：又称半亩塘，在福建尤溪城南郑义斋馆舍（后为南溪书院）内。鉴：镜。古人以铜为镜，包以镜袱，用时打开。

（2）这句是说天的光和云的影子反映在塘水之中，不停地变动，犹如人在徘徊。

（3）渠：指方塘。那（nǎ）得：怎么会。那：通"哪"，怎么的意思。清如许：这样清澈。

（4）源头活水：源头活水比喻知识是不断更新和发展的，从而不断积累，只有在人生的学习中不断学习运用探索，才能使自己永葆先进和活力，就像水源头一样。

【赏析】

这是一首借景喻理的名诗。全诗以方塘作比喻，形象地表达了一种微妙难言的读书感受。池塘并不是一泓死水，而是常有活水注入，因此像明镜一样，清澈见底，映照着天光云影。这种情景，同一个人在读书中搞通问题、获得新知而大有收益、提高认识时的情形颇为相似。这首诗所表现的读书有悟、有得时的那种灵气流动、思路明畅、精神清新活泼而自得自在的境界，正是作者作为一位大学问家的切身的读书感受。诗中所表达的这种感受虽然仅就读书而言，却寓意深刻，内涵丰富，可以做广泛的理解。特别是"问渠那得清如许，为有源头活水来"两句，借水之清澈，是因为有源头活水不断注入，暗喻人要心灵澄明，就得认真读书，时时补充新知识。因此人们常常用来比喻不断学习新知识，才能达到新境界。人们也用这两句诗来赞美一个人的学问或艺术的成就，自有其深厚的渊源。读者也可以从这首诗中得到启发，只有思想永远活跃，以开明宽阔的胸襟，接受种种不同的思想、鲜活的知识，广泛包容，方能才思不断。这两句诗已凝缩为常用成语"源头活水"，用以比喻事物发展的源泉和动力。

这是一首极其有艺术哲理性的小诗。人们在品味书法作品时，时常有一种神采飞扬的艺术感觉，诗中就是以象征的手法，将这种内心感觉化作可以感触的具体形象加以描绘，让读者自己去领略其中的奥妙。所谓"源头活水"，当指书写者内心的不竭艺术灵感。

诗的寓意很深，以源头活水形象地比喻丰富的书法艺术灵感才是书法艺术作品真正的不竭源泉，阐明了作者独特的读书感受，很符合书法艺术创作的特色，也反映了一般艺术创作的本质。

【哲理】

以池塘为喻，说明了为学之道，必须不断积累，不断地吸收新的营养。事物都是运动、变化、发展的，万事万物只有在运动中才能保持自己的存在。正是这种不间断的运动、变化和发展，事物才能在不断自我更新中存在下去。这种运动一旦停止，事物也就不可能存在了。如果没有知识的不断更新，不断积累，一个人的学问也就会变成一潭死水，毫无生气和进展了。治学之道如此，办其他事情也是这样。

拟 古

（明）钱宰

长江东流去，来者方不息。
白日没西山，晨光还奕奕。
春花瘁复荣，秋草黄已碧。
造化无停机，循环岂终极？
人生天壤间，少壮须努力！

『鉴赏指引』

【作者介绍】

钱宰（1299—1394），字子予，又字伯均，明朝会稽人。吴越武肃王十四世孙。弱冠有文名，元代至正年间进士，洪武二年（1369年），以明经征为国子助教，后进为博士。曾编辑《孟子节文》，异常劳苦，公余之暇感慨吟诗："四鼓咚咚起着衣，午门朝见尚嫌迟，何时得遂田园乐，睡到人间饭熟时。"次日钱宰上朝，朱元璋一见他便说，"昨日作的好诗，不过我并没有嫌啊，改作忧字如何？"钱宰吓得磕头谢罪。朱元璋说："朕今放汝去，好好熟睡矣"，洪武十年（1377年）归休。洪武二十七年（1394年），召宿儒校蔡沈《书传》（与朱熹《诗传》相悖），兵部尚书唐铎推荐钱宰。《书传会选》书成，凡六卷，颁行天下，厚赐驰驿归。有《临安集》传世。《明史》有传。

【哲理】

世界上万事万物在永不停息地运动、变化着。自然界是如此，人生又何尝不是这样。因此，在少壮时，就必须努力拼搏，奋发进取。

论 诗

（清）赵翼

李杜诗篇万古传，
至今已觉不新鲜。

立志·治学·明理

江山代有才人出，

各领风骚数百年。

『鉴赏指引』

【赏析】

第一、二句诗人指出，即使是李白、杜甫这样伟大的诗人，他们的诗篇也有历史局限性。第三、四句诗人呼唤创新意识，希望诗歌写作要有时代精神和个性特点，大胆创新，反对演习守旧。世人常常用这句诗来赞美人才辈出，或表示一代新人替换旧人，或新一代的崛起，就如滚滚长江，无法阻拦。

写作特点：诗歌语言浅近，直抒胸臆，作者以诗仙李白、诗圣杜甫为例，评价了他们在诗歌创作上的伟大成就。接着笔锋一转，发表了自己对诗歌创作的卓越见解：随着时代发展，诗歌创作也要推陈出新，不能停滞不前。每个朝代都会有新人涌现，发展、创新是作者论诗的核心与灵魂。

【哲理】

此诗反映了作者诗歌创作贵在创新的主张。他认为诗歌随时代不断发展，诗人在创作的时候也应求新求变，并非只有古人的作品才是最好的，每个时代都有属于自己的风格的诗人。写出了后人继承前人。本诗虽语言直白，但寓意深刻。"江山代有才人出，各领风骚数百年。"一句表达了文学创作随着时代变化发展的主题思想与中心。

赵翼论诗提倡创新，反对机械模式。他通过对诗家李白、杜甫成就的回顾，以历史发展的眼光来看，各个时代都有其标领风骚的人物，不必唯古人是从。诗歌也应随着时代不断发展。

说明事物是不断发展的，每个时代都应创新、进步，不能因袭古人，不求进取。

赋得古原草送别

（唐）白居易

离离原上草，一岁一枯荣。

野火烧不尽，春风吹又生。

远芳侵古道，晴翠接荒城。

又送王孙去，萋萋满别情。

『鉴赏指引』

【注解】

赋得：凡是指定、限定的诗题，例在题目上加"赋得"二字，唐以后成为科举试士诗的一体。

离离：历历，分明的样子。草木茂盛的样子。

一岁：一年。

枯：枯萎。荣：茂盛。远芳：伸展到远处的草。

王孙：贵族，这里指作者的朋友。

萋萋：茂盛的样子。这两句借用《楚辞·招隐士》"王孙游兮不归，春草生兮萋萋"的典故。

【评析】

《赋得古原草送别》又题《草》。赋得：凡是指定、限定的诗题例在题目上加"赋得"二字。这种作法起源于"应制诗"，后来广泛用于科举"试帖诗"。此诗为作者准备科举考试而拟题的习作，所以也加了"赋得"二字。"又送"两句诗意，本自《楚辞·招隐士》："王孙游兮不归，春草生兮萋萋。"

此诗直观是对自然演变的描写，但含意深刻，常用以比喻进步的东西具有顽强的生命力。更多唐诗欣赏敬请关注"习古堂国学网"的唐诗三百首栏目。

传说白居易十六岁时由江南到长安（即今天的西安）考举人，拿着自己的诗作去拜谒当时的大名士顾况。顾看看他的姓名，开玩笑说："长安米价正贵，在这里居住可不太容易啊！"及至披阅白居易的诗，读到这首《古原草》，不由得赞叹道："能做出这样的诗语，居亦易矣！"白居易从此名声大振（见张固《幽闲鼓吹》）。

唐人的咏物诗，往往仅在最后一句才能见到作者的本意。白居易一向提倡作诗要通俗易懂，但也不反对用隐喻的办法。《古原草》这首诗题目标有"送别"二字，很显然是一首送别友人的诗篇。而通篇几乎都在写草，实是借草取喻，以草木之茂盛显示友人之间依依惜别时的绵绵情谊。情深意切，所喻尤为巧妙，不愧为白居易的成名作。

起句实赋草字，在一望无际的古老郊原上，草木繁盛，一岁岁，一年年，枯荣交替，不知经历了多少春夏秋冬。这两句平平淡淡地如实写来，看似无奇，实则揭示了那片古老草原上草木繁荣与枯败的自然规律。而作者以"离离"二字冠于句首，则给我们造成一种春草繁茂的印象。《诗经·王风·黍离》："彼黍离离，彼稷之苗。"张衡《西京赋》："神木灵草，朱实离离。""离离"是用来描写一种果实累累，枝繁叶茂的状态。所以，"离离原上草，一岁一枯荣"二句的重点在"荣"，而不在"枯"。这就为下面的两句"野火烧不尽，春风吹又生"作了铺垫。据说此二句尤为顾况所赏识，原因在于它不仅展示了草木的顽强生命力，而且揭示了大自然生生不息的客观规律，同时也象征人在逆境中顽强拼搏，奋发向上的精神。

"远芳侵古道，晴翠接荒城"极言春草的茂盛、原野的阔远及春日的和煦。"古道"、"荒城"紧扣题中"古原"，用人事的代谢与自然界的光景常新作对照，以"侵"、"接"二字刻画春草蔓延、绿野广阔的景象，传神写照，可谓善于体物。末句卤草关合人事，远送王孙。王孙借指作者的朋友。用春草之繁茂借喻别离之情的传统，由来已久。《楚辞·招隐士》有"王孙游兮不归，春草生兮萋萋"的句子。江淹《别赋》："春草碧色，春水绿波，送君南浦，伤如之何！"至白居易则极尽描绘春草繁盛之能事，而结句用，"又送王孙去，萋萋满别情"，将抽象的友人间依依惜别之情化为具体可感的形象，语语如在目前，魂销黯黯，不胜其苦。当初受到顾况的如此赞赏，也就不奇怪了。

这是一曲野草颂，更是一曲生命颂。"草"，作为中心词，构成全诗意境的主体意象。全诗借景写情，蕴含深刻，刻画形象生动，用语自然流畅，意境浑然完整。虽是命题作诗，却能融入一定的生活感受，故字字含情，语语有味，不但得体，而且别具一格，在"赋得体"中，为千古绝唱。按"赋得体"的标准，此诗的结构也堪称严谨妥当：前四句写"原上草"，后四句写"古道送别"。然而，此诗佳处，远不止于此。其为名作，实因意胜，即赞美一种顽强向上的生命精神。

有人说此诗别有寓意，是喻小人去之不尽，或者是喻世道治乱循环等。这完全是一厢情愿的附会。这首诗正如清代屈复编选的《唐诗成法》所云："不必定有深意，一种宽然有余地气象，便不同啾啾细声，此大小家之别。"

【哲理】

说明世界上的事物都是运动、变化、发展的，而这种运动、变化和发展都有其基本的秩序，都是有规律的。规律是客观的，它的存在和发生作用不以人的意志为转移。唯物辩证法认为，事物发展的总趋势是前进的，新事物必定战胜旧事物。这首诗常被用来比喻新事物的强大生命力。尽管有严寒相逼，有野火摧残，旧事物的威力可谓横肆暴虐，却无法改变客观规律。新事物在春风吹拂下，正蓬蓬勃勃，一派生机。

寄 兴

（宋）戴复古

黄金无足色，白璧有微瑕。
求人不求备，妾愿老君家。

立志・治学・明理

『鉴赏指引』

【作者介绍】

戴复古(1167—?),南宋江湖派诗人。字式之,常居南塘石屏山,故自号石屏、石屏樵隐。天台黄岩(今属浙江台州)人。一生不仕,浪游江湖,后归家隐居,卒年八十余。曾从陆游学诗,作品受晚唐诗风影响,兼具江西诗派风格。部分作品抒发爱国思想,反映人民疾苦,具有现实意义。

【赏析】

"江湖诗派"是南宋后期继永嘉四灵后而兴起的一个诗派,因陈起刊刻的《江湖集》而得名。当时书商陈起与江湖诗人相友善,于是刊售《江湖集》、《续集》、《后集》等书,后人以《江湖集》内诗气味皆相似,故称之为江湖诗派。《江湖集》中所录诗人大部分或为布衣,或为下层官吏,身份卑微,以江湖习气标榜。江湖诗人时时抒发欣羡隐逸、鄙弃仕途的情绪,也经常指斥时弊,讥讽朝政,表达不与当朝者为伍的意愿。江湖诗人中成就较著的是戴复古和刘克庄。

"求人不求备,妾愿老君家",说这句之前先用"黄金无足色,白璧有微瑕"来打比方,说明"人无完人"的道理。"求人不求备"人非圣贤,孰能无过?用人倘若求全责备,那就没有好人可用。用人如用器,用其所长而已。只要有长处而用之,无须专注其短。最后表达出自己的想法,对丈夫的小缺点不介意,愿意同丈夫相携相伴、白头偕老。全诗浅白而直抒了女主人公微妙的情感,读来饶有趣味。

时间长河已经流逝了 800 年,但是诗中的感言依然具有现实意义。时至今日,还有好多女性由于婚姻观、爱情观不合时宜而成为大龄剩女。尤其是一些女强人、高学历、高智力的女生,往往目中无人,就好像天下没有与之匹配的好男儿。

有人戏言,她们眼中的理想伴侣应该是:身体结实像运动员、五官端正像演员、工作单位是公务员;车库里有车子、别墅里有房子、银行里有票子。"此男只应天上有,人间能得几回闻?"把杜甫的诗改一个字,才行。这是一个女子对婆家的表白。全诗意思:没有十足的赤金,没有完全无瑕疵的白玉。对人不能求全责备,我愿意在君家老去。

【哲理】

唯物辩证法认为,世界上任何事物的内部都包含着既对立又统一的两个方面,因此,我们要如实反映事物的本来面目,就必须坚持两分法、两点论,全面地看问题。我们对人、对事、对己,都要一分为二,如果责备求全,就是一点论,就会犯片面性、绝对化的错误。

雪 梅

（宋）卢梅坡

梅雪争春未肯降，骚人搁笔费评章。
梅须逊雪三分白，雪却输梅一段香。

『鉴赏指引』

【赏析】

古今不少诗人往往把雪、梅并写。雪因梅，透露出春的信息，梅因雪更显出高尚的品格。如毛泽东《卜算子·咏梅》中就曾写道："风雨送春归，飞雪迎春到。已是悬崖百丈冰，犹有花枝俏。俏也不争春，只把春来报。待到山花烂漫时，她在丛中笑。"雪、梅都成了报春的使者，冬去春来的象征。但在诗人卢梅坡的笔下，二者却为争春发生了"摩擦"，都认为各自占尽了春色，装点了春光，而且谁也不肯相让。这种写法，实在是新颖别致，出人意料，难怪诗人无法判个高低。诗的后两句巧妙地托出二者的长处与不足：梅不如雪白，雪没有梅香，回答了"骚人阁笔费评章"的原因，也道出了雪、梅各执一端的根据。读完全诗，我们似乎可以看出作者写这首诗是意在言外的：借雪梅的争春，告诫我们人各有所长，也各有所短，要有自知之明。取人之长，补己之短，才是正理。这首诗既有情趣，也有理趣，值得咏思。

【哲理】

唯物辩证法认为，世界上的事物之所以千差万别，就在于她们各有其特殊性的矛盾，正是这种特殊的矛盾规定了一事物区别于其他事物的特殊的本质。诗中深刻地说明了：每一事物都有自己的特点，各有所长，各有所短。如果离开了对于矛盾特殊性的具体分析，人们就无法区分是未，也就更谈不上正确地认识事物。

惠崇春江晚景

（宋）苏轼

竹外桃花三两枝，春江水暖鸭先知。

蒌蒿满地芦芽短，正是河豚欲上时。

『鉴赏指引』

【赏析】

诗的首句"竹外桃花三两枝"，隔着疏落的翠竹望去，几枝桃花摇曳身姿。桃竹相衬，红绿掩映，春意格外惹人喜爱。这虽然只是简单一句，却透出很多信息。首先，它显示出竹林的稀疏，要是细密，就无法见到桃花了。其次，它表明季节，点出了一个"早"字。春寒刚过，还不是桃花怒放之时，但春天的无限生机和潜力，已经透露出来。

诗的第二句"春江水暖鸭先知"，视觉由远及近，即从江岸到江面。江上春水荡漾，好动的鸭子在江水中嬉戏游玩。"鸭先知"侧面说明春江水还略带寒意，因而别的动物都还没有敏感到春天的来临，这就与首句中的桃花"三两枝"相呼应，表明早春时节。这句诗化用了唐人诗句：孟郊"何物最先知？虚虚草争出"(《春雨后》)，杜牧(一作许浑) "蒲根水暖雁初下，梅径香寒蜂未知"(《初春

舟次》)。苏轼学古而不泥，前人诗句的造诣，加上自己观察的积累，熔炼成这一佳句。"鸭知水暖"这种诉之于感觉和想象的事物，画面是难以传达的，诗人却通过设身处地的体会，在诗中表达出来。缘情体物又移情于物，江中自由嬉戏的鸭子最先感受到春水温度的回升，用触觉印象"暖"补充画中春水激滟的视觉印象。鸭之所以能"先知春江水暖"是因为它们长年生活在水中，只要江水不结冰，它总要跳下去凫水嬉戏。因此，首先知道春江水温变化的自然就是这些与水有着密切关系的鸭子。这就说明：凡事都要亲历其境，才会有真实的感受。这句诗不仅反映了诗人对自然的入微观察，还凝聚了诗人对生活的哲理思索。鸭下水而知春江暖，可与"一叶落而知天下秋"相媲美，具有见微知著、举一反三的道理。

诗的三四两句："蒌蒿满地芦芽短，正是河豚欲上时"，这两句诗仍然紧扣"早春"来进行描写，那满地蒌蒿、短短的芦芽，黄绿相间、艳丽迷人，呈现出一派春意盎然、欣欣向荣的景象。"河豚欲上"借河豚只在春江水暖时才往上游的特征，进一步突出一个"春"字，本是画面所无，也是画笔难到的，可是诗人却成功地"状难写之景如在目前"，给整个画面注入了春天的气息和生命的活力。苏轼的学生张耒在《明道杂志》中也记载长江一带人食河豚，"但用蒌蒿、荻笋(即芦芽)、菘菜三物"烹煮，认为这三样与河豚最适宜搭配。由此可见，苏轼的联想是有根有据的，也是自然而然的。诗意之妙，也有赖于此。画面虽未描写河豚的动向，但诗人却从蒌蒿丛生、

芦苇吐芽推测而知"河豚欲上"，从而画出海豚在春江水发时沿江上行的形象，用想象得出的虚境补充了实境。苏轼就是通过这样的笔墨，把无声的、静止的画面，转化为有声的、活动的诗境。在苏轼眼里，这幅画已经不再是画框之内平面的、静止的纸上图景，而是以内在的深邃体会和精微的细腻观察给人以生态感。前者如画，后者逼真，两者混同，不知何者为画境，何者为真景。诗人的艺术联想拓宽了绘画所表现的视觉之外的天地，使诗情、画意得到了完美的结合。

这一首诗成功地写出了早春时节的春江景色，苏轼以其细致、敏锐的感受，捕捉住季节转换时的景物特征，抒发对早春的喜悦和礼赞之情。全诗春意浓郁、生机蓬勃，给人以清新，舒畅之感。诗人苏轼提出"诗画本一律，天工与清新"（《书鄢陵王主簿所画折枝二首》），"诗中有画，画中有诗"（《东坡题跋》卷五《书摩诘蓝田烟雨图》），在他的这首题画诗《惠崇春江晚景》中得到了很好的验证。

【哲理】

唯物辩证法认为，一般（共性、矛盾的普遍性）总是存在于个别（个性、矛盾的特殊性）之中，并通过个别表现出来。春天的到来，正是通过这一件件特殊的、个别的事物而表现出来。离开了这一个个的美妙画面，春光也就无从谈起了。

感　怀

（明）杨基

骅骝日千里，亦在御功者。
向无造父能，乃与凡马同。

『鉴赏指引』

【欣赏】

骅骝，指赤红色的骏马，周穆王的"八骏"之一。常指代骏马。御，驾驶马车，如御车，御者。造父，嬴姓。其祖先伯益为少昊裔孙，被舜赐姓嬴，造父为伯益的 9 世孙。据《史记》载："穆王使造父御，西巡狩，见西王母，乐之忘归。而徐偃王反，穆王日驰千里马，攻徐偃王，大破之。乃赐造父以赵城，由此为赵氏。"

这首诗大意是说，骏马日行千里，功劳在于驾驶骏马的人；如果没有像造父这样有好的驾驭能力的人，骏

以真诚的感情，
去热爱自由的东西。

马也会像平常马一样。

【哲理】

唯物辩证法认为，在事物发展中，内因与外因同时存在，缺一不可。内因是事物发展的根据，外因是事物发展的条件，外因通过内因起作用。这首诗虽然突出地强调了外因对于人才发展的重要作用，但没有否定内因。一方面，它告诫那些对于他人来说处于外因位置的人们，应当善于发现、培养和使用人才，积极为人才的成长创造条件，另一方面，它还告诫那些在各方面已经取得成就的人们，不可忘记和否定自己成材的外部因素，把一切成功、成绩归于自己。

赤 壁

（唐）杜牧

折戟沉沙铁未销，自将磨洗认前朝。
东风不与周郎便，铜雀春深锁二乔。

『鉴赏指引』

【欣赏】

这首咏史吊古诗，似在讥讽周瑜成功的侥幸。诗的开头两句，借物起兴，慨叹前朝人物事迹，后二句议论：赤壁大战周瑜火攻，尚无东风东吴早灭，二乔将被掳去，历史就要改观。诗的构思极为精巧，点染用功。

【哲理】

内因是事物发展的根据，外因是事物发展的条件。外因在一定条件下，对事物的发展起非常重要的作用。倘若没有一定的条件，即使是英雄人物也是无法成功的。

七律·人民解放军占领南京

毛泽东

钟山风雨起苍黄，百万雄师过大江。
虎踞龙盘今胜昔，天翻地覆慨而慷。

宜将剩勇追穷寇，不可沽名学霸王。

天若有情天亦老，人间正道是沧桑。

『鉴赏指引』

【注释】

钟山：山名，又名紫金山，在江苏省南京市东北。

苍黄："苍"是苍天，"黄"是黄土指大地，"起"字是描写风雨的动词，风雨起苍黄的意思，就是风雨起于苍茫的天地之间，体现出诗句所蕴含的雄浑气势。开句就从无边无际的天苍苍、地黄黄开始，把读者带入磅礴气势，万里雄风，苍茫天地，狂风暴雨之中，在这个虚构的、特定的作品背景下，"百万雄师过大江"，真是气壮山河，可以想象诗人具有的何等的胸怀和气魄！

虎踞龙盘：成语，形容地势险要易守难攻，通常指帝都而言，亦专指南京。在诗中是一种铺垫，说明革命胜利来之不易。

天翻地覆：成语，形容彻底的变革，这里指中国社会正在发生根本的变化。本句也是一种抒怀，表达了诗人在胜利到来之前的感慨和兴奋心情。

宜将胜勇追穷寇，不可沽名学霸王：典故，引用了古代楚汉之争的故事，当时正是国共内战的关键时刻，长江以北大部分地区已经解放了，长江以南的国民党部队仍然负隅顽抗，于是解放军做出百万雄师过大江的军事壮举，打过长江去，解放全中国。毛主席的这首诗就是为鼓励人民解放军，坚决把革命进行到底。不要学楚霸王项羽，本来已经胜利在望，完全可以消灭刘邦，他却选择了分地而治，分天下而管，导致后来刘邦的发展，并最后将项羽逼到乌江自刎，含恨而死！

天若有情天亦老，人间正道是沧桑："天若有情天亦老"是唐朝的李贺的诗句《金铜仙人辞汉歌》。只是在这里用更好，内涵更加丰富。

"人间正道"是指社会发展规律，"老"在唐诗是指因气愤、痛苦而变得衰老，这里指人民生活在水深火热中而盼望革命。"沧桑"是沧海桑田的缩语。这两句的意思是，苍天如果有感情的话，看到国民党反动派的黑暗统治，也会气愤不已，变得衰老，或者思图变革；现在中国革命已经胜利在望，历史将发生巨大的沧桑变化，一个旧的制度将被推翻，一个新的人民自己当家作主的新社会即将诞生，这就是"人间正道"，是不以人们意志为转移的客观规律。

【评析】

诗人在描写人民解放军占领南京这件重大历史事件中，没有用豪言壮语，没有用政治口号。而是通过古诗词的常规语言，通过成语和典故巧妙运用，在仅仅五十六个字的七律中蕴含了极大的信息量，把人民解放军占领南京的感怀，以及将革命进行到底建立新中国的政治抱负交代的清清楚楚，不愧是绝世名篇。

【哲理】

　　诗中引用了楚霸王项羽当年本可凭借优势兵力消灭刘邦，但他却害怕背上"不义"之名而多次丧失时机，最后反被刘邦攻击的历史悲剧，告诫人们"宜将剩勇追穷寇"的道理。从哲学角度来说，就是当量的积累已经达到一定程度时，就应不失时机地促成飞跃和发展，促成质变。如果犹豫不决，就会痛失良机。"天若有情天亦老，人间正道是沧桑"，更从辩证唯物主义和历史唯物主义的高度，说明"世界总是这样以新的代替旧的，总是这样新陈代谢、除旧布新或推陈出新。"沧桑，指沧海变为桑田，这里比喻革命性的发展变化。"人间正道"是指社会发展规律。"老"是指因气愤、痛苦而变得衰老。这两句的意思是，天若有情的话，看到国民党反动统治的黑暗残酷，也会气愤不已，变得衰老；人类社会的除旧布新，沧桑变化，是不以人们意志为转移的客观规律。

小　松

（唐）杜荀鹤

自小刺头深草里，而今渐觉出蓬蒿。
时人不识凌云木，直待凌云始道高。

『鉴赏指引』

【注释】

　（1）时人：指普通的人。
　（2）凌云：直冲云霄。
　（3）始道：才说。
　"刺头"准确地勾勒出小松的外形特点，也写出了小松的精神。

【赏析】

　　小松长在茂密的草中看不见，到现在才发现已经比那些野草（蓬蒿）高出了许多。那些人当时不识得可以长得很高的树木，等到长成参天大树了才说这树高。

　　小松刚出土时埋在草丛里，小得可怜，不被人注意。但它不低头、不气馁，默默地向上生长，锐不可当，直冲云霄，到这时，人们才知道埋在深草里不起眼的小松原

是"凌云木"！由此诗人感叹道：眼光短浅的"时人"是不会把小松看成栋梁之材的，有多少小松由于"时人"不识而被摧残、砍杀，而又有多少像小松一样有才华的人遭到同样悲惨的命运啊！

这首小诗借松喻人，托物言志，寓意深刻。诗中对小松的描写精当传神，描写和议论、抒情和哲理有机统一，充满情趣，耐人寻味。

这首诗以松喻人，托物言志。表面上看是写小松，实际上是用小松比喻像小松一样被埋没的栋梁之才，用小松不被时人识的命运来暗示自己的命运，抒发了自己怀才不遇、报国无门的感慨。学习这种托物言志的写法。

【哲理】

这首小诗借松写人，寓意深长。小松刚刚出土，的确小得可怜，以至被埋没在深草之中，但它并不示弱，逐渐成长，是那些小草所无法比拟的。人们往往忽视、不认识小松将长成凌云大树的远大发展前途，等到松树真的凌云参天之时，才去称赞它的高大。大松"凌云"已成事实时，再来称赞它们高大，并不说明有眼光，而在小松幼小和小草一样貌不惊人时，如能识别，预见到它必将凌云的发展前途和趋势，而倍加培养和爱护，为它的成长创造条件，那才是有见识、有意义的。许多人所缺少的正是这个"识"字。作者以松喻人，告诫人们要善于发现和识别人才，对有发展前途的人才要及早给以重视、关心和培养，使之早日成才。

从哲学角度来说，小松的成长也可比喻为新事物成长的过程。一切新事物的成长都要经历一个由小到大、由弱到强、由不完善到比较完善的过程。它最初出现时总是比较弱小，不可能完全具备和充分显示其优势，甚至常常是貌不惊人，幼稚可笑。但由于它符合客观规律，代替了事物的发展方向，因而具有强大的生命力和广阔的发展前途。"前途是光明的，道路是曲折的"，是一切新事物发展的途径。我们应以唯物辩证法为指导，及时发现它，预见到它的远大发展前途，积极地支持它，促使它迅速成长和壮大。

游 园 不 值

（宋）叶绍翁

应怜屐齿印苍苔，小扣柴扉久不开。
春色满园关不住，一枝红杏出墙来。

『鉴赏指引』

【注释】

（1）游园不值：想游园没能进门儿。值，遇到；不值，没得到机会。

（2）应怜：大概是感到心疼吧。应，表示猜测；怜，怜惜。

（3）屐齿：屐是木鞋，鞋底前后都有高跟儿，叫屐齿。

（4）小叩：轻轻敲门。

（5）柴扉：用木柴、树枝编成的门。

【赏析】

正是江南二月，云淡风轻，阳光明媚。诗人乘兴来到一座小小花园的门前，想看看园里的花木。他轻轻敲了几下柴门，没有反响；又敲了几下，还是没人应声。这样敲呀，敲呀，半天也不见有人来开门迎客。怎么回事儿？主人真的不在吗？大概是怕园里的满地青苔被人践踏，所以闭门谢客的。果真如此的话，那就未免太小气了！

诗人在花园外面寻思着，徘徊着，很是扫兴。在他无可奈何、正准备离去的当儿，抬头之间，忽见墙上一枝盛开的红杏花探出头来冲着人打招呼呢。诗人快意地想道：啊！满园的春色已经溢出墙外，任你主人把园门闭得再紧，也关它不住！"春色满园关不住，一枝红杏出墙来。"诗人从一枝盛开的红杏花，领略到满园热闹的春色，感受到满天绚丽的春光，总算是不虚此行了。但是，后来读者并不以这点儿为满足，而是按照自己的意愿，赋予这两句诗以生活的哲理：新生事物一定会冲破重重困难，脱颖而出，蓬蓬勃勃地发展起来。这两句诗也因此获得了新的生命，流传不绝。

【哲理】

任何具有旺盛生命力的新生事物，是无论如何也禁闭不住的。

放　言

（唐）白居易

朝真暮伪何人辩，古往今来底事无。
但爱臧生能诈圣，可知宁子解佯愚。

立志·治学·明理

草萤有耀终非火，荷露虽团岂是珠。
不取燔柴兼照乘，可怜光彩亦何殊！

『鉴赏指引』

【赏析】

"朝真暮伪何人辨，古往今来底事无。"底事，何事，指的是朝真暮伪的事。首联单刀直入地发问：早晨还装得俨乎其然，到晚上却揭穿了是假的，古往今来，什么样的怪事没出现过？可有谁预先识破呢？开头两句以反问的

句式概括指出：作伪者古今皆有，人莫能辨。"但爱臧生能诈圣，可知宁子解佯愚。"颔联两句都是用典。臧生，即春秋时的臧武仲，当时人称他为圣人，孔子却一针见血地斥之为凭实力要挟君主的奸诈之徒。宁子，即宁武子，孔子十分称道他在乱世中大智若愚的韬晦本领。臧生奸而诈圣，宁子智而佯愚，性质不同，作为则一。然而可悲的是，世人只爱臧武仲式的假圣人，哪晓得世间还有宁武子那样的高贤？"草萤有耀终非火，荷露虽团岂是珠。"颈联两句都是比喻。草丛间的萤虫，虽有光亮，可它终究不是火；荷叶上的露水，虽呈球状，难道那就是珍珠吗？然而它们偏能以闪光、晶莹的外观炫人，人们又往往为假象所蒙蔽。"不取燔柴兼照乘，可怜光彩亦何殊。"尾联紧承颈联萤火露珠之喻，明示辨伪之法。燔柴，语出《礼记·祭法》："燔柴于泰坛。"这里用作名词，意为大火。照乘，明珠两句是说：倘不取燔柴大火照乘明珠来作比较，又何从判定草萤非火，荷露非珠呢？谚云："不怕不识货，就怕货比货。"诗人提出对比是辨伪的重要方法。当然，如果昏暗到连燔柴之火、照乘之珠都茫然不识，比照也就失掉了依据。所以，最后诗人乃有"不取"、"可怜"的感叹。

这首诗，通篇议论说理，却不使人感到乏味。诗人借助形象，运用比喻，阐明哲理，把抽象的议论，表现为具体的艺术形象了。而且八句四联之中，五次出现反问句，似疑实断，以问为答，不仅具有咄咄逼人的气势，而且充满咄咄怪事的感叹。从头至尾，"何人"、"底事"、"但爱"、"可知"、"终非"、"岂是"、"不取"、"何殊"，连珠式的运用疑问、反诘、限制、否定等字眼，起伏跌宕，通篇跳荡着不可遏制的激情，给人以骨鲠在喉、一吐为快的感觉。联系诗人直言取祸的冤案，读者自会领悟到辨伪之说并非泛泛而发的宏论，而是对当时黑暗政治的针砭，是为抒发内心忧愤而做的《离骚》式的呐喊。

【哲理】

诗中提出一个引人深思的问题：世事变化之快，真真假假，让人怎能分辨得清楚，而古往今来哪件事又不是如此？人们对于那些外表相似的真假难辨的事物，必

须透过现象，认识本质，辨别其真伪；并以种种贴切的比喻说明，人们通过分析比较，是可以辨别真伪，认识事物的本质的。

论诗绝句之二

（清）赵翼

只眼须凭自主张，纷纷艺苑漫雌黄。
矮人看戏何曾见，都是随人说短长。

『鉴赏指引』

【赏析】

"矮人看戏何曾见，都是随人说短长。"如果自己见识低下，就像个子矮的人看戏似的，自己什么也没看见，对戏的好坏心中没有定数，只是随声附和罢了。评论事物要有主见，不要人云亦云。

【哲理】

作者一针见血地指出：评论诗词的好坏优劣，应当有自己的见解和主张，而不能像文坛艺苑中的某些人一样，信口雌黄。马克思主义哲学认为，要做到独具慧眼，深刻地认识、把握事物的本质，一是必须在实践中占有大量的感性材料；二是必须善于对感性材料进行"去粗取精、去伪存真、由此及彼、由表及里"的加工，实现由感性认识上升到理性认识的飞跃和发展。

咏　史

（唐）高适

尚有绨袍赠，应怜范叔寒；
不知天下士，犹作布衣看。

『鉴赏指引』

【注释】

（1）前两句：绨袍，粗丝绵之袍。范叔，指战国时魏国人范雎。这两句讲述了一个典故：魏国派须贾、范雎出使齐国，齐王重范雎之才，赐给他银子，而没有给须贾。须贾诬范雎暗通齐国，范雎被迫害而逃往秦国，改名张禄，拜为丞相，使秦国称霸天下。后来，须贾出使秦国，范雎穿着破衣拜见须贾。须贾看他可怜，送给他绨袍。当须贾知范雎是秦国丞相时，大惊失色。而范雎念他赠绨袍一事，免其一死。

（2）天下士：天下豪杰之士。

（3）布衣：老百姓。

【赏析】

高适是初唐著名的边塞诗人，也是一位很有政治才能的诗人。诗人在仕途辉煌时，曾官至淮南、西川节度使，封渤海县侯，诗名远播。一些优秀的边塞诗赞扬了边防将士的斗志，歌颂了他们以身殉国杀敌立功的豪情，不仅形象生动而且充满了乐观情绪和爱国主义精神，表现出高适的为国"万里不惜死，一朝得成功"的政治抱负。但是他在少年时，相当落魄，其诗歌大多感慨怀才不遇，仕途失意。这首诗则写于未入仕途之时。

"尚有绨袍赠，应怜范叔寒。"这两句歌咏历史上范雎的一段故事。诗中的"尚有"，还有；"绨袍"，用一种比绸子厚实、粗糙的纺织品做成的袍子。"范叔"，指范雎。范雎字叔，故称。《史记·范雎蔡泽列传》记载：战国时范雎事魏大夫须贾，因随须贾出使齐国，齐王赐他金十金和牛酒。须贾怀疑范雎通齐，告诉魏相。魏相派人凌辱范雎，几欲置之死地。范雎装死得以逃到秦国，游说秦昭王获得成功，被拜为相，封于应（今河南省宝丰西南），称"应侯"。"范雎既相秦，秦号曰'张禄'，而魏不知，以为范雎已死久矣。魏闻秦且东伐韩、魏，魏使须贾于秦。范雎闻之，为微行，敝衣间步之邸，见须贾。须贾见之而惊曰："范叔固无恙乎！"范雎曰：'然。'须贾笑曰：'范叔有说于秦邪？'曰：'不也。雎前日得过于魏相，故亡逃至此，安敢说乎！'须贾曰：'今叔何事？'范雎曰：'臣为人庸赁。'须贾意哀之，留与坐饮食，曰：'范叔一寒如此哉！'乃取其一绨袍以赐之。"后须贾知范雎已为秦相，前往谢罪，范雎没有处死他，说："然公之所以得无死者，以绨袍恋恋，有故人之意，故释公。"放须贾回魏国。诗中的"寒"，不能简单地理解为寒冷，而应有贫寒、穷困潦倒的意思；"尚有"与"应怜"相连接，说明须贾虽然曾得罪于范雎，差一点置范雎于死地，但他对故人还有一点同情、怜悯之心，这是非常可贵的。也就是这样的同情、怜悯之情，救了他的命。这说明，为人不可太势利，太刻薄，要宽容，要大度。

"不知天下士，犹作布衣看。"这两句写须贾并不知道范雎已贵为秦相，还把他当成平民看待。诗人在这里是在借题发挥，意在讽刺须贾徒有怜寒之意而无识才之眼，竟然把身为秦相，把天下所重的范雎看成是布衣寒士，真是可悲可叹！诗中的"天下士"，即国士，杰出的人才。"布衣"，代指平民。古时一般平民穿布衣。平心而论，这两句议论与须贾不识范雎为宰相相衔接，有些牵强附会。范雎被魏相羞辱、鞭挞后，世人都以为魂归地府了；须贾使齐，要拜见的是秦相张禄，怎么知道范雎改名换姓呢？范雎布衣往见须贾，装作一副穷酸相，有谁会把他与威风八面的秦相张禄联系在一起呢？因此，说须贾不识国士，不以国士待之，是有些强人所难；而须贾在那样毫不知情的情况下，留他吃饭，赠以衣服，应当说是做得不错的，说明他的人性没有完全泯灭，这与他当初向魏相报告范雎受齐人之金，范雎受到凌辱，奄奄一息，而他不加丝毫劝阻相比，不知要胜过多少倍。也正因为如此，范雎才留他性命，让他回国。但是，诗人是有感而发，向诗人这两句中所说的现象，在当时的社会中比比皆是，诗人少年落魄，晚年才发迹，少年时虽然没有范雎那样的遭受奇耻大辱，但也没有少遭达官贵人的白眼和冷嘲热讽，有谁在他没有发迹的时候把他当作人才来看呢？因此诗人借范雎之事批判了这种糟蹋人才、埋没人才的社会现象；同时，也间接地表明，自己要做一个"天下士"，要成为国家有用的人才，让世人刮目相看。

这首诗叙事和议论结合，充满情感。诗人在诗中发古之幽情，给人一种强烈的感受，能够引起读者的共鸣。诗中几个连接词的运用也恰到好处，上两句的"尚有"、"应怜"，写出须贾赠袍时的那种怜悯心态，并不以为范雎能够发迹，更没有看出范雎已经发迹，看出须贾只是一个平庸之人；下两句的"不知"、"犹作"，看上去是心平气和借事说事，而实际上是充满激情，对这种把人不当人看待的社会现象深恶痛绝，同时心高气傲，让世人为之瞩目！

【哲理】

诗的前两句，肯定了须贾的怜寒念旧之情，后两句借题发挥，讽刺须贾仅有怜寒之意而无识才之眼。也是对仅以外表、衣帽取人的一种讽刺。

现象是事物的表面特征，是事物的外部联系，可以被人的感官直接感知。而事物的本质则是事物的内部联系，是事物的根本性质，只能靠人的理性思维去把握。认识的根本任务在于透过现象认识本质，由感性认识上升到理性认识。正因为须贾的认识没有达到这样的水平和程度，因而不可能给以重视和委以重任。对万事万物的认识都是这样的。

诗 一 首

杨虎城

西北山高水又长，男儿岂能老故乡。

黄河后浪推前浪，跳上浪头干一场。

『鉴赏指引』

【作者介绍】

这首诗是爱国将领杨虎城 24 岁时写下的一首诗。杨虎城（1893 — 1949），陕西蒲城人。父亲杨怀德是木工，清光绪三十四年（1908 年）受诬陷，在西安被官府处死。他随后在家乡组织"中秋会"，打富济贫，扶弱抑强。1914 年，打死下乡收租的恶霸后转入同州（今陕西大荔）、朝邑、合阳一带，当了"刀客"的首领，进行武装抗暴斗争。1915 年，袁世凯称帝，他率部参加反袁的陕西护国军，任营长。1917 年底，杨虎城任陕西靖国军第三路第一支队司令，率部同属于皖系军阀的省督陈树藩和北洋政府的八省援陕军对抗。1920 年，直系军阀取代皖系军阀控制北京政府，派阎相文为陕督，对靖国军实行分化瓦解。靖国军大部为其收编，但杨不为所动。1922 年春，于右任将靖国军总部迁至武功，任杨虎城为第三路司令。杨率部一旅同十倍于己的直系部队激战，逐步退至延安，一面整训部队，一面派人至广东同孙中山联系。1924 年 1 月，孙中山批准杨为国民党员。10 月，冯玉祥发动北京政变，组织国民军，委任井岳秀为陕北国民军总司令，杨虎城为前敌总指挥。1925 年 7 月，杨率部南下，将直系部队驱逐至秦岭以南，任国民军第三军第三师师长。杨开始同共产党人合作。1926 年 1 月，奉系和直系军阀联合进攻国民军。4 月，直系军阀吴佩孚派刘镇华率由土匪编成的镇嵩军 7 万人入陕，包围西安。杨虎城同陕西督办李云龙率 1 万人在西安坚守八个月。城中粮食断绝，军民饿死 5 万余人。9 月，冯玉祥派部队援陕，11 月西安解围。1927 年初，杨虎城被冯玉祥任命为国民联军第十路总司令（很快改为第十军军长），随即出潼关，参加北伐。6 月，冯玉祥同蒋介石合流后，杨未执行蒋介石清党的命令，继续与共产党人合作。1928 年，迫于形势，杨虎城送在自己部队中工作的共产党员南汉宸等出境。4 月，杨同冯玉祥关系开始疏远，乃出国休养。同年冬，蒋介石和冯玉祥出现裂痕，都电召杨虎城回国。杨回国后被冯玉祥任命为师长，率部驻扎在鲁南。1929 年 4 月，冯命令他率部撤至河南，蒋命令他在原地驻防，并答应解决部队的经费。杨权衡利弊，投向蒋介石，部队被编为国民革命军新编第十四师，杨任师长，随即参加蒋冯阎中原大战。1930 年 7 月，蒋介石任命杨为讨逆军第十七路总指挥，率部入陕，11 月，占领西安，兼任陕西省主席。1932 年，任西安绥靖公署主任。共产党员南汉宸等又回到杨身边，南被任命为省政府秘书长。此时蒋介石并不信任杨，在陕西周围部署兵力，对杨监视。1933 年 5 月，蒋介石逼走南汉宸后免去杨陕西省主席的兼职，又调杨一个旅至河南。蒋、杨矛盾不断加深。此时，红四方面军到达川陕，杨虎城曾同他们达成默契，双方休战。但不久在蒋介石的严厉命令下，又去堵截由鄂豫皖转移到陕南的红二十五军，其部队连续四次遭红军重创。杨逐步认识到"剿共"没有出路。1935 年秋，张学良奉命率东北军入陕"剿共",部队也遭红军沉重打击。经中共地下党员和进步人士不断做工作,杨虎城同张学良就停止内战、一致抗日达成共识,并一道发动了西安事变。西安事变和平解决后,蒋介石背信弃义,于 1937 年 4 月迫使杨虎城辞职,6 月又迫杨出洋考察。"七七"事变后,杨虎城在欧洲两次致电蒋介石,要求回国参加抗战,均遭拒绝。后来他又致电宋子文,才得到同意。11 月他回国后即被蒋介石拘禁,先后被关押在湖南、贵州和四川重庆。其夫人谢葆中同他一起坐牢,1947 年死于狱中。1949 年 9 月 17 日,在重庆解放前夕,他被蒋介石指使的特务用利刃杀害于戴公祠。

【哲理】

诗前两句表达了要干一番大事业的豪情壮志,后两句富于哲理,引人深思,从"黄河后浪推前浪"的现象,上升为社会在发展、世事在变迁,事物在变化的哲理性认识,蕴涵着"机不可失、时不我待"的理性思考,因而得出了抓住机遇、珍惜时光,建功立业的结论。马克思主义哲学认为,人的主观能动性的重要表现之一,是人们在看问题、办事情时所具有的精神状态。诗中所表达的立志、拼搏、进取精神和一往无前的英雄气概,就是发挥主观能动性的表现。

古 瓦 砚

(宋)欧阳修

金非不为宝,玉岂不为坚?
用之以发墨,不如瓦砾顽。

『鉴赏指引』

黄金不可以说不是宝贝,玉石没有不坚硬的,但用这两个东西去研墨,就不如瓦砾的顽强了。

【哲理】

价值是指客观事物对人们需要的满足,即对人们的有用性。有用的程度越高,价值就越大;反之,价值就越小。而人的需要是具体而复杂的,不仅表现为多方面、多层次的需要,而且处于不断变化发展之中。某种物品对于人的意义和价值的大小,又是有条件的、可变的。如诗中所说,如果用来"发墨",瓦砚的价值是金玉之贵也无法取代的。一个人对社会有没有价值,或价值的大小,也是多方面、多层次的,无论是做工、务农、从军，还是某方面的专家、学者，都能够从某一特定的方面为国家、为社会作出贡献，满足社会的需要，因而都可以实现自己的人生价值。

大江歌罢掉头东

周恩来

大江歌罢掉头东，邃密群科济世穷。
面壁十年图破壁，难酬蹈海亦英雄。

『鉴赏指引』

【赏析】

《大江歌罢掉头东》是周恩来所作的诗，这首诗的手迹现存于中国历史博物馆。此诗作于1917年，作者赴日留学前夕，时年19岁。1919年9月，周恩来为了投身到祖国的反帝反封建的洪流中去，毅然放弃在日本学习的机会，决定回国。回国前夕，他的同学好友张鸿诰等人为他饯行，请书赠留念。周恩来挥毫书赠了这首诗，并在诗后写有"右诗乃吾时所作"，"返国图他兴，整装待发，行别诸友"等字句。其气势雄伟，表达了周恩来负笈东渡寻求真理的决心。

"大江歌罢掉头东"起句气势雄伟，表达了周恩来负笈东渡寻求真理的决心。"大江歌罢"指刚唱罢令人豪情四起的苏轼词《念奴娇·赤壁怀古》，其词开篇即有

"大江东去，浪淘尽，千古风流人物"的句子。周恩来此处用此典，一是表明其志向的豪迈，二也是为了照应东渡日本横跨大洋江海的经历。"掉头东"，掉指船桨，则表明义无反顾的抉择。梁启超在1898年戊戌变法失败后流亡日本时，曾有诗句曰："前路蓬山一万重，掉头不顾吾其东！"梁启超表达的是离开中国而到日本寻求真理的决心，周恩来此诗句反映的也正是他1917年东渡时立志救国的抱负。

"邃密群科济世穷"，说的是他到日本求学的目标，即细密地研究多门科学以拯救濒临绝境的中国。周恩来自中学始就具有"为中华崛起而读书"的远大理想，他所处的时代也正是国内掀起"实业救国"、"科学救国"的呼声高涨时期，留学潮中的中国青年大多抱有到国外寻求先进思想、先进技术以报效国家、拯救中国的愿望。故他在国内革命需要时可以放弃在日本的留学，又可以为了革命的需要于1920年到欧洲勤工俭学。

"面壁十年图破壁"，借达摩面壁修禅的故事反映出诗人刻苦钻研欲达到的境界和追求。西来的达摩禅师从长江之南一苇渡江到达嵩山少林寺，在山洞里面壁十年默默修禅，终于将印度佛教成功传入中国，成为禅宗初祖。周恩来表示东渡留学也要有达摩面壁的精神，而且学成之后要达到如巨龙破壁腾飞的境地。"破壁"之说源自《历代名画记》中所记载的传说，说南朝著名画家张僧繇在金陵安乐寺的墙壁上画了四条没有眼睛的龙，一经他点出龙的眼睛，巨龙则破壁而出腾空飞去。周恩来将"面壁"和"破壁"巧妙地结合起来，不仅在修辞手法上是一种艺术创造，更重要的是表达出一种不同凡响的人生追求。

"难酬蹈海亦英雄"，则表明他此次为了革命需要放弃留学的豪气。"难酬蹈海"即难酬蹈海之志的意思。"蹈海"可有两种理解，一是跳海殉身之意，如近人陈天华留学日本，为唤醒沉睡的中国民众，毅然投海自杀，以示警醒；二是到了晚清时，出洋寻求真理亦称"蹈海"。此处我取第二意，恐更符合周恩来此诗的背景。

【哲理】

在诗中，我们可以明显地看到价值观对人们认识世界和改造世界的活动，对自己选择的人生道路具有多么重要的导向作用。正是这种为国为民奋斗不息的价值观，决定了周恩来革命的人生道路。

临江仙·滚滚长江东逝水

（明）杨慎

滚滚长江东逝水，浪花淘尽英

雄。是非成败转头空。青山依旧
在，几度夕阳红。

　　白发渔樵江渚上，惯看秋月春
风。一壶浊酒喜相逢。古今多少
事，都付笑谈中。

『鉴赏指引』

【注释】

(1)东逝水：是江水向东流逝水而去，这里将时光比喻为江水。

(2)淘尽：荡涤一空。

(3)成败：成功与失败。《战国策·秦策三》："良医知病人之死生，圣主明於成败之事。"

(4)青山：青葱的山岭。

(5)渔樵：渔父和樵父。

(6)渚：水中的小块陆地。

(7)浊酒：用糯米、黄米等酿制的酒，较混浊。浊，不清澈，与"清"相对。

【古词今译】

　　波涛汹涌的长江日夜不停地向东奔流，多少英雄豪杰都像那翻飞的浪花一样消逝了。什么是非，成败，荣辱，在历史的长河中，转眼之间都会过去的，只有青山绿水依旧，日落日升依然。那江上打渔的白发老翁，早已了然了春夏秋冬的变化。和老朋友难得见面，痛快的畅饮一壶浊酒，古往今来的诸多大小事情，都成了闲谈的话题，下酒的菜肴。

【赏析】

　　这是杨慎所做《廿一史弹词》第三段《说秦汉》的开场词，后清初毛宗岗父子评刻《三国演义》时将其移置于《三国演义》卷首。

　　词的开首两句令人想到苏轼《赤壁怀古》里的"大江东去，浪淘尽千古风流人物"，以一去不返的江水比喻历史的进程，用后浪推前浪来比喻英雄叱咤风云的丰功伟绩。然而这一切终将被历史的长河带走。"是非成败转头空"是对上两句历史现象的总结，从中也可看出作者旷达超脱的人生观。"青山依旧在，几度夕阳红"，青山和夕阳象征着自然界和宇宙的亘古悠长，尽管历代兴亡盛衰、循环往复，但青山和夕阳都不会随之改变，一种人生易逝的悲伤感悄然而生。下片为我们展现了一个白发渔樵的形象，任它惊涛骇浪、是非成败，他只着意于春风秋月，在握杯把酒的谈笑间，固守一份宁静与淡泊。而这位老者不是一般的渔樵，而是通晓古今的高士，就更见他淡泊超脱的襟怀，这正是作者所追求的理想人格。

全词似怀古，似咏志。开篇从大处落笔，切入历史的洪流，在景语中预示哲理，意境深邃。下片则具体刻画了一个老渔翁的形象，在其生活环境、生活情趣中寄托自己的人生理想，从而表现出一种大彻大悟的历史观和人生观。现出看尽红尘多少事的豁达。

词中"长江""逝水""浪花""英雄""青山""夕阳""渔樵""江渚""秋月""春风""浊酒"，意境高远而淡泊。衬托这些意象的还有"滚滚""淘尽""转头空""依旧在""几度""惯看""喜相逢""笑谈"这些生动的字眼，给这首词宁静的气氛中增加了几份动感。

【哲理】

作者通过"滚滚长江东逝水，浪花淘尽英雄""青山依旧在，几度夕阳红"道出了事物发展、社会更迭的自然规律，它不以人的主观意志为转移，历代兴亡盛衰、循环往复，但青山和夕阳都不会随之改变。

龟 虽 寿

（两汉）曹操

神龟虽寿，犹有竟时。
腾蛇乘雾，终为土灰。
老骥伏枥，志在千里。
烈士暮年，壮心不已。
盈缩之期，不但在天；
养怡之福，可得永年。
幸甚至哉，歌以咏志。

『鉴赏指引』

【译文】

神龟的寿命即使十分长久，但也还有生命终结的时候。螣蛇尽管能乘雾飞行，终究也会死亡化为土灰。年老的千里马躺在马棚里，它的雄心壮志仍然是能够驰骋千里。有远大抱负的人士到了晚年，奋发思进的雄心不会止息。人的寿命长短，不只是由上天所决定的。只要自己调养好身心，也可以益寿延年。我非常庆幸，就用这首诗歌来表达自己内心的志向。

立志·治学·明理

【注释】

（1）这首诗是曹操所作乐府组诗《步出夏门行》中的第四章。诗中融哲理思考、慷慨激情和艺术形象于一炉，表现了老当益壮、积极进取的人生态度。此诗是曹操的乐府诗《步出夏门行》四章中的最后一章。

（2）"神龟"二句：神龟虽能长寿，但也有死亡的时候。神龟，传说中的通灵之龟，能活几千岁。寿，长寿。

（3）竟：终结，这里指死亡。

（4）"腾（téng）蛇"二句：腾蛇即使能乘雾升天，最终也得死亡，变成灰土。腾蛇，传说中与龙同类的神物，能乘云雾升天。

（5）骥（jì）：良马，千里马。

（6）伏：趴，卧。

（7）枥（lì）：马槽。

（8）烈士：有远大抱负的人。暮年：晚年。

（9）已：停止。

（10）盈缩：指人的寿命长短。盈，满，引申为长。缩，亏，引申为短。

（11）但：仅，只。

（12）养怡：指调养身心，保持身心健康。怡，愉快、和乐。

（13）永：长久。永年：长寿，活得长。

（14）幸甚至哉，歌以咏志：两句是附文，跟正文没关系，只是抒发作者感情，是乐府诗的一种形式性结尾。

【赏析】

这是一首充满诗人对生活的真切体验的哲理诗，有着一种真挚而浓烈的感情力量；哲理与诗情又是通过形象化的手法表现出来的，因而述理、明志、抒情在具体的艺术形象中实现了完美的结合。

诗中"神龟虽寿，犹有竟时。腾蛇乘雾，终为土灰。"作者从朴素的唯物论和辩证法的观点出发，否定了神龟、腾蛇一类神物的长生不老，说明了生死存亡是不可违背的自然规律。"犹有"和"终为"两个词组下得沉着。而"老骥"以下四句，语气转为激昂，笔挟风雷，使这位"时露霸气"的盖世英豪的形象跃然纸上。

"老骥伏枥，志在千里，烈士暮年，壮心不已。"笔力遒劲，韵律沉雄，内蕴着一股自强不息的豪迈气概，深刻地表达了曹操老当益壮、锐意进取的精神面貌。"壮心不已"表达了要有永不停止的理想追求和积极进取精神，永远乐观奋发，自强不息，保持思想上的青春，曹操以切身体验揭示了人的精神因素对健康的重要意义。

"盈缩之期，不但在天；养怡之福，可得永年。"表现出一种深沉委婉的风情，给人一种亲切温馨之感。全诗跌宕起伏，又机理缜密，闪耀出哲理的智慧之光，并发出奋进之情，振响着乐观声调。艺术风格朴实无华，格调高远，慷慨激昂，显示出诗人自强不息的进取精神，热爱生活的乐观精神。

人寿命的长短不完全决定于天，只要保持身心健康就能延年益寿。曹操所云"养怡之福"，不是指无所事事，坐而静养，而是说一个人精神状态是最重要的，不应因年暮而消沉。这里可见诗人对天命持否定态度，而对事在人为抱有信心的乐观主义精神，抒发了诗人不甘衰老、不信天命、奋斗不息、对伟大理想的追求永不停歇。

【哲理】

这首诗始于人生哲理的感叹，"神龟虽寿，犹有竟时，腾蛇乘雾，终为土灰。"他首先讲尊重自然规律，人总是要死的，表现了对生命自然规律的清醒认识；"盈缩之期，不但在天；养怡之福，可得永年。"接着讲人在有限的生命里，要充分发挥主观能动性，去积极进取，建功立业；最后再谈到人在自然规律面前也不是完全无能为力的，一个人寿命的长短虽然不能违背客观规律，但也不是完全听作协上天安排。如果善自保养身心，使之健康愉快，不是也可以延年益寿？表现了曹操对人生辩证的看法。

立志·治学·明理

【名句赏读】

1. 人生最高之理想，在求达于真理。——李大钊

2. 人生莫作妇人身，百年苦乐由他人。——白居易

3. 拳头打不倒真理。——高尔基

4. 过去属于死神，未来属于你自己。——雪莱

5. 一切推理都必须从观察与实验得来。——伽利略

6. 希望是厄运的忠实的姐妹。——普希金

7. 常求有利别人，不求有利自己。——谢觉哉

8. 生活的理想，就是为了理想的生活。——张闻天

9. 不要慨叹生活的痛苦！——高尔基

10. 春蚕到死丝方尽，蜡炬成灰泪始干。——李商隐

11. 如烟往事俱忘却，心底无私天地宽。——陶铸

12. 只有顺从自然，才能驾驭自然。——培根

13. 生活就是战斗。——柯罗连科

14. 最可怕的敌人，就是没有坚强的信念。——法国

15. 人的天职在勇于探索真理。——哥白尼

16. 真理常常藏在事物的深底。——席勒

17. 冬天已经到来，春天还会远吗？——雪莱

18. 说到底，爱情就是一个人的自我价值在别人身上的反映。——爱默生

19. 认识真理的主要障碍不是谬误，而是似是而非的真理。——列夫托尔斯泰

20. 怀疑并不是缺点，总是怀疑，而并不下断语，这才是缺点。——鲁迅

21. 我的那些最重要的发现是受到失败的启示而作出的。——戴维

22. 坏人活着是为了吃与喝，而好人却是为了活着才吃与喝。——苏格拉底

23. 在你发怒的时候，要紧闭你的嘴，免得增加你的怒气。——苏格拉底

24. 生活就像海洋，只有意志坚强的人，才能到达彼岸。——马克思

25. 一个科学家应该考虑到后世的评论，不必考虑当时的辱骂或称赞。
　　　　　　　　　　　　　　　　　　　——巴斯德

26. 我们爱我们的民族，这是我们自信心的源泉。——周恩来

27. 人生有情泪沾衣，江水江花岂终极。——杜甫

28. 人只有献身于社会，才能找出那短暂而有风险的生命的意义。
　　　　　　　　　　　　　　　　　　　——爱因斯坦

29. 人生应该如蜡烛一样，从顶燃到底，一直都是光明的。——萧楚女

30. 锲而舍之，朽木不折；锲而不舍，金石可镂。——荀况

31. 把别人的幸福当做自己的幸福，把鲜花奉献给他人，把棘刺留给自己！

　　　　　　　　　　　　　　　　　　　　　——巴尔德斯

32. 人生的价值，即以其人对于当代所做的工作为尺度。——徐玮

33. 世间的活动，缺点虽多，但仍是美好的。——罗丹

34. 许多伟大的真理开始的时候都被认为是亵渎行为。——萧伯纳

35. 人的一生是短的，但如果卑劣地过这短的一生，就太长了。——莎士比亚

36. 生命的意义在于付出，在于给予，而不是在于接受，也不是在于争取。

　　　　　　　　　　　　　　　　　　　　　　　——巴金

37. 人生多求复多怨，天公供尔良独难。——苏舜钦

38. 希望是附丽于存在的，有存在，便有希望，有希望，便是光明。——鲁迅

39. 生活真像这杯浓酒，不经三番五次的提炼呵，就不会这样可口！——郭小川

40. 我的人生哲学是工作，我要揭示大自然的奥妙，为人类造福。——爱迪生

41. 磨灭一切事物，唯独恩德，时间越久，它的力量就越大。——拉柏雷

42. 人类的真正区别是这样的：光明中人和黑暗中人。——雨果

43. 路漫漫其修远兮，吾将上下而求索。——屈原

44. 充满着欢乐与斗争精神的人们，永远带着欢乐，欢迎雷霆与阳光。

　　　　　　　　　　　　　　　　　　　　　　——赫胥黎

45. 一身报国有万死，双鬓向人无再青。——陆游

46. 先相信你自己，然后别人才会相信你。——屠格涅夫

47. 当你的希望一个个落空，你也要坚定，要沉着！——朗费罗

48. 社会犹如一条船，每个人都要有掌舵的准备。——易卜生

49. 真理的旅行，是不用入境证的。——约里奥居里

50. 一个人的价值，应该看他贡献什么，而不应当看他取得什么。——爱因斯坦

51. 不经一番寒彻骨，怎得梅花扑鼻香。——冯梦龙

52. 对具有高度自觉与深邃透彻的心灵的人来说，痛苦与烦恼是他必备的气质。

　　　　　　　　　　　　　　　　　　　——陀思妥耶夫斯基

53. 精神的浩瀚、想象的活跃、心灵的勤奋：就是天才。——狄德罗

54. 要学会做科学中的粗活。要研究事实，对比事实，积聚事实。——巴甫洛夫

55. 只要你具备了精神气质的美，只要你有这样的自信，你就会拥有风度的自然之美。——金马

56. 即使通过自己的努力而知道一半真理，也比人云亦云地知道全部真理还要好些。——罗曼·罗兰

57. 在父母的眼中，孩子常是自我的一部分，子女是他理想自我再来一次的机会。——费孝通

58. 失去了慈母便像花插在瓶子里，虽然还有色有香，却失去了根。——老舍

59. 异想天开给生活增加了一分不平凡的色彩，这是每一个青年和善感的人所必需的。——巴乌斯托夫斯基

60. 人生的价值，并不是用时间，而是用深度去衡量的。——列夫托尔斯泰

61. 人生不是一种享乐，而是一桩十分沉重的工作。——列夫托尔斯泰

62. 你若要喜爱你自己的价值，你就得给世界创造价值。——歌德

63. 凡在小事上对真理持轻率态度的人，在大事上也是不足信的。

——爱因斯坦

64. 社会是一个泥坑，我们得站在高地上。——巴尔扎克

65. 吾尝终日而思矣，不如须臾之所学也；吾尝跂而望矣，不如登高之博见也。——荀子

66. 长者立，幼勿坐，长者坐，命乃坐。尊长前，声要低，低不闻，却非宜。进必趋，退必迟，问起对，视勿移。——李毓秀

67. 科学也需要创造，需要幻想，有幻想才能打破传统的束缚，才能发展科学。——郭沫若

68. 只要你追求真理，真理就会在你胸中燃烧。——河原崎长十郎

69. 我们在享受着他人的发明给我们带来的巨大益处，我们也必须乐于用自己的发明去为他人服务。——富兰克林

70. 有了天才不用，天才一定会衰退的，而且会在慢性的腐朽中归于消灭。

——克雷洛夫

71. 生命的意义是在于活得充实，而不是在于活得长久。——马丁路德金

72. 真理的大海，让未发现的一切事物躺卧在我的眼前，任我去探寻。——牛顿

73. 我们是国家的主人，应该处处为国家着想。——马卡连柯

74. 自己要先看得起自己，别人才会看得起你。——佚名

75. 我们唯一不会改正的缺点是软弱。——奥斯特洛夫斯基

76. 理想的人物不仅要在物质需要的满足上，还要在精神旨趣的满足上得到表现。——黑格尔

77. 如果我们过于爽快地承认失败，就可能使自己发觉不了我们非常接近于正确。——卡尔波普尔

78. 宿命论是那些缺乏意志力的弱者的借口。——罗曼·罗兰

79. 有志者，事竟成，破釜沉舟，百二秦关终属楚；苦心人，天不负，卧薪尝胆，三千越甲可吞吴。——蒲松龄

80. 自私自利之心，是立人达人之障。——吕坤

81. 应该笑着面对生活，不管一切如何。——伏契克

82. 私心胜者，可以灭公。——林逋

83. 我真想发明一种具有那么可怕的大规模破坏力的特质或机器，以至于战争

将会因此而永远变为不可能的事情。——诺贝尔

84. 在我所讲的一切中，我只是探求真理，这并不是仅仅为了博得说出真理的荣誉，而是因为真理于人有益。——爱尔维修

85. 自己不能胜任的事情，切莫轻易答应别人，一旦答应了别人，就必须实践自己的诺言。——华盛顿

86. 没有伟大的品格，就没有伟大的人，甚至也没有伟大的艺术家，伟大的行动者。——罗曼·罗兰

87. 我坚持奋战五十余年，致力于科学的发展。用一个词可以道出我最艰辛的工作特点，这个词就是失败。——汤姆逊

88. 少年读书如隙中窥月，中年读书如庭中望月，老年读书如台上玩月，皆以阅历之浅深为所得之浅深耳。——张潮

89. 一切利己的生活，都是非理性的，动物的生活。——列夫托尔斯泰

90. "你对自己的生命拥有比你想象的更多的主宰权，即使是像癌症这么难缠的恶疾，也能在你的掌握中。"他还说："事实上，你可以运用这种心灵的力量，来决定要什么样的生命品质。"——赛蒙顿

91. 在子女面前，父母要善于隐藏他们的一切快乐、烦恼和恐惧。——培根

92. 我们体贴老人，要像对待孩子一样。——（德）歌德

93. 一个人如果使自己的母亲伤心，无论他的地位多么显赫，无论他多么有名，他都是一个卑劣的人。——（意大利）亚米契斯

94. 孝子之养也，乐其心，不违其志。——《礼记》

95. 孝有三：大尊尊亲，其次弗辱，其下能养。——《礼记》

96. 父母之年，不可不知也。一则以喜，一则以惧。——《论语》

97. 父母之所爱亦爱之，父母之所敬亦敬之。——孔子

98. 老吾老，以及人之老；幼吾幼，以及人之幼。天下可运于掌。——孟子

99. 孝子之至，莫大乎尊亲。——孟子

100. 惟孝顺父母，可以解忧。——孟子

101. 父子有亲，君臣有义，夫妇有别，长幼有叙，朋友有信。——孟子

102. 事，孰为大？事亲为大；守，孰为大？守身为大。不失其身而能事其亲者，吾闻之矣；失其身而能事其亲者，吾未闻也。孰不为事？事亲，事之本也；孰不为守？守身，守之本也。——孟子

103. 不得乎亲，不可以为人；不顺乎亲，不可以为子。——孟子

104. 君子有三乐，而王天下不与存焉。父母俱存，兄弟无故，一乐也；仰不愧于天，俯不怍于人，二乐也；得天下英才而教育之，三乐也。君子有三乐，而王天下不与存焉。——孟子

105. 世俗所谓不孝者五，惰其四支，不顾父母之养，一不孝也；博弈好饮酒，不

顾父母之养，二不孝也；好货财，私妻子，不顾父母之养，三不孝也；从耳目之欲，以为父母戮，四不孝也；好勇斗狠，以危父母，五不孝也。——孟子

106. 无父无君，是禽兽也。——孟子

107. 贤不肖不可以不相分，若命之不可易，若美恶之不可移。——《吕氏春秋》

108. 父子不信，则家道不睦。——武则天

109. 内睦者，家道昌。——林逋

110. 慈孝之心，人皆有之。——苏辙

111. 凡为父母的，莫不爱其子。——陈宏谋

【大家文坊】

二十个人生哲理小故事

【故事一】

本世纪 30 年代，有一位犹太传教士，每天早晨总是按时到一条乡间土路上散步，无论见到任何人，总是热情地打一声招呼："早安。"

在当时，当地的居民对传教士和犹太人的态度是很不友好的。其中，有一个叫米勒的年轻农民，起初对传教士这声问候，反映冷漠，然而，年轻人的冷漠，未曾改变传教士的热情，每天早上，他仍然给这个一脸冷漠的年轻人道一声早安。终于有一天，这个年轻人脱下帽子，也向传教士道一声："早安。"

好几年过去了，纳粹党上台执政。

这一天，传教士与村中所有的人，被纳粹党集中起来，送往集中营。在下火车、列队前行的时候，有一个手拿指挥棒的指挥官，在前面挥动着棒子，叫道："左，右。"被指向左边的是死路一条，被指向右边的则还有生还的机会。

传教士的名字被这位指挥官点到了，他浑身颤抖，走上前去。当他无望地抬起头来，眼睛一下子和指挥官的眼睛相遇了。

传教士习惯地脱口而出："早安，米勒先生。"

米勒先生虽然没有过多的表情变化，但仍禁不住还了一句问候："早安。"声音低得只有他们两人才能听到。最后的结果是：传教士被指向了右边——意思是生还者。

『伴读引思』

人是很容易被感动的，而感动一个人靠的未必都是慷慨的施舍，巨大的投入。往往一个热情的问候，温馨的微笑，也足以在人的心灵中洒下一片阳光。

不要低估了一句话、一个微笑的作用，它很可能使一个不相

识的人走近你，甚至爱上你，成为你开启幸福之门的一把钥匙，成为你走上柳暗花明之境的一盏明灯。有时候，"人缘"的获得就是这样"廉价"而简单。

立志·治学·明理

【故事二】

一个牧师正在准备讲道的稿子，他的小儿子却在一边吵闹不休。牧师无可奈何，便随手拾起一本旧杂志，把色彩鲜艳的插图——一幅世界地图，撕成碎片，丢在地上，说道："小约翰，如果你能拼好这张地图，我就给你2角5分钱。"

牧师以为这样会使约翰花费上午的大部分时间，但是没过10分钟，儿子又来敲他的房门。牧师看到约翰如此之快地拼好了一幅世界地图，感到十分惊奇："孩子，你怎么这样快就拼好了地图？"

"啊，"小约翰说："这很容易。在另一面有一个人的照片，我就把这个人的照片拼到一起，然后把它翻过来。我想如果这个人是正确的，那么，这个世界也就是正确的。"

牧师微笑起来，给了他的儿子2角5分钱。"你替我准备了明天讲道的题目：如果一个人是正确的，他的世界也就会是正确的。"

『伴读引思』

如果你想改变你的世界，改变你的生活，首先就应改变你自己。如果你的心理态度是积极的，你的生活也会是快乐的；如果你心理态度是消极的，那么，生活也会是忧伤的。

【故事三】

有一个坏脾气的男孩，他父亲给了他一袋钉子，并且告诉他，每当他发脾气的时候就钉一个钉子在后院的围栏上。第一天，这个男孩钉下了37根钉子。慢慢地，每天钉钉子的数量减少了，他发现控制自己的脾气要比钉下那些钉子容易。于是，有一天，这个男孩再也不会失去耐性，乱发脾气。他告诉父亲这件事情。父亲又说，现在开始每当他能控制自己脾气的时候，就拔出一根钉子。一天天过去了，最后男孩告诉他的父亲，他终于把所有钉子都拔出来了。

父亲握着他的手，来到后院说："你做得很好，我的好孩子，但是看看那些围栏上的洞。这些围栏将永远不能回复到从前的样子。你生气的时候说的话就像这些钉子一样留下疤痕。如果你拿刀子捅别人一刀，不管你说了多少次对不起，那个伤口将永远存在。话语的伤痛就像真实的伤痛一样令人无法承受。

『伴读引思』

人与人之间常常因为一些无法释怀的坚持，而造成永远的伤害。如果我们都能从自己做起，开始宽容地看待他人，相信你一定能收到许多意想不到的结果。给别人开启一扇窗，也就是让自己看到更完整的天空。

【故事四】

有个年轻人，想发财想到几乎发疯的地步。每每听到哪里有财路他便不辞劳苦地去寻找。有一天，他听说附近深山中有位白发老人，若有缘与他见面，则有求必应，肯定不会空手而归。

于是，那个年轻人便连夜收拾行李，赶上山去。

他在那儿苦等了5天，终于见到了传说中的老人，他向老者请求，赐珠宝给他。

老人便告诉他说："每天早晨，太阳未东升时，你到村外的沙滩上寻找一粒'心愿石'。其他石头是冷的，而那颗'心愿石'却与众不同，握在手里，你会感觉到很温暖而且会发光。一旦你寻到那颗'心愿石'后，你所祈祷的东西都可以实现了。"

青年人很感激老人，便赶快回村去。

每天清晨，那个青年人便在沙滩上捡拾石头，发觉不温暖也不发光的，他便丢下海去。日复一日，月复一月，那青年在沙滩上寻找了大半年，始终也没找到温暖发光的"心愿石"。

有一天，他如往常一样，在沙滩上捡石头。一发觉不是"心愿石"，他便丢下海去。一粒、二粒、三粒。突然，"哇……"青年人哭了起来，因为他刚才习惯地将那颗"心愿石"随手丢下海后，才发觉它是"温暖"的！

『伴读引思』

机会降临眼前，很多人都习惯地让它从手上溜走，一旦发觉时，就后悔莫及了，"哭"和"早知道"都是没用的。

【故事五】

礼　物

一个佛陀在旅途中，碰到一个不喜欢他的人。连续好几天，好长一段路，那人用尽各种方法污蔑他。最后，佛陀转身问那人："若有人送你一份礼物，但你拒绝接受，那么这份礼物属于谁呢？"那人回答："属于原本送礼的那个人。"佛陀笑着说：

"没错。若我不接受你的谩骂，那你就是在骂自己？"那人摸摸鼻子走了。

『伴读引思』

只要心灵健康，别人怎么想都影响不了我们。若我们一味地在乎别人的想法或说法，就会失去自主权。

【故事六】

缺角的圆

有一个圆，被切去了好大一块的三角楔，想自己恢复完整，没有任何残缺，因此四处寻找失去的部分。

因为它残缺不全，只能慢慢滚动，所以能在路上欣赏花草树木，还和毛毛虫聊天，享受阳光。

它找到各种不同的碎片，但都不合适，所以都留在路边，继续往前寻找。

有一天，这个残缺不全的圆找到一个非常合适的碎片，它很开心地把那碎片拼上了，开始滚动。

现在它是完整的圆了，能滚得很快，快得使它注意不到路边的花草树木，也不能和毛毛虫聊天。

它终于发现滚动太快使它看到的世界好像完全不同，便停止滚动，把补上的碎片丢在路旁，慢慢滚走了。

『伴读引思』

慢节奏效率低，但可以使人有更多的时间欣赏过程；快节奏效率高，但却使人疲于奔命，无暇他顾，而失去了人生的好多乐趣。

【故事七】

误 杀 狗

早年在美国的阿拉斯加，有一对年轻人结婚，婚后生育，他的太太因难产而死，遗下一孩子。他忙生活，又忙于看家，因没有人帮忙看孩子，就训练一只狗，那狗聪明听话，能照顾小孩，咬着奶瓶喂奶给孩子喝，抚养孩子。

有一天，主人出门去了叫它照顾孩子。他到了别的乡村，因遇大雪，当日不能回来。

第二天才赶回家，狗立即闻声出来迎接主人。他把房门打开一看，到处是血，抬头一望，床上也是血，孩子不见了，狗在身边，满口也是血，主人发现这种情形，以为狗性发作，把孩子吃掉了，大怒之下，拿起刀来向着狗头一劈，把狗杀死了。

之后，忽然听到孩子的声音，又见他从床下爬了出来，于是抱起孩子；虽然身上有血，但并未受伤。他很奇怪，不知究竟是怎么一回事，再看看狗，腿上的肉没有了，旁边有一只狼，口里还咬着狗的肉；狗救了小主人，却被主人误杀了，这真是天下最令人悲哀的误会。

『伴读引思』

误会的事，是人往往在不了解、无理智、无耐心、缺少思考、未能多方体谅对方、未反省自己、感情极为冲动的情况之下所发生。误会一开始，即一直只想到对方的千错万错；因此，会使误会越陷越深，走到不可收拾的地步，人对无知的动物小狗发生误会，尚且会有如此可怕严重的后果，要是人与人之间的误会，则其后果更是难以想象。

【故事八】

从前，有两个饥饿的人得到了一位长者的恩赐：一根鱼竿和一篓鲜活硕大的鱼。其中，一个人要了一篓鱼，另一个人要了一根鱼竿，于是他们分道扬镳了。得到鱼的人原地就用干柴搭起篝火煮起了鱼，他狼吞虎咽，还没有品出鲜鱼的肉香，转瞬间，连鱼带汤就被他吃了个精光，不久，他便饿死在空空的鱼篓旁。另一个人则提着鱼竿继续忍饥挨饿，一步步艰难地向海边走去，可当他已经看到不远处那片蔚蓝色的海洋时，他浑身的最后一点力气也使完了，他也只能眼巴巴地带着无尽的遗憾撒手人间。又有两个饥饿的人，他们同样得到了长者恩赐的一根鱼竿和一篓鱼。只是他们并没有各奔东西，而是商定共同去找寻大海，他俩每次只煮一条鱼，他们经过遥远的跋涉，来到了海边，从此，两人开始了捕鱼为生的日子，几年后，他们盖起了房子，有

授人以鱼不如授人以渔

了各自的家庭、子女，有了自己建造的渔船，过上了幸福安康的生活。

『伴读引思』

一个人只顾眼前的利益，得到的终将是短暂的欢愉；一个人目标高远，但也要面对现实的生活。只有把理想和现实有机结合起来，才有可能成为一个成功之人。有时候，一个简单的道理，却足以给人意味深长的生命启示。

【故事九】

有位秀才第三次进京赶考，住在一个经常住的店里。考试前两天他做了三个梦，第一个梦是梦到自己在墙上种白菜；第二个梦是下雨天，他戴了斗笠还打伞；第三个梦是梦到跟心爱的表妹脱光了衣服躺在一起，但是背靠着背。这三个梦似乎有些深意，秀才第二天就赶紧去找算命的解梦。算命的一听，连拍大腿说："你还是回家吧。你想想，高墙上种菜不是白费劲吗？戴斗笠打雨伞不是多此一举吗？跟表妹都脱光了躺在一张床上了，却背靠背，不是没戏吗？"秀才一听，心灰意冷，回店收拾包袱准备回家。店老板非常奇怪，问："不是明天才考试吗，今天你怎么就回乡了？"秀才如此这般说了一番，店老板乐了："哟，我也会解梦的。我倒觉得，你这次一定要留下来。你想想，墙上种菜不是高种吗？戴斗笠打伞不是说明你这次有备无患吗？跟你表妹脱光了背靠背躺在床上，不是说明你翻身的时候就要到了吗？"秀才一听，更有道理，于是精神振奋地参加考试，居然中了个探花。

『伴读引思』

积极的人，像太阳，照到哪里哪里亮，消极的人，像月亮，初一十五不一样。想法决定我们的生活，有什么样的想法，就有什么样的未来。

【故事十】

在某个小村落，下了一场非常大的雨，洪水开始淹没全村，一位神父在教堂里祈祷，眼看洪水已经淹到他跪着的膝盖了。一个救生员驾着舢板来到教堂，跟神父说："神父，赶快上来吧！不然洪水会把你淹死的！"神父说："不！我深信上帝会来救我的，你先去救别人好了。"过了不久，洪水已经淹过神父的胸口了，神父只好勉强站在祭坛上。这时，又有一个警察开着快艇过来，跟神父说："神父，快上来，不然你真的会被淹死的！"神父说："不，我要守住我的教堂，我相信上帝一定会来救我的。你还是先去救别人好了。"又过了一会，洪水已经把整个教堂淹没了，神父只好紧紧抓住教堂顶端的十字架。一架直升飞机缓缓地飞过来，飞行员丢下了绳梯之后大叫："神父，快上来，这是最后的机会了，我们可不愿意见到你被洪水淹死！"神父还是意志坚定地说："不，我要守住我的教堂！上帝一定会来救我的。你还是先去救别人好了。上帝会与我共在的！！"洪水滚滚而来，固执的神父终于被淹死了……神父上了天堂，见到上帝后很生气地质问："主啊，我终生奉献自己，战战兢兢地侍奉您，为什么你不肯救我！"上帝说："我怎么不肯救你？第一次，我派了舢板来救你，你不要，我以为你担心舢板危险；第二次，我又派一只快艇去，你还是不要；第三次，我以国宾的礼仪待你，再派一架直升飞机来救你，结果你还是不愿意接受。所以，我以为你急着想要回到我的身边来，可以好好陪我。"

立志・治学・明理

『伴读引思』

　　其实，生命中太多的障碍，皆是由于过度的固执与愚昧的无知所造成的。在别人伸出援手之际，别忘了，唯有我们自己也愿意伸出手来，人家才能帮得上忙！

【故事十一】

　　有一对兄弟，他们的家住在 80 层楼上。有一天他们外出旅行回家，发现大楼停电了！虽然他们背着大包的行李，但看来没有什么别的选择，于是哥哥对弟弟说，我们就爬楼梯上去！于是，他们背着两大包行李开始爬楼梯。爬到 20 楼的时候他们开始累了，哥哥说"包包太重了，不如这样吧，我们把包包放在这里，等来电后坐电梯来拿。"于是，他们把行李放在了 20 楼，轻松多了，继续向上爬。他们有说有笑地往上爬，但是好景不长，到了 40 楼，两人实在累了。想到还只爬了一半，两人开始互相埋怨，指责对方不注意大楼的停电公告，才会落得如此下场。他们边吵边爬，就这样一路爬到了 60 楼。到了 60 楼，他们累得连吵架的力气也没有了。弟弟对哥哥说，"我们不要吵了，爬完它吧。"于是他们默默地继续爬楼，终于 80 楼到了！兴奋地来到家门口，兄弟俩才发现他们的钥匙留在了 20 楼的包包里……

『伴读引思』

　　有人说，这个故事其实就是反映了我们的人生：20 岁之前，我们活在家人、老师的期望之下，背负着很多的压力、包袱，自己也不够成熟、能力不足，因此步履难免不稳。20 岁之后，离开了众人的压力，卸下了包袱，开始全力以赴地追求自己的梦想，就这样愉快地过了 20 年。可是到了 40 岁，发现青春已逝，不免产生许多的遗憾和追悔，于是开始遗憾这个、惋惜那个、抱怨这个、嫉恨那个……就这样在抱怨中度过了 20 年。到了 60 岁，发现人生已所剩不多，于是告诉自己不要再抱怨了，就珍惜剩下的日子吧！于是默默地走完了自己的余年。到了生命的尽头，才想起自己好像有什么事情没有完成……原来，我们所有的梦想都留在了 20 岁的青春岁月，还没有来得及完成……

【故事十二】

　　一个人在高山之巅的鹰巢里，抓到了一只幼鹰，他把幼鹰带回家，养在鸡笼里。这只幼鹰和鸡一起啄食、嬉闹和休息。它以为自己是一只鸡。这只鹰渐渐长大，羽翼丰满了，主人想把它训练成猎鹰，可是由于终日和鸡混在一起，它已经变得和鸡完全一样，根本没有飞的愿望了。主人试了各种办法，都毫无效

果，最后把它带到山顶上，一把将它扔了出去。这只鹰像块石头似的，直掉下去，慌乱之中它拼命地扑打翅膀，就这样，它终于飞了起来！

『伴读引思』

环境对一个人的成长非常重要，舒适的环境会使人丧失理想、斗志。磨练召唤成功的力量。

【故事十三】

有兄弟二人，年龄不过四五岁，由于卧室的窗户整天都是密闭着，他们认为屋内太阴暗，看见外面灿烂的阳光，觉得十分羡慕。兄弟俩就商量说："我们可以一起把外面的阳光扫一点进来。"于是，兄弟两人拿着扫帚和簸箕，到阳台上去扫阳光。等到他们把簸箕拿到房间里的时候，里面的阳光就没有了。这样一而再再而三地扫了许多次，屋内还是一点阳光都没有。正在厨房忙碌的妈妈看见他们奇怪的举动，问道："你们在做什么？"他们回答说："房间太暗了，我们要扫点阳光进来。"妈妈笑道："只要把窗户打开，阳光自然会进来，何必去扫呢？"

『伴读引思』

把封闭的心门敞开，成功的阳光就能驱散失败的阴暗。这个故事也说明方法很重要。

【故事十四】

雨后，一只蜘蛛艰难地向墙上已经支离破碎的网爬去，由于墙壁潮湿，它爬到一定的高度，就会掉下来，它一次次地向上爬，一次次地又掉下来……第一个人看到了，他叹了一口气，自言自语："我的一生不正如这只蜘蛛吗？忙忙碌碌而无所得。"于是，他日渐消沉。第二个人看到了，他说：这只蜘蛛真愚蠢，为什么不从旁边干燥的地方绕一下爬上去？我以后可不能像它那样愚蠢。于是，他变得聪明起来。第三个人看到了，他立刻被蜘蛛屡败屡战的精神感动了。于是，他变得坚强起来。

『伴读引思』

有成功心态者处处都能发现成功的力量，态度决定一切。

【故事十五】

辞　职

A 对 B 说："我要离开这个公司。我恨这个公司！"B 建议道："我举双手赞成你报复！破公司一定要给它点颜色看看。不过你现在离开，还不是最好的时机。"A 问：为什么？B 说："如果你现在走，公司的损失并不大。你应该趁着在公司的机会，拼命去为自己拉一些客户，成为公司独挡一面的人物，然后带着这些客户突然离开公司，公司才会受到重大损失，非常被动。"A 觉得 B 说的非常在理，于是他努力工作，事遂所愿，半年多的努力工作后，他有了许多的忠实客户。再见面时 B 问 A：现在是时机了，要跳赶快行动哦！A 淡然笑道：老总跟我长谈过，准备升我做总经理助理，我暂时没有离开的打算了。

『伴读引思』

这个故事的结果其实也正是 B 的初衷。只有付出大于得到，让老板真正看到你的能力大于位置，才会给你更多的机会替他创造更多的利润。

【故事十六】

老和尚携小和尚游历，途遇一条河；见一女子正想过河，却又不敢过。老和尚便主动背该女子蹚过了河，然后放下女子，与小和尚继续赶路。小和尚不禁一路嘀咕："师父怎么了？竟敢背一女子过河？"一路走，一路想，最后终于忍不住了，说："师父，你犯戒了。怎么背了女人？"老和尚叹道："我早已放下，你却还放不下！"

『伴读引思』

君子坦荡荡，小人常戚戚；心胸宽广，思想开朗，遇事拿得起、放得下，才能永远保持一种健康的心态。

【故事十七】

自己救自己

某人在屋檐下躲雨，看见观音正撑伞走过。这人说："观音菩萨，普度一下众生吧，带我一段如何？"

观音说："我在雨里，你在檐下，而檐下无雨，你不需要我度。"这人立刻跳出檐下，站在雨中："现在我也在雨中了，该度我了吧！"观音说："你在雨中，我也在雨中，我不被淋，因为有伞；你被雨淋，因为无伞。所以不是我度自己，而是伞度我。你要想度，不必找我，请自找伞去！"说完便走了。

第二天，这人遇到了难事，便去寺庙里求观音。走进庙里，才发现观音的像前也有一个人在拜，那个人长得和观音一模一样，丝毫不差。

这人问："你是观音吗？"

那人答道："我正是观音。"

这人又问："那你为何还拜自己？"

观音笑道："我也遇到了难事，但我知道，求人不如求己。"

『伴读引思』

遇到问题，不要总是把希望寄托在别人身上，记住：成功者自救。

【故事十八】

有一个推销员，常挨家挨户地推销产品，因而把脚都走破了。一次这个推销员在拜访一客户约三十次后，客户却在最后关头想转向别人购买。这推销员百思不解，也很失望；但他仍不放弃，决定拜访该客户的总经理。他带着"有望客户表"，里头记满三十次拜访的谈话记录，诚恳地请求总经理告诉他"失败的原因"，以便改进。那位总经理看了密密麻麻的"客户卡记录"之后，抬起头，看着这个推销员，感动地说："我佩服你的精神，现在，我决定买你的产品！"

『伴读引思』

成功的原因不在力量大小，而在坚持多久。把握任何上台的机会，坚持到最后一分钟，让它始终完美。

【故事十九】

二十世纪初期，维也纳有一位极负盛名的钢琴家——维特史坦，他在二次世界大战中，被炮弹炸断了右手；当时，他原来用来弹奏钢琴的右手，血流如注，自己也被吓得哭喊大叫！可是，尽管维特史坦如何大吼哭叫，都无法改变他右手被炸断的事实！没右手，怎么弹钢琴，钢琴家的生命就此打住吗？不！不！绝不！维特史坦大声地向命运恶神发出怒吼："我绝对不低头！即使只剩下左手，我也要继续弹钢琴，永远不停歇地弹下去！"

后来，维特史坦到处恳求作曲家，特别为他剩下的左手谱写乐曲，而他仍然可以弹奏出优美的乐章。

『伴读引思』

痛苦的人，没有悲观的权利！人必须在苦难中，勇敢向命运挑战，努力寻找"绝处逢生"的契机。

【故事二十】

选 择 善 良

有这样一则寓言：说有一只蝎子来到河边，它想渡到河对岸，去找它的好朋友毒蛇。可是，它不会游泳。这时一只青蛙游了过来。蝎子恳求青蛙将它渡到对岸去。青蛙不肯，对蝎子说："假若你半途中蜇我一口，我不是没命了。"蝎子说："我要是蜇你，自己不是没命了。"

青蛙听了有理，便让蝎子爬到它的背上。游到河中央，青蛙突然觉得背上被狠狠地蜇了一口，青蛙剧痛难忍，慢慢向河中沉落，它痛苦地问："你为什么要这样做？"蝎子说："对不起，我实在忍不住了。"

这真是一个黑色幽默。假若一个人心灵黑暗到不由自主地去选择作恶的时候，那就成为一种莫大的悲哀。

『伴读引思』

遵守承诺，就是自己超度自己。选择善良，就是选择关爱我们自己。

围炉夜话（节选）

（清）王永彬

《围炉夜话》系清咸丰时人王永彬所写，全书分为二百二十四则，以"安身立业"为总话题，分别从道德、修身、读书、安贫乐道、教子、忠孝和勤俭等十个方面，揭示"立德、立功、立言"皆以"立业"为本的深刻含义。近代以来，其书影响颇大，与明人洪应明写的《菜根谭》、陈继儒写的《小窗幽记》并称"处世三大奇书"。《围炉夜话》是王永彬将自己对生活的感悟随得随录，汇集而成。文笔典雅，意蕴悠长。在平淡而优美的叙述中，娓娓道出了琐碎生活中做人的道理。古人认为雪夜拥被读书和围炉夜话乃人生的两件乐事，对现代人来说，送走喧嚣的白昼，能炉边灯下静读，又何尝不是至乐？

作为中职学生的我们，应该了解这些国粹，品读学习古之精华。由于篇幅有限，在此选录十四则以抛砖引玉，希望大家喜欢。

1. 正大光明教于幼　忧勤惕厉检于心

【原文】

教子弟于幼时，便当有正大光明气象；

检身心于平日，不可无忧勤惕厉工夫。

【注释】

气象：气概，人的言行态度。检：检讨，反省。身心：身指所言所行，心指所思所想。忧勤惕厉：担忧不够勤奋，戒惧无所砥砺。

【译文】

教导晚辈要从幼年时开始，培养他们凡事应有正直、宽大、无所隐藏的气概；在日常生活中要时时反省自己的行为思想，不能没有自我督促和自我砥砺的修养。

【赏析】

一个人的成功与否，往往决定于他的人格。而人格的形成，又往往决定于童年的教养。因此，教养孩子必须自幼时，便培养他养成良好的习惯和光明磊落的人格，以及一种正直宽大的胸怀；那么长大以后，无论在何种境况，也总能保持一种雍容大度的气质。

为人在平日的生活中，便要养成随时自我反省的修养，所谓"为人谋而不忠乎？与朋友交而不信乎？传不习乎？"总可以由身心两方面来反省所作所为，是否有怠惰而不够勤奋的地方呢？如果有这种现象，而还不觉得忧心，若不是对不起别人，就是对不起自己的生命了；所思所想，是否缺乏自我砥砺的警惕呢？如果有这种情形，那么便失去了向上的生命力，没有进步便是退步。怎可不随时自我警惕呢？

本则前段言幼童的教养，后段言成人的修养，皆由内在要求起，十分重要。

2. 交游要学友之长 读书必在知而行

【原文】

与朋友交游，须将他好处留心学来，方能受益；

对圣贤言语，必要我平时照样行去，才算读书。

【注释】

交游：和朋友往来交际。好处：优点、长处。

【译文】

和朋友交往共游，必须仔细观察他的优点和长处，用心地学习，才能领受到朋友的益处。对于古圣先贤所留下的话，一定要在平常生活中依循做到，才算是真正体味到书中的言语。

【赏析】

朋友往往是很好的老师，怎么说呢？因为每一个人都有他的长处和短处，长处是我所当学，短处是我的借鉴。交朋友并不是一件容易的事，如果漫不经心地交朋友，或是只交一些酒肉朋友，很可能只学到朋友的短处，而学不到长处。如此一来，自己不但毫无长进，反而日渐退步，交朋友便成为有害的事了。因此与朋友交往，不只想在一起游玩，应在言行举止中，观察朋友的长处，诚心诚意地学习。自己更要分辨什么是好的，什么是不好的；好的才该学，不好的不该学，那么无论什么朋友，对自己都是益友了。

我们读书，对于古圣先贤乃至于当代圣贤的言语，如果只是口诵心思，而不在日常生活中加以实践的话，并不能真正得到读书的好处。只有将书上的良言，付诸日常的应对进退、待人处世中，才是真正的"读书"。所为，"尽信书不如无书"，不能活用书中的知识，成为日常生活的智慧，就会变成不知变通、迂腐守旧的"冬烘先生"了。

3. 勤以补拙　俭以济贫

【原文】

贫无可奈惟求俭，拙亦何妨只要勤。

【注释】

惟：只有。妨：障碍，有害。

【译文】

贫穷得毫无办法的时候，只要力求节俭，总是还可以过的。天性愚笨没有什么关系，只要自己比别人更勤奋学习，还是可以跟得上别人的。

【赏析】

人难免有潦倒的时候，这倒不一定关乎才能。有时时局动荡，有时怀才不遇，有时甚至经商失败，都可能教人变得十分贫穷。贫穷的日子长短不定，如果不节俭，很可能连短时间的贫穷也捱不下。所以人处贫困中更要节俭，再慢慢谋求宽裕之道；只要认真做事，总能勉强过活，而不致在贫穷的逼迫下失了正道。人一生下来，有的人天资聪颖，举一反三；有的人却天资愚鲁，不能一下子把很多事情学好。天资愚鲁并不是绝对的，因为人的聪明有先天的能力，也有后天的经验。有的人先天的条件很好，却不知后天的努力，再好的天赋一旦荒废，和愚鲁的人也无差别。有的人天资虽不好，即努力勤学，不断充实自己的经验，聪明的人做一遍，他做十遍，以后的成就却比聪明而不学的人大得多。这就说明了努力和勤奋的重要性。

4. 话说平常却稳当　为人本分常快活

【原文】

稳当话，却是平常话，所以听稳当话者不多；

本分人，即是快活人，无奈做本分人者甚少。

【注释】

稳当：安稳而妥当。本分：安分守己。

【译文】

既安稳又妥当的言语，经常是既不吸引人也不令人惊奇的，所以喜欢听这种话的人不多。一个人能安守本分，不做越分的事，便是最愉快的人了。只可惜能够安分守己不妄求的人，也是很少的。

【赏析】

讲话并不是表演，因为讲话最重要的是平实与可靠。但是平实与可靠的话就像土地一般，不会引人注目，不过，无论走到哪里都要踩着它，否则就会跌倒。吸引人的话，往往新奇、夸张，所以让人惊奇、赞叹，但是未必可靠。就像空中楼阁，看来迷人却无法上去；或像沙堡，看来实在，一脚踩下却陷入坑中。可是一般人都喜欢听虚妄的话，而不喜欢听平实的话，因为平实的话往往缺乏刺激。

人生在世都希望过得快活。很多人总以为要有高楼大厦、轿车美人，才算快活，因此违法犯纪，使得原本快活的生活，变得不快活。即使没有做出违法的事，但是心中的妄求无数，也把原本可以快活的心境弄得疲惫不堪。如果能安守自己的本分，一步一步提升生活的品质和生命的境界，那才是既稳妥又快活的。因为，没有妄想来扰乱生活，便不会做出任何逾越法纪的事，让本人及自己的亲人受苦。可惜很多人并不会如此想。

5. 处事常为别人想　读书须得自用功

【原文】

处事要代人作想，读书须切己用功。

【注释】

代人作想：替他人设身处地着想；想想别人的处境。切己：自己切实地。

【译文】

处理事情的时候，要多替别人着想，看看是否会因自己的方便而使人不方便。

读书却必须自己切实地用功，因为学问是自己的，别人并不能代读。

【赏析】

每个人都容易成为一个利己的人，而不容易成为利他的人。但是处世久了，当可以了解，并不是每一件事都需要斤斤计较。有时处处为己，不见得能快乐，也不见得能占到多少便宜，反而招人怨恨。因为人在为己时，往往侵犯甚至破坏了他人的利益，别人遭受了损害，即使不报复，也会心存怨恨。何况，天下的事难以预料，今日你不给别人方便，他日别人逮到机会，也不予你方便。所以做人要宽厚，多为他人着想，能帮助他人的时候，不要吝于伸出援手，至少，也要无愧于心。

读书是自己的事，读得好，学问是自己的；读得不好，别人也无法帮你读。但是，"学问为济世之本"，学问不扎实，任凭理想多高，也无法实现，即使有再好的机会，也没有能力把握住。父母、亲戚、朋友，虽然能在各方面扶助自己，但是惟有读书，是他们帮不上忙的；因此，一定要切实地要求自己读好书，才能谈自我实现与服务社会。

6. 信是立身之本　恕乃接物之要

【原文】

一信字是立身之本，所以人不可无也；

一恕字是接物之要，所以终身可行也。

【注释】

信：信用、信誉。立身：树立自身。恕：推己及人之心。接物：与别人交际。

【译文】

一个"信"字是人立身处世的根本，一个人如果失去了信用，任何人都不会接受他，所以只要是人，都不可没有信用。一个"恕"字，是与他人交往时最重要的品德，因为恕即是推己及人的意思，人能推己及人，便不会做出对不起他人的事，于己于人皆有益，所以值得终生奉行。

【赏析】

《说文》上对"信"的解释是"人言也，人言则无不信者，故从人言。"由此可知，"信"就是人所讲的话，不是人讲的话才会无"信"。一个人如果无"信"，别人也就不把你当人看待，那么你又有什么颜面和别人交往呢？我们都说，没有信用的人就是没有人格的人，没有人敢和他交往，因为怕自己的付出会换来谎话。没有信用的公司，更是没有人敢和它做生意，免得受骗。一个人要在社会上立足，"信"是多么重要，所以说它是立身处世的根本。

"恕"是推己及人的意思。人在社会上做事，不能只为自己的立场着想，总要把自己和别人的境况互调想过，才能客观地处理事情，既不会伤害别人，也不会判断不公。许多事都是要许多人合作才能成功，而"恕"便是许多人在一起不会产生纠纷和摩擦的润滑剂，所以说它是与人交际最重要的修养，值得终生奉行。

7. 不因说话而杀身　勿为积财而丧命

【原文】

人皆欲会说话，苏秦乃因会说而杀身；

人皆欲多积财，石崇乃因积财而丧命。

【注释】

苏秦：战国时纵横家，口才极佳，游说六国合纵以抗秦，使秦国不敢窥函谷关有十五年，后至齐，被齐大夫所杀。

石崇：晋人，富可敌国，生活豪奢遭忌而被杀。

【译文】

人都希望自己有极佳的口才，但是战国的苏秦就是因为口才太好，才会被齐大夫派人暗杀。人人都希望自己能积存很多财富，然而晋代的石崇就是因为财富太多，遭人嫉妒，才惹来杀身之祸。

【赏析】

大多数人都希望自己能言善辩，遇事能滔滔不绝口若悬河。殊不知，凡事皆有两面，水能载舟亦能覆舟，所谓"匹夫无罪，怀璧其罪"。口舌之利，利于刀枪，讨好这一边的人，不见得能讨好那一边的人。这边的人捧场，那边的人却可能要拆台。山上被砍伐的树，多半是有用的树木，而得以幸免的，反而是那些无用的树木。古人说："沉默是金"，会说固然好，不会说也不错，至少不会得罪人。有时言语很难讲得周全，有些话多说无用，有些话不如不讲。所谓"时然后言"，才是言语的妙用。

天下人都以为钱愈多愈好，殊不知"人为财死，鸟为食亡"，因争"钱"夺利而失去性命的事，随处可闻。钱多的人，固然享乐，却要时时提防别人来偷，不但疑神疑鬼，又睡不安枕，付出的代价相当大。所以财多不见得好，财少或许人生反而能过得愉快些。

8. 严可平躁　敬以化邪

【原文】

教小儿宜严，严气足以平燥气；

待小人宜敬，敬心可以化邪心。

【注释】

严气：严肃、严格的态度。燥气：轻率、性急的脾气。敬心：尊重而谨慎的心。

邪心：不正当的心思。

【译文】

最好以严格的态度教导小孩子，因为小孩心思顽皮毛躁，不能定下心来，严格的态度可以压抑他们浮动的心，使他们安静地学习。对心思不正的小人，最好以尊重而谨慎的心待他，因为小人心思邪曲，如果尊重他的人格，也许他会想保有我们对他的尊重，而放弃邪僻的想法。同时以谨慎的态度相处至少不会蒙受其害，因为谨慎之心可以化解邪曲的心。

【赏析】

小孩子的心性总是顽皮的，若不以严肃的态度教导他，他会以为你和他玩，不会认真去学习，也不会将所学记在心里。所以教导孩子态度要严肃，让他感受到认真的心情，才会安安静静地好好读书。

对待小人千万不可用鄙视的态度，因为小人的心思已经邪僻，再受人轻视，他就更有理由去做邪曲的事了。倒不如尊重他的人格，也许，他会为了想保有别人对他的尊重，不再做出受人轻视的事。一个人会做出受人轻视的事，必然是他先看轻了自己。如果因为我们对他的重视，而唤起他的自尊心，那么，他就不会再做出让自己和别人轻视的事情了。

9. 善谋生不必富家 善处事不必利己

【原文】

善谋生者，但令长幼内外，勤修恒业，而不必富其家；

善处事者，但就是非可否，审定章程，而不必利于己。

【注释】

谋生：以工作维持生活。恒业：经常而持久的事业。章程：办理事务的规章和程序。

【译文】

善于维持生计的人，并不是有什么新奇的花招，只是使家中年纪无论大小，事情无分内外，每个人都能就其本分，有恒地将分内的事完成，这样做虽不一定能使家道大富，却能在稳定中成长。长于办理事务的人，不一定有奇特的才能，只是就事情如何才能完成，在可行与不可行处加以判断，订立一个办理的规则和程序，而且，并不一定要对自己有利益才去做。

【赏析】

所谓"善谋生者"，不一定是善于积聚财富的人，因为，要维持一家的生计，最重要的是要有恒业。任何事情，不分大小，只要有恒心，总能由小到大，逐步扩展，走向充裕。总不至于像一些投机者，今日做这，明日做那。今朝穷奢极侈，明朝露宿街头，就不能称为"善谋生者"了。此外，一家之中无论长幼，都要勤劳工作，不可有怠惰吃食之人，否则，为之者寡，食之者众，纵有家产也维持不久，这也不是"善谋生者"。

通常，一件事务要处理得当，一定要就事务的本身加以分析，从事物的开始、中间到结束，都要有一个可循的脉络，订下进度章程，以及必须依循的规则，如此才能将事情处理得完善。尤其不可抱着自私自利的态度，否则便会失之主观，因人害事。不但事情无法做好，自己也可能毫无好处，这就不是"善处事者"。善处事者，必能公正无私，就事论事，因此处处都能为事情的本身着想，自然能圆满地处事了。

10. 名利不可贪　学业在德行

【原文】

名利之不宜得者竟得之，福终为祸；

困穷之最难耐者能耐之，苦定回甘。

生资之高在忠信，非关机巧；

学业之美在德行，不仅文章。

【译文】

得到不该得的名声和利益，当初以为是幸运终究会成为灾害；最难以忍耐的贫穷和困苦，若能咬紧牙关加以忍耐，最后一定会苦尽甘来。人的资质高低，在于对事是否尽心而有信，并不在于善用机变与心巧。读书读得好的人，不仅在于文章美妙，而且在于他的道德是否高尚，品行是否美好。

【赏析】

一个人能成名，必定有其过人之处，不然，也拥有因此得名的长处；一个人能获利，必然是他曾付出血汗与努力，否则他凭什么得到利益？所谓"名之不宜得"，就是自己没有具备相当的长处和优点，不足以得此名声，而"利之不宜得者"，即是自己并未付出相当的努力，不足以得此利益。然而，安然受之，或以不正当手段得到，那么，这些名利，表面看来是福气，终究会成为祸事。为什么呢？因为古人说名实须相符，本身没有担当此名的优点，日久天长，终会被人识破。原以为天才，竟是脓包；原以为善士，竟为骗子。到时美名变成臭名，岂不是"福终为祸"？利益不该得，却去争取了，付出更多心血的人必然不容，或者私下报复，或者公开诉讼。即便不如此，"取他一分，还他一两"。因果关系也不无道理。

人处困穷，固然难耐，然而古来伟人初处困穷最后能够发达的原因，多为能耐过这段困穷的日子。因为困穷时，最能砥砺一个人的志节。所谓"劳其筋骨，饿其体肤，空乏其身，行拂乱其所为，所以动心忍性，增益其所不能。"人能耐得住困苦，足见其心志坚强。《易经》中说"否极泰来"，也正是"苦尽甘来"的意思。

人天性的资质不同,机智巧妙的人不见得天资就高。因为机智巧妙的人如果心怀不轨,反倒成为社会的祸害,那又有什么好处呢?不如愚鲁些却能忠厚待人的人,这些人多少能为社会增加些好处。由这点来看,这些人的资质反而较前者为高。同样的,读书读得好的,并不见得就是那些文章写得好的人,因为读书是学做人的道理,有些人文章虽美,品德却很差,又怎么能算是个读书人呢?不如那些书虽读得不多,却通晓人情事理的人。当然,若能两者兼得,那是最好不过了。

11. 君子力挽江河　名士光争日月

【原文】

风俗日趋于奢淫,靡所底止,安得有敦古朴之君子,力挽江河;

人心日丧其廉耻,渐至消亡,安得有讲名节之大人,光争日月。

【译文】

社会风气日渐奢侈浮华,这种现象愈来愈变本加厉,一直没有改善的迹象;真希望出现一个不同于流俗而又质朴的才德之士,大力改善现在的奢靡之风,恢复原本的善良质朴。世人已逐渐失去廉耻之心,这样下去总有一天会完全不知羞耻;如何能出一位重视名誉和气节的有德之士,唤醒世人的廉耻之心,作为世人的榜样呢?

【赏析】

社会上大多数的人,往往随俗浮沉而不自觉。古代人重视道德与气节,贤人的提倡、教化,能使众人群起效尤。然而,现代社会工商进步,众人虽受教育,却未必能抗拒社会的潮流和诱惑。在这个时代,就更需要有清醒的脑子、廉洁的心性与大无畏的勇气,才能起来大声疾呼,认真努力,改善社会风气,由浊转清。"廉"是不该取的不取,"耻"是做了不正当的事感到惭愧;然而,社会上却有人为了自己的欺骗行径而沾沾自喜。所谓"笑贫不笑娼",人心的堕落才是最可悲的,因为人失去了羞耻心,便与禽兽无异;全社会的人若失去了羞耻心,便成为禽兽的社会。如何才能有"君子"再提倡崇尚气节、重视名誉的社会道德呢?如果真能如此,他承先启后的功劳,足可与日月争辉了。

12. 心正则神明见 耐苦则安乐多

【原文】

人心统耳目官骸,而於百体为君,必随处见神明之宰;

人面合眉眼鼻口,以成一字曰苦,知终身无安逸之时。

【译文】

心统治着人的五官及全身,可以说是身体的主宰,一定要随时保有清楚明白的心思，才能使言行不致出错。人的脸是合眉、眼、鼻、口而成形，若将两眉当做部首的草头，把两眼看成一横，鼻子为一竖，下面承接着口，恰巧是一个"苦"字。由此可知，人的一生是苦多于乐，没有安闲快活的时候。

【赏析】

古人讲"存天理，去人欲"，专在一个心字上下功夫。若以全身器官比喻为百官，心便是君王。君王昏昧，朝政必然混乱，天下就会大乱。君王若清明，朝政必然合度，天下就会太平。所以要时时保持"心"的清楚明白，行为才不会出差错。

人总是喜欢追求快乐，但是，明明"苦"字就写在人的脸上。若是以为人生原本当乐，那么自然感到生命中许多逆境实是苦不堪言，若能想人生本苦多于乐，反而能在逆境中勇于承担，不以为苦，在顺境中不滞不迷，小得即乐。

13. 不论祸福而处事，平正精详为立言

【原文】

大丈夫处事，论是非，不论祸福；

士君子立言，贵平正，尤贵精详。

【注释】

大丈夫：有志气的男子。士君子：读书人；知识分子。立言：树立精要可传的言论。平正：持论平正。精详：精要详尽。

【译文】

有志气的人在处理事情，只问如何做是对的，不问这样做对自己是福是祸；读书人著书立说，最重要的是立论公平正直，若能进一步精要详尽，那就更可贵了。

【赏析】

一个有志气的人，在处理任何事情时，首先想到的一定是"是"和"非"，最后坚持的一定也是"是"和"非"。只论是非而行事，必是"当是者是之，当非者非之。"要做到这样，并不容易。因为，有些奸险小人在与你共事的时候，只图一己的私利，不希望你依正道行事，而希望你按照他最有利可图的方式做事，若不照着做，便想尽办法阻拦你，打击你，如果你只想趋吉避凶的话，就很容易失了正道。因此大丈夫行事，但问事情对错，有勇气承担一切祸福，不因此而丧失人格。

至于读书人著书立说，贵在言辞公允客观，不可偏私武断。因为文章是给人看的，若是观点有偏差，岂不是误导了众人？曹丕认为文章是百年的大业，一点也不差；而孔子"述而不作"，想必也是有道理的。因此，著作文章一定要客观公正，谨慎下笔，否则，率尔操觚，哪有什么可看性呢？其次再求精要详细，言无不尽，这样的文章，才是最可贵的。

14. 遇事勿躁 淡然处之

【原文】

泼妇之啼哭怒骂，伎俩要亦无多，唯静而镇之，则自止矣。

谗人之簸弄挑唆，情形虽若甚迫，苟淡而置之，是自消矣。

【注释】

伎俩：把戏、花样。谗人：喜欢用言语毁谤他人的小人。簸弄挑唆：搬弄是非，挑拨离间。苟：如果。

【译文】

蛮横而不讲理的妇人，任她哭闹叫骂，也不过那些花样，只要镇静处之，不去理会，便自觉没趣而后终止。搬弄是非、挑拨离间的小人，不断以言辞相侵害，甚至被他逼得走投无路了，但如不予理睬，听而不闻，他也会自然作罢。

【赏析】

"秀才遇到兵，有理讲不清"，我们常会遇到一些不可理喻的人，简直无法和他讲通，倒不一定是女人，"泼妇"只是一些不可理喻的人的代称而已。因为古时女子多数无法受教育，所以便有一些不明理的女子，遇事不管体统，只会吵闹。故此对那些不明事理的人，一概称之为"泼妇"，也是可以的。这种人只是愚蠢，无需与他计较，只当他的吵闹是乌鸦叫，不去理他，他自讨没趣便会闭嘴了。最可厌的是那些搬弄是非的小人，"泼妇"只是吵闹，这种小人却专逞口舌中伤人，较"泼妇"无意义的言辞，更是厉害十分了，每每使人百口莫辩，被人误会得走投无路。但是如果能不将这些利害放在心上，让"清者自清，浊者自浊"。日久，这些小人眼见尖酸刻薄的言语不能影响你，自然会闭上他的嘴了。何况，谎言终有拆穿的时候，众人自会明了，"说人是非者，即是是非人"的道理。因此，"不理他，看他如何"的淡然心胸，实在是现代人的"治人"之道。

幸福是什么？

（美）丽莎·普兰特

幸福是什么？在我看来，幸福来源于"简单生活"。文明只是外在的依托，成功、财富只是外在的荣光，真正的幸福来自于发现真实独特的自我，保持心灵的宁静。

立志·治学·明理

有人问我，"简单的生活"是否意味着苦行僧般的清苦生活，辞去待遇优厚的工作，靠微薄的存款生活，并清心寡欲？这是对"简单生活"的误解。"简单"意味着"悠闲"，仅此而已。丰富的存款，如果你喜欢，那就不要失去，重要的是要做到收支平衡，不要让金钱给你带来焦虑。无论是中产阶级，还是收入微薄的退休工人，都可以生活得尽量悠闲、舒适，在过"简单生活"这一点上人人平等。这个时代，不是人人都必须像梭罗一样带上一把斧子走进森林，才能获得平静安逸的感觉。关键是我们对待生活的方式，是我们是否愿意抑制媒体、商业向我们大力促销的"财富中心论"，是我们如何在日常生活中挖掘、发展的热情、真实和意义。

简单，是平息外部无休止的喧嚣，回归内在自我的唯一途径。当我们为拥有一幢豪华别墅、一辆漂亮小汽车而加班加点地拼命工作，每天晚上在电视机前疲惫地倒下；或者是为了一次小小的提升，而默默忍受上司苛刻的指责，并一年到头赔尽笑脸；为了无休无止的约会，精心装扮，强颜欢笑，到头来回家面对的只是一个孤独苍白的自己的时候，我们真该问问自己为啥这样，它真的那么重要吗？

"简单"的好处在于：也许我没有海滨前华丽的别墅，而只是租了一套干净漂亮的公寓，这样我就能节省一大笔钱来做自己喜欢的事，比如施行或者是买上早就梦想已久的摄影机。我也再用不着在上司面前唯唯诺诺，我自己就是自己的主人，提升并不是唯一能证明自己的方式，很多人从事半日制工作或自由职业，这样他们就有更多的时间由自己支配。而且我们如果不是那么太忙，能推去那些不必要的应酬，我们将可以和家人、朋友交谈，分享一个美妙的晚上。

我们总是把拥有物质的多少、外表形象的好坏看得过于重要，用金钱、精力和时间换取一种有目共睹的优越生活，却没有察觉自己的内心在一天天地枯萎。事实上，只有真实的自我，才能让人真正地容光焕发，当你只为内在的自己而活，并不在乎外在的虚荣，幸福感才会润泽你干枯的心灵，就如同雨露滋润干涸的土地。

我们需求越少，得到的自由就越多。正如梭罗所说："大多数豪华的生活以及许多所谓的舒适生活，不仅不是必不可少的，反而是人类进步的障碍，对于豪华和舒适，有识之士更愿意过比穷人还要简单和粗陋的生活。"简朴、单纯的生活有利于清除物质与生命本质之间的藩篱。为了认清它，我们必须从清除嘈杂声和琐事开始，认清我们生活中出现的一切。哪些是我们必须拥有的，哪些是必须丢弃的。

多一份舒畅，少一份焦虑；多一份真实，少一份虚假；多一份快乐，少一份悲苦，这就是简单生活所追求的目标。外界生活的简朴，将带给我们内心世界的丰富，从而我们将发现新生活在面前敞开，我们将变得更敏锐，能真正深入、透彻地体验和理解自己的生活，我们将为每一次日出、草木无声的生长而欣喜不已，我们将重新向自己喜爱的人们敞开心扉，表现真实的自然，热情地置身于家人、朋友之中，彼此关心，分享喜悦，真诚以对。那时我们将发现不能接近他人、因隔阂而不能互相沟通，不过是匆忙、疲惫造成的现象。只有当我们轻松下来，开始悠闲的生活才能体验亲密和谐、友爱无间。我们将不是在生活的表面游荡不定，而是深入进去，聆听生活本质的呼唤，生活因此而变得更有意义。

『伴读引思』

【作者简介】

丽莎·茵·普兰特，原是美国一名律师，由于厌倦现代社会步调纷乱的生活，于 1993 年放弃律师职业，投入于简单生活研究和实践中，并与其同仁创办《简单生活月刊》杂志，被誉为"二十一世纪的新生活导师"。该杂志在全美产生巨大影响。简单生活思想越来越被人们接受和实践。《简单生活》是作者多年来研究和实践简单生活的集大成之作，完成于 1999 年。在这之前曾经出版过《简单生活就是美》、《越简单越快乐》等书。其著作被翻译成 30 多种文字。

【哲理】

文章形象地论述了幸福感对于人们心灵的重要性，阐述了"简单生活"的益处。在生活中，对不必要物质的追求、对虚荣的追求都会让我们与幸福擦肩而过。多一份舒畅，少一份焦虑；多一份真实，少一份虚假；多一份快乐，少一份悲苦，这就是简单生活所追求的目标。

大卫的机遇

（美）纳撒尼尔·霍桑

大卫·斯旺沿着小道，朝波士顿走去。他的叔父在波士顿，是个商人，要给他在自己店里找个工作。夏日里起早摸黑地赶路，实在太疲乏，大卫打算一见阴凉的地方就坐下来歇歇。不多会儿，他来到一口覆盖着浓荫的泉眼旁边。这儿幽静、凉快。他蹲下身子，饮了几口泉水。然后，把衣服裤子折起当枕头，躺在松软的草地上，很快就酣然入睡了。

就在他呼呼大睡的当儿，大道上来了一辆由两匹骏马拉着的华丽马车，蓦地，由于马蹩痛了脚，车又"嘎"地停在泉眼边。车里走出一位年长绅士和他的妻子。他们一眼就瞧见大卫睡在那儿。

"他睡得多沉，呼吸那么的顺畅，要是我也能那样睡会儿，该多幸福！"绅士说。

他的妻子也叹道："像咱们这样的老人，再也睡不上那样的好觉了！看那孩子多像咱们心爱的儿子呀，能叫醒他吗？"

"哦，咱们还不知道他的品行呢。"

"看他脸孔,多天真无邪哟!"

大卫不知道,幸运之神正近在咫尺呢!年长绅士家里很富有。他唯一的儿子新近不幸死了。在这样的情况下,人们往往会做出奇怪的事来。比如说,认一个陌生小伙子为儿子,并让他继承自己的家产。可是大卫却始终没醒来,睡得正甜。

"咱们叫醒他吧!"绅士妻子又说了一句。正在这时,马车夫嚷起来:"快走吧!马好了。"老夫妻俩依恋地对视一下,便快步走向马车。

过了不到五分钟,一个美丽的姑娘踏着欢快的步子,朝泉眼走来了。她停下来喝水,也瞧见了大卫。就像未经允许进入别人的卧室,姑娘慌忙想离开。突然,她看见一只大马蜂正嗡嗡地在大卫头上飞来飞去,就不由得掏出手帕挥舞着,把马蜂赶走。

看着大卫,姑娘心头一颤,脱口而出:"他长得多俊啊!"可是大卫却丝毫未动,她只好怏怏地走了。要是大卫能醒来,也许能和她认识,甚至结亲。要知道,她父亲可是个大百货商哩。

姑娘刚走开,两个帽沿拉到眉头的强盗悄悄地溜过来了。他们看见大卫躺在泉边香甜地睡着,一个歹念顿时闪上心头。

"也许这崽子身上有钱。"

"过去摸摸看,如他醒来,就用这个来对付他。"说着,一个强盗掏出了明晃晃的匕首。他们正准备下手时,一条狗匆匆跑到泉边饮水。他们吓得心惊肉跳。

"等一下,可能狗主人就在附近。"

"我们还是小心为妙,赶快离开吧!"两个强盗嘀咕了一阵,便溜走了。

一辆马车的隆隆声,惊醒了大卫。他跳了上去,很快消失在烟尘中了。

大卫永远也不会知道在他睡眠时,发生的一切幸运和险象。可是,仔细想想,世上谁人不如此呢?

『伴读引思』

【作者简介】

纳撒尼尔·霍桑(1804~1864),是19世纪美国浪漫主义文学最有声望、最有影响力的小说家。他的声誉经受住了一个多世纪不同读者和变化着的文学标准的检验,他的作品有许多成为美国文学的经典,至今仍为广大读者所喜爱。

【哲理】

《大卫的机遇》是美国著名作家霍桑的微型小说作品。文章主要讲三次祸福不同的机遇就这样与甜睡中的大卫擦肩而过,大卫什么也不知道,他醒来后跳上了一辆路过的马车消失在烟尘中了。霍桑的文章意在说明一切的幸运或险象的际遇是难以把握的。用中国的俗话说就是:"机不可失,时不再来。"人这一生会遇到各种各样的机遇，当它没来时，我们求神拜佛，翘首以盼，而当它真的来了，我们又袖手旁观，视而不见。"旁观者清，当局者迷"，我们看到了大卫所错过的机遇，却不知自己的得失种种。愿我们所有人都能以旁观者的眼睛缜密的捕捉机遇，以当局者的心态认真地对待机遇。

同学们，读完《哲理篇》后，有何感想和体悟，可以写下来吗？

【灵感存档】

附　录

（一）新《增广贤文》

立志·治学·明理

尊师以重道，爱众而亲仁。

钱财如粪土，仁义值千金。

作事须循天理，出言要顺人心。

孝当竭力，非徒养身。

鸦有反哺之孝，羊知跪乳之恩。

打虎还要亲兄弟，出阵还须父子兵。

父子和而家不败，弟兄和而家不分。

知己知彼，将心比心。

责人之心责己，爱己之心爱人。

贪爱沉溺即苦海，利欲炽燃是火坑。

随时莫起趋时念，脱俗休存矫俗心。

昼夜惜阴，夜坐惜灯。

读书须用意，一字值千金。

平生不作皱眉事，世上应无切齿人。

近水知鱼性，近山识鸟音。路遥知马力，日久见人心。

处富贵地，要矜持贫贱的痛痒，当少壮时，须体念衰老的辛酸。

饶人不是痴汉，痴汉不会饶人。

不说自己桶索短，但怨人家箍井深。

美不美，家乡水；亲不亲，故乡人。

割不断的亲，离不开的邻。

但行好事，莫问前程。

笨鸟先飞，大器晚成。

一年之计在于春，一日之计在于寅。

一家之计在于和，一生之计在于勤。

无病休嫌瘦，身安莫怨贫。

岂能尽如人意，但求无愧人心。

偏听则暗，兼听则明。耳闻是虚，眼见是实。

毋施小惠而伤大体，毋借公论而快私情。

毋以已长而形人之短，毋因已拙而忌人之能。

平日不作亏心事，半夜敲门心不惊。

牡丹花好空入目，枣花虽小结实成。

汝惟不矜，天下莫与汝争能；汝惟不伐，天下莫与汝争功。

明不伤察，直不过矫。

仁能善断，清能有容。

不自是而露才，不轻试以幸功。

受享不逾分外，修持不减分中。

肝肠煦若春风，虽囊乏一文，还怜茕独；气骨清如秋水，纵家徒四壁，终傲王公。

早把甘旨勤奉养，夕阳光阴不多时。

得宠思辱，居安思危。

成名每在穷苦日，败事多因得意时。

许人一物，千金不移。

一言既出，驷马难追。

博学而笃志，切问而近思。

惜钱休教子，护短莫从师。

须知孺子可教，勿谓童子何知。

静坐常思已过，闲谈莫论人非。

三人同行，必有我师，择其善者而从，其不善者改之。

狎昵恶少，久必受其累；屈志老成，急则可相依。

心口如一，童叟无欺。人有善念，天必佑之。

过则无惮改，独则毋自欺。道吾好者是吾贼，道吾恶者是吾师。

学不尚行，马牛而襟裾。

结交须胜已，似我不如无。

同君一席话，胜读十年书。

水至清，则无鱼；人至察，则无徒。

宁可正而不足，不可斜而有余。

认真还自在，作假费功夫。

是非朝朝有，不听自然无。

聪明逞尽，惹祸招灾。

富从升合起，贫因不算来。

用人不宜刻，刻则思效者去；交友不宜滥，滥则贡谀者来。

乐不可极，乐极生衰；欲不可纵，纵欲成灾。

言顾行，行顾言。

不作风波于世上，但留清白在人间。

勿因群疑而阻独见，勿任已意而废人言。

自处超然，处人蔼然。得意堪然，失意泰然。

由俭入奢易，由奢入俭难。

枯木逢春犹再发，人无两度再少年。

谦恭待人，忠厚传家。不学无术，读书便佳。

与治同道罔不兴，与乱同事罔不亡。

居身务期质朴，训子要有义方。

富若不教子，钱谷必消灭。贵若不教子，衣冠受不长。

人无远虑，必有近忧。

勿临渴而掘井，宜未雨而绸缪。

酒虽养性还乱性，水能载舟亦覆舟。

克已者，触事皆成药石；尤人者，启口即是戈矛。

儿孙自有儿孙福，莫与儿孙做牛马。

深山毕竟藏猛虎，大海终须纳细流。

休向君子谄媚，君子原无私惠；休与小人为仇，小人自我对头。

登高必自卑，若涉远必自迩。

磨刀恨不利，刀利伤人指；求财恨不多，财多终累已。

居视其所亲，达视其所举；富视其所不为，贫视其所不取。

知足常足，终身不辱；知止常止，终身不耻。

君子爱财，取之有道；小人放利，不顾天理。

悖入亦悖出，害人终害已。

身欲出樊笼外，心要在腔子里。

勿偏信而为奸所欺，勿自任而为气所使。

使口不如自走，求人不如求已。

处骨肉之变，宜从容不宜激烈；当家庭之衰，宜惕厉不宜委靡。

务下学而上达，毋舍近而趋远。

量入为出，凑少成多。

溪壑易填，人心难满。

用人与教人，二者却相反，用人取其长，教人责其短。

仕宦芳规清、慎、勤，饮食要诀缓、暖、软。

留心学到古人难，立脚怕随流俗转。

凡是自是，便少一是。

有短护短，更添一短。

好问则裕，自用则小。

勿营华屋，勿作营巧。

若争小可，便失大道。

但能依本分，终须无烦恼。

唇亡齿必寒，教弛富难保。

有言逆于汝心，必求诸道；有言逊于汝志，必求诸非道。

物盛则必衰，有隆还有替。

责善勿过高，当思其可从。

攻恶勿太严，要使其可受。

书中结良友，千载奇逢；门内产贤郎，一家活宝。

得时莫夸能，不遇休妒世。

狗不嫌家贫，儿不嫌母丑。

勿贪意外之财，勿饮过量之酒。

吃得亏，坐一堆；要得好，大做小。

进步便思退步，着手先图放手。

和气致祥，乖气致戾。玩人丧德，玩物丧志。

门内有君子，门外君子至；门内有小人，门外小人至。

趋炎虽暖，暖后更觉寒增；食蔗能甘，甘余更生苦趣。

家庭和睦，蔬食尽有余欢；骨肉乖违，珍馐亦减至味。

先学耐烦，切莫使气。性躁心粗，一生不济。

志宜高而身宜下，胆欲大而心欲小。

学者如禾如稻，不学者如蒿如草。

路径仄处，留一步与人行；滋味浓时，减三分让人嗜。

为人要学大莫学小，志气一卑污了，品格难乎其高；持家要学小莫学大，门面一弄阔了，后来难乎其继。

三十不立，四十见恶，五十相将寻死路。

见怪不怪，怪乃自败。

一正压百邪，少见必多怪。

君子之交淡以成，小人之交甘以坏。

爱人者，人恒爱。敬人者，人恒敬。

损友敬而远，益友亲而敬。

善与人交，久而能敬。

过则相规，言而有信。

木受绳则直，人受谏则圣。

良药苦口利于病，忠言逆耳利于行。

素位而行，不尤不怨。

智生识，识生断。当断不断，反受其乱。

难合难分，易亲亦易散。

不汲汲于富贵，不戚戚于贫贱。

一毫之恶，劝人莫作；一毫之善，与人方便。

先达之人可尊也，不可比媚。权势之人可远也，不可侮慢。

善有善报，恶有恶报，若有不报，日子未到。

贤者不炫己之长，君子不夺人所好。

救既败之事，如驭临岩之马，休轻加一鞭；图垂成之功，如挽上滩之舟，莫稍停一棹。

传家二字耕与读，防家二字盗与奸，倾家二字淫与赌，守家二字勤与俭。

大事不糊涂，小事不渗漏。

内藏精明，外示浑厚。

恩宜先淡而浓，先浓后淡者，人忘其惠；威宜自严而宽，先宽后严者，人怨其酷。

以积货财之心积学问，则盛德日新；以爱妻子之心爱你母，则孝行自笃。

学须静，才须学。非学无以广才，非静无以成学。

不患老而无成，只怕幼而不学。

富贵如刀兵戈矛，稍放纵便销膏靡骨而不知；贫贱如针砭药石，一忧勤即砥节砺行而不觉。

不矜细行，终累大德。

亲戚不悦，无务外交；事不终始，无务多业。

临难勿苟免，临财勿苟得。

谗言不可听，听之祸殃结。

君听臣遭诛，父听子遭灭，夫妇听之离，兄弟听之别，朋友听之疏，亲戚听之绝。

性天澄澈，即饥餐渴饮，无非康济身肠；心地沉迷，纵演偈谈玄，总是播弄精魄。

芝兰生于深林，不以无人而不芳；君子修其道德，不为穷困而改节。

廉官可酌贪泉水，志士不受嗟来食。

志 向 篇

山立在地上，人立在志上。

月缺不改光，剑折不改钢。

船大不怕浪高，志大不怕艰险。

胸无理想，枉活一世。

三军可夺帅，匹夫不可夺志。

虎瘦雄心在，人穷志不穷。

立下凌云志，敢去摘星星。

有志周行天下，无志寸步难行。

天下无难事，只要肯攀登。

无志之人常立志，有志之人立长志。年怕中秋月怕半，男儿立志在少年。

鸟要紧的是翅膀，人要紧的是理想。

没有爬不过的高山，没有闯不过的险滩。

见异思迁，土堆难翻；专心致志，高峰能攀。

实践是实现理想的阶梯，知识是实现理想的翅膀。

不学杨柳随风摆，要学青松立山冈。

真 理 篇

不入虎穴，焉得虎子。

近水识鱼性，近山识鸟音。欲知山中事，须问打柴人。

兼听则明，偏听则暗。多看事实，少听虚言。

满招损，谦受益。

知过必改，闻过则喜。

户枢不蠹，流水不腐。

从善如流，疾恶如仇。

钟不敲不响，话不说不明。

良药苦口利于病，忠言逆耳利于行。

合作篇

人心齐，泰山移。

独脚难行，孤掌难鸣。

水涨船高，柴多火旺。

三个臭皮匠，赛过诸葛亮。

一块砖头砌不成墙，一根木头盖不成房。

一个篱笆三个桩，一个好汉三个帮。

一根竹竿容易弯，三根麻绳难扯断。

一花独放不是春，万紫千红春满园。

知己知彼，将心比心。

远水难救近火，远亲不如近邻。

美不美，故乡水；亲不亲，故乡人。

海内存知己，天涯若比邻。

君子之交淡如水，小人之交酒肉亲。

豆角开花藤牵藤，朋友相处心连心。

劝学篇

枯木逢春犹再发，人无两度再少年。

不患老而无成，只怕幼儿不学。

长江后浪推前浪，世上今人胜古人。

若使年华虚度过，到老空留后悔心。

有志不在年高，无志空长百岁。

少壮不努力，老大徒伤悲。

好好学习，天天向上。

坚持不懈，久炼成钢。

三百六十行，行行出状元。

冰生于水而寒于水，青出于蓝而胜于蓝。

书到用时方恨少，事非经过不知难。

身怕不动，脑怕不用。

手越用越巧，脑越用越灵。

三天打鱼，两天晒网，三心二意，一事无成。

一日练，一日功，一日不练十日空。

拳不离手，曲不离口。

刀不磨要生锈，人不学要落后。

书山有路勤为径，学海无涯苦作舟。

师傅领进门，修行在自身。

熟能生巧，业精于勤。

立志 · 治学 · 明理

读 书 篇

欲知天下事，须读古今书。

学了就用处处行，光学不用等于零。

好曲不厌百回唱，好书不厌百回读。

读书贵能疑，疑能得教益。

默读便于思索，朗读便于记忆。

处处留心皆学问，三人同行有我师。

初读好书，如获良友；重读好书，如逢故知。

不能则学，不知则问；读书全在自用心，老师不过引路人。

环 保 篇

保护环境，人人有责。树木成荫，空气清新。绿了大地，润了人心。功在当代，造福子孙。

山上树木光，山下走泥浆。

治山治水不栽树，有土有水保不住。

植树造林镇风沙，遍地都是好庄稼。

（二）《百贵精言·醒世恒言·感悟人生》

百贵精言　感悟人生

目以明为贵，耳以聪为贵，口以慎为贵，手以勤为贵，脑以慧为贵。

心以诚为贵，志以坚为贵，意以锐为贵，质以朴为贵，气以平为贵。

行以方为贵，知以圆为贵，思以敏为贵，情以笃为贵，理以顺为贵。

学以奋为贵，事以恒为贵，识以博为贵，友以直为贵，谊以久为贵。

邻以睦为贵，昆以让为贵，妯以谅为贵，体以健为贵，神以凝为贵。

官以清为贵，政以廉为贵，家以和为贵，父以严为贵，母以慈为贵。

子以孝为贵，命以立为贵，屋以实为贵，衣以洁为贵，食以素为贵。

言以真为贵，辞以达为贵，起以早为贵，居以安为贵，艺以精为贵。

技以高为贵，德以昭为贵，望以重为贵，名以符为贵，医以德为贵。

钱以节为贵，才以专为贵，心以思为贵，品以优为贵，性以导为贵。

智以卓为贵，福以同为贵，礼以先为贵，进以新为贵，物以用为贵。

事以预为贵，虑以周为贵，兄以友为贵，弟以恭为贵，夫以正为贵。

妻以贤为贵，信以守为贵，财以义为贵，贫以奋为贵，贱以耻为贵。

富以勤为贵，耻以雪为贵，书以钻为贵，文以通为贵，业以守为贵。

利以疏为贵，难以克为贵，国以民为贵，民以强为贵，人以杰为贵。

地以灵为贵，站以高为贵，坐以平为贵，恩以报为贵，工以巧为贵。

法以守为贵，谏以诤为贵，怨以谅为贵，货以真为贵，价以实为贵。

兵以精为贵，将以韬为贵，债以偿为贵，过以改为贵，乱以理为贵。

世以活为贵，险以夷为贵，逆以持为贵，穷以坚为贵，苦以共为贵。

忧以排为贵，病以治为贵，胜以勇为贵，财以振为贵，万以一为贵。

醒世恒言　人生哲理

平生不作皱眉事，世上应无切齿人。越奸越狡越贫穷，奸狡原来天不容。

富贵若从奸狡起，世间呆汉喝西风。求人须求大丈夫，济人须济急时无。

君子乐得做君子，小人枉自做小人。山中自有千年树，世上难逢百岁人。

岂无远道思亲泪，不及高堂念子心。堂上二老是活佛，何用灵山朝世尊。

善恶到头终有报，只争来早与来迟。平生不做亏心事，半夜敲门心不惊。

万事劝人休瞒昧，举头三尺有神明。鬼神可敬不可谄，冤家宜解不宜结。

人生何处不相逢，莫因小怨动声色。好义固为人所钦，贪利乃为鬼所笑。

贤者不炫己之长，君子不夺人所好。善业可为须着力，是非闲杂莫劳心。

不求金玉重重贵，但愿儿孙个个贤。枯木逢春犹再岁，人无两度再少年。

水暖水寒鱼自知，花开花谢春不管。蜗牛角上校雌雄，石火光中争长短。

屋漏偏遭连夜雨，船慢又遇顶头风。记得少年骑竹马，看看又是白头翁。
美人绝色原妖物，乱世多财是祸根。畜牲易度人难度，宁度畜牲不度人。
守口不谈新旧事，知心难得两三人。欲知世情须尝胆，会尽人情暗点头。
一苗露水一苗草，一层山水一层人。闷坐书馆闲操心，看来全是论古今。
书中有真就有假，世人认假不认真。假作真时真亦假，真作假时假也真。
真真假假难分解，假者自假真自真。回忆世情般般假，借假修真破迷津。
由来富贵三更梦，何必楚楚苦用心。识透人情惊破胆，看穿世间心胆寒。
白璧易埋千古恨，黄金难买一身闲。人生究竟归何处，看破放下随万缘。
是非只为多开口，烦恼皆因强出头。人生七十古来稀，问君还有几春秋。
佛法浩瀚广无边，度尽人间苦和难。开启自性真智慧，笑游清秀山水间。

人生很无奈　知足就好

有粮千担，也是一日三餐；有钱万贯，也是黑白一天；
洋房十座，也是睡榻一间；宝车百乘，也是有愁有烦；
高官厚禄，也是每天上班；妻妾成群，也是一夜之欢；
山珍海味，也是一副肚腩；荣华富贵，也是过眼云烟。

钱多钱少，够吃就好。人丑人美，顺眼就好。
人老人少，健康就好。家穷家富，和气就好。
老公晚归，有回就好。老婆唠叨，顾家就好。
孩子从小，就要教好。博士也好，卖菜也好。
长大以后，心安就好。房屋大小，能住就好。
名不名牌，能穿就好。两轮四轮，能驾就好。
老板不好，能忍就好。一切烦恼，能解就好。
坚持执着，放下最好。人的一生，平安就好。
不是有钱，一定会好。心好行好，命能改好。
谁是谁非，天知就好。修福修慧，来世更好。
说这么多，明白就好。天地万物，随缘就好。
很多事情，看开就好。人人都好，天天都好。
你好我好，世界更好。总而言之，知足最好。

（三）朱子家训

　　黎明即起，洒扫庭除，要内外整洁。既昏便息，关锁门户，必亲自检点。一粥一饭，当思来之不易。半丝半缕，恒念物力维艰。宜未雨而绸缪，毋临渴而掘井。自奉必须俭约，宴客切勿留连。器具质而洁，瓦缶胜金玉。饮食约而精，园蔬胜珍馐。勿营华屋，勿谋良田。

　　三姑六婆，实淫盗之媒。婢美妾娇，非闺房之福。奴仆勿用俊美，妻妾切忌艳妆。祖宗虽远，祭祀不可不诚。子孙虽愚，经书不可不读。居身务期质朴，教子要有义方。勿贪意外之财，勿饮过量之酒。

　　与肩挑贸易，勿占便宜。见贫苦亲邻，须多温恤。刻薄成家，理无久享。伦常乖舛，立见消亡。兄弟叔侄，须多分润寡。长幼内外，宜法属辞严。听妇言，乖骨肉，岂是丈夫。重资财，薄父母，不成人子。嫁女择佳婿，毋索重聘。娶媳求淑女，毋计厚奁。

　　见富贵而生谗容者，最可耻。遇贫穷而作骄态者，贱莫甚。居家戒争讼，讼则终凶。处世戒多言，言多必失。毋恃势力而凌逼孤寡，勿贪口腹而恣杀生禽。乖僻自是，悔误必多。颓惰自甘，家道难成。狎昵恶少，久必受其累。屈志老成，急则可相依。轻听发言，安知非人之谮诉，当忍耐三思。因事相争，安知非我之不是，须平心遭暗想。

　　施惠勿念，受恩莫忘。凡事当留余地，得意不宜再往。人有喜庆，不可生妒忌心。人有祸患，不可生喜幸心。善欲人见，不是真善。恶恐人知，便是大恶。见色而起淫心，报在妻女。匿怨而用暗箭，祸延子孙。

　　家门和顺，虽饔飧不继，亦有余欢。国课早完，即囊橐无余，自得至乐。读书志在圣贤，为官心存君国。守分安命，顺时听天。为人若此，庶乎近焉。

　　注：　《朱子家训》是"经典诵读口袋书"的一种，又名《朱子治家格言》、《朱柏庐治家格言》，是以家庭道德为主的启蒙教材。作者朱柏庐（1617—1688）名用纯，字致一，自号柏庐，江苏省昆山县人，生于明万历四十五年（1617），其父朱集璜是明末的学者。朱柏庐自幼致力读书，曾考取秀才，志于仕途。清入关明亡遂不再求取功名，居乡教授学生并潜心程朱理学，主张知行并进，一时颇负盛名。康熙曾多次微召，然均为先生所拒绝。著有《删补易经蒙引》、《四书讲义》、《劝言》、《耻耕堂诗文集》和《愧纳集》。

　　《朱子家训》通篇意在劝人要勤俭持家安分守己。讲中国几千年形成的道德教育思想，以名言警句的形式表达出来，可以口头传训，也可以写成对联条幅挂在大门、厅堂和居室，作为治理家庭和教育子女的座右铭，因此，很为官宦、士绅和书香门第乐道，自问世以来流传甚广，被历代士大夫尊为"治家之经"，清至民国年间一度成为童蒙必读课本之一。《朱子家训》仅522字，精辟地阐明了修身治家之道，是一篇家教名著。其中，许多内容继承了中国传统文化的优秀特点，比如尊敬师长，勤俭持家，邻里和睦等，在今天仍然有现实意义。

　　此《朱子家训》实际应为《朱子治家格言》，与宋朝朱熹的《朱子家训》是不同的，应该分清楚。

后　记

立志·治学·明理

　　为方便学生早读学习、课余阅读，启发学生争做优秀准职业人，受学校委托，我们选编了这套《早读读本》。这是我们学中文的、教中文的人义不容辞的责任，我们感到骄傲和荣幸。

　　诵读经典与先贤对话，品赏白话向英雄致敬，能提升我们的人生境界，开启我们的处世智慧，培育我们的文采风流。"天行健，君子以自强不息；地势坤，君子以厚德载物"。在面向世界、面向未来的今天，我们要把祖国的传统文化、现代文明放到整个世界文明的背景之中，找出精华，区分糟粕，在看来杂乱无章、盲目被动的历史表象中，寻找出规律性的东西，为我们今天的学习、做人服务，为我们走向世界、走向未来服务。发展的前提是继承，对于今天的中职学生来说，诵读经典，品赏白话，含英咀华，尤为迫切。

　　希望该读本能够带来校园早读的琅琅书声，带来教室、花园、寝室的诵读声。好鸟相鸣，嘤嘤成韵。

　　《早读读本》一书的编写，一方面通过互联网搜集整理相关信息，形成具有校本特色的信息资源；另一方面充分发挥老师们开发校本课程的潜在能力，注重搜集、整理资料和亲手撰写。由张世贤、刘俊超老师提供了上篇"立志篇"、"劝学篇"和"哲理篇"有关素材，管朝莉老师提供了下篇"道德篇"、"赞美篇"有关素材，徐江涛老师提供了"职场篇"有关素材；管安全老师提供其余篇目素材，并负责编辑、统稿和插图。王军民、汪高丽老师对上、下篇文字进行了初审和把关。

　　在编写过程中，借鉴了由于漪主审，诵读诗文编写组编写的《诵读诗文奠基职场》（中等职业学校诗文诵读读本）；李忠民、张支安老师在一稿修改中给予大力支持，提出了很好的建议；曾光茂老师在二稿和定稿过程中就文字方面进行了把关，做了详细的校对，在此向他们一并表示衷心的感谢！

　　全部书稿最后由校本课程开发小组集体审核定稿。

　　因时间仓促，加之编写者水平、能力和手头资料有限，疏漏和不妥在所难免，敬请谅解并给予指正，编者将不胜感激，深表谢意。